JN447190

# 가족과 함께 하는 자원봉사

이연숙 · 계선자 · 강기정 · 김연화 · 박경은 · 이선형 · 이영호 공저

신정

# 머리말

PREFACE

가족자원봉사라는 용어가 공식적으로 사용되기 시작한 것은 최근의 일이므로 공통적으로 합의된 가족자원봉사에 대한 개념은 아직 찾아보기 힘들다. 대체로 가족자원봉사는 가족을 자원봉사의 하나의 단위로 하여 2인 이상의 가족이 자원봉사활동에 참여하는 것이다.

과거에는 봉사활동은 성인들에게만 해당한다고 여겨 왔다. 하지만 성인들은 가족과 함께 할 수 있는 소중한 시간에 혼자 자원봉사를 하는 것이 어렵다고 느끼고 있으며 많은 단체들은 성인 자원봉사자들을 끌어들이기 위해서는 가족 전체를 끌어들여야만 한다는 것을 깨닫기 시작했다. 그러므로 기관의 입장에서 가족의 일부나 전부가 참여할 수 있는 가족자원봉사활동은 충분한 관심거리가 되었다.

가족자원봉사활동은 단체나 기관에 도움이 될 뿐 아니라 가족구성원 모두에게 아주 효과적인 활동이다. 가족자원봉사활동은 사회에서 각자의 역할이 다르기에 자칫 소원해지기 쉬운 가족구성원들이 봉사활동을 함께 하면서 의사소통을 하고, 서로에 대해 이해하며, 양보하고 도와주면서 유대감을 형성하게 되고 그 유대감이 평소 서로에 대한 무관심과 갈등을 해결할 수 있는 원동력이 되어 건강가정으로 나아갈 수 있는 밑거름이 된다. 또한 봉사활동을 하면서 생성되는 올바른 가치관과 타인에 대한 배려감은 가족관계에서 가족구성원에 대한 이해와 배려로 이어지기에 효과적인 의사소통을 하게 함은 물론이고, 잠재적인 문제치유능력이 향상되어 가족문제가 생길 때에도 이를 원활히 해결할 수 있게 한다. 그러므로 가족자원봉사가 건강가정을 이룩함에 있어서 중요한 역할을 한다는 것은 간과할 수 없는 중요한 사실이며, 요즘처럼 가족해체와 위기가정이 속출하고 있는 시점에서 가족문제를 사전에 예방할 수 있는 새로운 대안으로 가족자원봉사는 그 의미가 크다고 할 수 있다.

2004년에 제정된 '건강가정기본법'은 건강가정의 의미와 건강가정 구현에 필요한 정책을 구체적으로 제시하고 있는데 이 법 제3조에서는 '건강가정을 가족의 모든 욕구가 충족되고 인간다운 삶이 보장되는 가정'이라고 정의하고 있다. 건강가정사업은 건강가정을 저해하는 문제의 발생을 예방하고 해결하기 위한 여러 가지 조치와 가족의 부양 · 양육 · 보호 · 교육 등 가정의 기능을 강화하는 사업으로 규정하고 있다. 또한 건강가정기본법 제28조와 제33조에서는 건강가정사업의 하나로 자원봉사활동을 규정하고 있는데 구체적인 사업내용은 ① 가족단위 자원봉사활동 및 단체지원, ② 가족단위 자원봉사 인증사업, ③ 건강가정 육성을 위한 자원봉사 네트워크 구축, ④ 가족단위 자원봉사 교류사업, ⑤ 자원봉사기금 조성사업으로 구성되어 있다. 그리고 이러한 사업을 실행하는 전문가로서 건강가정사를 명시하고 있다. 이상에서 보는 바와 같이 건강가정기본법에서 규정하는 자원봉사활동은 가족단위의 자원봉사활동이다.

가족자원봉사의 중요성에도 불구하고 이를 구체적으로 다루는 책은 지금까지 거의 발견되지 않고 있다. 따라서 대학, 연구소 등에서 건강가정사업을 연구하는 학자 및 연구원과 건강가정지원센터 현장에서 건강가정사업을 실제로 하는 건강가정사들이 모여 가족자원봉사를 효율적으로 운영하는데 필요한 이론과 실제를 탐색해 보기 위하여 이 책을 집필하게 되었다.

이 책은 1부 2장, 2부 3장, 3부 2장, 4부 3장, 총 4부 10장으로 구성되어 있다. 1부는 현대사회에 있어서 다양한 가족과 자원봉사의 기초개념을 이해하는 부분으로 현대사회 가족의 특성과 건강한 가족과 자원봉사의 내용이 포함되어 있다. 2부는 가족자원봉사에 대한 이해를 위한 부분으로 가족자원봉사의 기초이론, 가족자원봉사활동의 현황, 외국의 가족자원봉사 부문을 다루었다. 3부는 가족자원봉사의 대상과 분야를 설명하는 부분으로 가족단위의 자원봉사, 가족자원봉사활동 현황으로 구성되어 있다. 4부는 가족자원봉사자의 관리와 프로그램 개발을 다루는 부분으로 가족자원봉사활동 관리, 가족자원봉사 프로그램을 개발하는 실제적인 내용과 차후 가족자원봉사활동의 과제와 전망을 포함하고 있다.

기본적으로 건강가정사에 관심을 가지고 있는 학생과 건강가정지원센터에서 건강가정사업을 담당하고 있는 건강가정사, 가족자원봉사활동에 참여하고 있는 자원봉사자, 그리고 대학에서 건강가정사업을 연구하고 가르치는 학자들에게 가족자원봉사를 위한 효율적인 프로그램의 운영방안을 탐색해 보는데 미력하나마 도움을 줄 수 있기를 기대한다.

마지막으로 출판업계의 불황에도 불구하고 출판을 기꺼이 맡아 주신 도서출판 신정의 최용구 사장님과 예쁘고 짜임새 있게 만들어 주신 편집부 직원의 노고에 깊은 감사를 드린다.

2008년 2월

저자 일동

# 차 례



CONTENTS

CONTENTS

CONTENTS

PART I

# 현대사회 가족의 이해와 가족자원봉사

CHAPTER 01

# 현대사회 가족의 특징

1. 가족 변화에 영향을 주는 현대사회의 양상
2. 현대사회에서 가족 변화의 양상

### 맞벌이부부 퇴근 후…… 아내 '가사 · 육아' – 남편 '휴식'

직장에서 퇴근한 맞벌이부부 중 여성은 주로 가사 · 육아에 매달리는 반면 남성은 휴식을 취하는 것으로 나타났다.

서울시는 한국가정법률상담소에 의뢰해 3월 21일부터 4월 12일까지 서울시 거주 기혼 남녀 795명을 대상으로 '남성들의 가사노동 참여 실태'에 대해 설문조사한 결과, 응답 여성 385명의 49.6%가 퇴근 후 시간을 가사 · 육아에 사용한다고 밝혔다. 남성은 응답자 341명 중 50.4%가 퇴근 후 시간을 '가족과 함께 휴식'에 쓰고 있다고 답했다. 가사노동에 대한 태도에서 남성의 42.4%가 '아내가 주로 하고 남편은 형편에 따른 돕는 일'이라고 응답했다.

여성의 73.4%는 가사노동을 '가족 모두의 일'이라고 답한 데 비해 남성은 52.2%만이 이같이 생각하고 있었다. 가사노동에 참여하는 남성의 경우 '아내를 돕기 위해'(36.8%), '아내의 요구 때문에'(12.8%) 등 49.6%가 소극적인 이유로 참여한다고 밝혔고 '집안일이니 참여는 당연'하다고 생각하는 남성은 29.2%에 불과했다.

남성의 가사참여가 상대적으로 높은 영역은 육아, 집 가꾸기, 바깥일 처리 등이고 빨래, 설거지, 음식 만들기 등 전통적으로 여성의 일로 인식되는 영역의 참여는 저조했다. 남성의 59%는 자신의 가사노동 참여율이 30% 이하라고 답했지만 이상적인 참여율에 대해서는 응답자의 60% 이상이 31~50%라고 답했다.

한편 연령대가 낮을수록, 막내 자녀의 나이가 어릴수록 남성들의 가사노동 참여율이 높았다.

출처: 국민일보, 2006. 6. 6

현대사회에서 여성의 사회 진출의 증가로 인해 맞벌이부부 가족이 늘고 있으며 이에 따라 가정에서의 남녀 역할에 변화가 요구되고 있다. 아내와 남편 모두가 직업에 종사하고 있는 가족은 사회적 활동의 계획과 자녀양육 분담을 포함하는 가정 내 역할분담에 대한 문제가 중요하게 대두된다.

01 CHAPTER

# 현대사회 가족의 특징

## 1. 가족 변화에 영향을 주는 현대사회의 양상

가족은 가장 기초적인 사회제도로 사회 변화에 적응하기도 하고 사회 변화를 이끌어 가기도 하는 등 항상 변화하는 가변적 특성을 가진다. 즉 가족과 사회는 역동적인 상호관계에 있기 때문에 가족은 외적 · 내적인 다양한 변화에 의해 지속적으로 변화할 수밖에 없다. 현대사회는 끊임없이 다양하게 변동하여 그 특징을 한마디로 요약하기는 어렵지만 가족의 변화에 직접적인 영향을 주는 현대사회의 양상을 살펴보고자 한다.

### 1) 산업화에 따른 도시로의 인구 이동 증가

1960년대 초반까지 경제수준이 매우 낮았던 우리나라는 1962년부터 정부 주도하의 경제개발 5개년 계획이 추진되면서 이후 30여 년간 산업화가 급속도로 진행되어 불과 30여 년 만에 농업사회에서 산업사회로 이행되었고, 나아가 후기 산업사회로 진입하고 있다. 이러한 산업화는 핵가족화, 가족기능의 약화, 이혼 및 별거가족, 독신가구, 가족갈등, 가족해체, 청소년 비행, 노인문제 등을 야기시키고 있다.

산업화로 인해 1차 산업의 축소로 불필요해진 젊은 농촌인구가 많은 노동력을 필요로 하는 도시로 대량 이동하게 되고, 또한 산업화에 따른 높은 수준의 교육 요구에 부응하기 위하여 젊은 연령층이 도시의 고등교육기관으로 진학하기 위해 도시로 이동하게 된다. 도시로의 인구 이동에 따라 농업사회에서 주류이던 대가족이 주거를 포함한 생활 기반상의 제약으로 도시생활에 적합하지 않으므로 점차 핵가족화되면서 적은 수의 자녀를 선호하고 노부모와의 동거 경향도 축소되었다(김승권 외, 2000). 이에 따라 생활단위인 가구 수는 급증하고 평균 가구원 수는 감소하게 되었는데 그 연도별 추이를 살펴보면 1960~1970년대에 5명 이상이던 우리나라의 평균 가구원 수는 1980년대 4.62명, 1990년대 3.77명 1995년 3.34명, 2000년 3.12명, 2005년 2.88명으로 계속적으로 감소하였다. 또한 연도별 세대 구성을 살펴보면 3세대, 4세대 이상 가구는 감소한 반면 1세대, 2세대 가구는 증가하는 경향을 보였다. 2005년도 통계청에서 실시한 인구주택 총조사에 따르면 일반 가구 중에는 주로 부모와 자녀로 구성되는 2세대 가구의 비중이 55.4%로 가장 많으며 1세대 가구의 비중이 크게 증가하는 것으로 나타났다. 2005년에는 2000년에 비해 1세대 가구가 26.6% 증가하였고 3세대 가구는 7.1%, 4세대 이상 가구는 27.6% 감소한 것으로 나타났다. 또한 2세대 가구 중 가장 대표적인 가족 형태인 '부부+자녀' 가구가 6,702천 가구로 2000년에 비해 감소한 반면 '한부모+자녀' 가구는 21.9%(246천 가구)가 증가한 것으로 나타났다(통계청, 2006).

**표 1-1 가구 구성 및 가족 형태의 변화**

(단위: 천 가구, %)

| | | 2000년 | | 2005년 | | 증감(2000~2005) | |
|---|---|---|---|---|---|---|---|
| | | | | | | 증감 | 증감률 |
| 계 | | 14,312 | (100.0) | 15,887 | (100.0) | 1,575 | 11.0 |
| 친족 가구 | · 1세대 가구 | 2,034 | (14.2) | 2,575 | (16.2) | 541 | 26.6 |
| | · 2세대 가구 | 8,696 | (60.8) | 8,807 | (55.4) | 111 | 1.3 |
| | 부부+자녀 | 6,892 | (48.2) | 6,702 | (42.2) | −190 | −2.8 |
| | 한부모+자녀 | 1,124 | (7.9) | 1,370 | (8.6) | 246 | 21.9 |
| | 조부모+손자녀 | 45 | (0.3) | 58 | (0.4) | 13 | 28.5 |
| | · 3세대 가구 | 1,176 | (8.2) | 1,093 | (6.9) | −84 | −7.1 |
| | · 4세대 이상 가구 | 22 | (0.2) | 16 | (0.1) | −6 | −27.6 |
| 1인 가구 | | 2,224 | (15.5) | 3,171 | (20.0) | 946 | 42.5 |
| 비친족 가구 | | 159 | (1.1) | 226 | (1.4) | 67 | 41.9 |

출처: 통계청(2006). 2005년 인구주택 총조사.

### 2) 정보화의 가속화

컴퓨터를 이용한 전자기술의 발달, 시간과 공간 제약을 극복하게 하는 통신망의 발달, 이를 개발하고 실생활에 적용하는 첨단산업에 종사하는 연구 직종의 증대 등을 특징으로 하는 정보화의 가속화는 인간생활과 가족생활을 변화시킬 수 있는 근본적 환경의 변화라 할 수 있다. 실제 2003년 만 6세 이상의 국민들 중 64.1%인 2,861만 명이 월평균 1회 이상 인터넷을 사용하고 있으며, 2002년 12월의 인터넷 이용자 비율이 44.7%(1,904만 명)이던 것에 비해 약 20% 정도가 급격히 증가하였다(한국인터넷정보센터, 2003).

비대면성, 개별성, 확장성 등을 특징으로 하는 사이버 공간상의 인간관계는 손쉽게 이뤄질 수 있는 것을 장점으로 크게 확산되고 있는데 이는 사회적 · 전통적 의무와 같은 외재적 기준으로부터 자유로운 순수관계인 경우가 많다. 이에 따라 인간관계 역시 점차 자유롭고 가벼우면서 단기적인, 즉 산업사회와는 다른 느슨하면서도 자율적인 사회관계의 확산으로 인해 결혼으로 인한 구속을 거부하고 혼자 자유롭게 사는 독신이나 개인의 욕구에 따른 동성 간 결혼, 법적 · 사회적 구속 없이 사는 남녀 동거 등 가족 유형이 더욱 다양해졌다. 또한 사이버 공간을 중심으로 자유롭게 공동체를 형성하거나 취미나 가치관이 유사한 사람끼리 공동가족을 형성하는 네트워크 가족과 사이버 공간에서 결혼하고 가족을 형성하는 사이버 결혼, 사이버 가족도 등장하게 되었다.

또한 강인한 신체적 근력보다는 정보와 지식을 활용하는 일이 보다 중요한 정보화 사회에서는 여성이 능력을 발휘할 수 있는 영역이 보다 많이 창출되고, 일과 가정이 양립할 수 있는 재택근무가 확산되면서 여성의 경제활동 참여가 더욱 높아지게 되었다. 산업사회에서는 일과 가정이 분리되어 남성은 일, 여성은 가정을 책임지면서 여성은 남성에게 경제적으로 의존하는 형태가 많았으나 여성들의 경제적 자립 능력이 높아짐에 따라 남녀관계는 점차 상호 독립적으로 바뀌고 남성의 가사참여 정도가 높아지면서 가정과 일터 분리에 기반한 성별 분업의 변화도 일어나고 있다. 즉 여성도 역할 공유, 정보 공유, 권력 공유가 가능해짐에 따라 부부관계 역시 부부 각자의 자율성을 존중하는 개방적 동료관계가 될 가능성이 높아졌다. 더불어 독신을 선호하는 여성도 늘어날 뿐 아니라 결혼생활이 만족스럽지 못할 경우 이혼할 가능성도 예전에 비하여 높아졌다고 할 수 있다(유영주 외, 2004).

### 3) 여성의 경제활동 확대

실질임금의 증가와 여성을 고용하는 서비스 산업의 확대는 노동시장에서 여성의 참여를 유도하였다. 또한 여성의 교육수준 향상, 이혼 가능성 증가 등은 여성들로 하여금 능력을 개발하여 소득을 갖도록 유도하였고 발달된 피임방법으로 자녀 수의 감소 및 출산시기의 조절이 가능해지면서 여성의 경제활동은 점차 증가하고 있는 추세를 보이고 있다.

우리나라의 여성경제활동 추이를 살펴보면 1963년 이후 지속적으로 증가하여 1970년 368만 명, 1980년에는 544만 명, 1990년에는 751만 명, 2000년에는 900만 명, 2005년에는 거의 1,000만 명에 육박하는 엄청난 증가 추세를 보인다(〈표1-2〉 참조). 1970년대까지는 미혼여성의 저임금 직종 종사자가 주를 이루며 기혼여성의 취업은 여성가구주 가족 또는 저소득층 가족에만 한정되었던 경우가 많았으나 1980년대부터는 그 양상이 달라지기 시작하여 기혼여성의 취업에 대한 긍정적인 가치관이 형성되고 아울러 취업주부를 둔 개별가족이 겪는 여러 어려움에 대해 사회가 관심을 기울이기 시작하였다. 전통적 사회에서 주로 가사를 담당해 오던 여성이 경제활동에 참여하면서 가사분담에 대한 요구는 높아지고 출산에 대한 부담으로 저출산에 대한 선호가 나타나게 되었다. 또한 기혼여성의 취업은 가족의 경제적 기능뿐 아니라 자녀의 출산, 양육, 노령층의 부양, 부부관계와 역할 및 권력 배분 등 가족생활 전반에 큰 변화를 초래하고 있다.

표 1-2 성별 경제활동인구 수 및 경제활동 참가율의 변화(1963~2005년)

(단위: 천 명, %)

| 구분 | | 1963 | 1970 | 1980 | 1990 | 1995 | 2000 | 2005 |
|---|---|---|---|---|---|---|---|---|
| 남자 | 인구 수 | 5,634 | 6,516 | 9,020 | 11,030 | 12,433 | 12,950 | 13,883 |
| | 참가율 | 76.4 | 77.9 | 76.4 | 74.0 | 76.5 | 74.4 | 74.6 |
| 여자 | 인구 수 | 3,019 | 3,683 | 5,435 | 7,509 | 8,363 | 9,101 | 9,860 |
| | 참가율 | 36.3 | 39.3 | 42.8 | 47.0 | 48.3 | 48.8 | 50.1 |

출처: 통계청. 경제활동인구연보, 연도별 자료.
주: 1987년 이전 경제활동인구 수는 만 14세 이상 인구를 대상으로 조사된 것임.

## 4) 인구학적 요인의 변화

가족에 영향을 주는 주요 인구학적 요인으로는 초혼연령의 상승, 출산율의 저하 및 평균 수명의 연장을 들 수 있다(김승권 외, 2000).

### (1) 초혼연령의 상승

여성의 초혼연령 상승은 교육에 대한 열망 및 미혼여성의 취업 기회 확대, 자아성취 욕구의 증대 등에 기인하는 것으로 보고되는데, 실제 우리나라 남녀의 초혼연령은 1960년 남자 25.4세, 여자 21.6세에서 지속적으로 상승하여 2005년에는 남자 30.9세, 여자 27.7세로 45년 동안 남자는 4.5세, 여자는 6.1세가 상승하였다.

표 1-3 성별 평균 초혼연령(1960~2005년)

(단위: 세)

| 성 | 1960 | 1970 | 1987 | 1990 | 2000 | 2005 |
|---|---|---|---|---|---|---|
| 남자 | 25.4 | 27.1 | 27.3 | 27.9 | 29.3 | 30.9 |
| 여자 | 21.6 | 23.3 | 24.5 | 24.9 | 26.5 | 27.7 |

출처: 경제기획원. 인구 및 주택센서스, 1960, 1970.
　　통계청. 인구동태통계연보, 1987, 1990, 2000, 2005.
주: 평균 혼인 연령임.

### (2) 출산율 저하

우리나라의 출산율은 산업화, 서구화, 영아사망률 저하 등 사회경제 발전으로 인한 변화뿐 아니라 정부 차원에서 강력히 추진해 온 가족계획사업에 의해 세계에서 유래를 찾아볼 수 없을 정도로 급속히 저하하였다.

1960년에 6.0이던 합계출산율은 산업화와 가족계획사업 실시 이후 지속적으로 저하하여 1984년에는 2.1명, 1987년에는 1.6명, 2000년에는 1.47, 2005년에는 1.16 수준으로까지 낮아져 저출산이 하나의 사회문제로 대두되기 시작하였다. 오늘날 결혼연령의 상승 및 여성취업률 증대, 자녀의 교육비 급증 등으로 나타나는 낮은 출산율 추세는 앞으로도 쉽게 바뀌지 않을 것으로 보인다.

**표 1-4 합계출산율의 변화(1960~2005년)**

(단위: 명)

| 연도 | 1960 | 1970 | 1980 | 1990 | 2000 | 2005 |
|---|---|---|---|---|---|---|
| 합계출산율 | 6.0 | 4.53 | 2.83 | 1.59 | 1.47 | 1.16 |

출처: 통계청, 인구동태통계연보, 연도별 자료.
주: 여자 1명이 가임기간(15~49세) 동안 갖게 될 평균 출생아 수

### (3) 평균 수명 연장

평균 수명은 보건수준의 향상, 영양상태 개선, 국민생활습관 변화, 환경 개선 등 사회 · 경제적 여건의 변화에 힘입어 지속적으로 길어지고 있다. 1971년 63.1세에 불과하던 평균 수명은 2003년 77.5세로 30여 년간 14.4세가 증가하였다. 성별로는 같은 기간 중 남자가 58.9세에서 73.9세로 15세 상승하였고 여자는 66.1세에서 80.8세로 14.7세 증가하였다. 즉 남녀의 평균 수명 차이는 1971년 7.1세에서 2003년 7.0세로 격차는 유사한 수준을 보이고 있다.

**표 1-5 평균 수명 변화추이(1971~2003년)**

(단위: 세)

| 연도 | 1971 | 1980 | 1990 | 2000 | 2003 |
|---|---|---|---|---|---|
| 전체 | 62.33 | 65.69 | 71.28 | 76.02 | 77.46 |
| 남자 | 58.99 | 61.78 | 67.29 | 72.27 | 73.87 |
| 여자 | 66.07 | 70.04 | 75.51 | 79.59 | 80.82 |
| 차이(여-남) | 7.08 | 8.26 | 8.22 | 7.32 | 6.95 |

출처: 통계청. 생명표, 연도별 자료.

이같은 평균 수명의 연장으로 노인가정이 증가하고 있다. 2000년 기준 노인의 별거율은 45%이나 7년 후인 2010년에는 60%로 증가할 것이라고 예측하고 있어서 노인 주거가 문제가 되고 있다. 2002년 65세 노인인구의 29.9%는 3세대 가구에 거주하고 있으며 1세대 가구(28.7%), 2세대 가구(23.9%), 1인 가구(16.2%) 순으로 나타났다. 특히 1세대 가구는 1990년과 비교해 11.8% 증가하였으며, 3세대 가구는 18.8% 감소하여 노인 혼자 사는 노인 단독가구도 계속 증가할 전망이다. 앞으로 여자의 평균 수명이 남자보다 7~8세 높은데 비해 남녀 결혼연령 차이를 대략 3세 정도 감안한다면 여성노인 혼자 사는 기간이 10년 이상 될 것임을 예상할 수 있어 여성노인 단독가구의 증가는 더욱 증가하게 될 것이다.

한국의 65세 이상 인구의 상대적인 비율은 1990년 인구의 5.1%이었으나 2004년에는 8.7%로 증가하였다(일본 1970년 7%, 1994년 14%; 영국 1929년 7%, 1976년 14%; 미국 1942년 7%, 2014년 14%). 2020년(15.1%)에는 경제협력개발기구(OECD)의 평균 예상치인 17.5%에 근접하고 2030년도에는 세계에서 노인 비율이 가장 높아서 국민 세 명 중 한 명이 노인(34.4%, OECD 평균 24.4%)일 것으로 예측되어 충격을 주고 있다. 이같은 초고령 사회에 대한 대비책으로 노인에 대한 부정적 이미지(퇴직, 질병, 의존)를 긍정적 이미지(참여, 건강, 독립)로 바꾸는 것이 중요하며, 고령화 사회의 복지의 기본 방향은 가족 보호기능의 강화와 세대 간 유대 강화가 중요하다고 하여 가정복지의 중요성이 강조되고 있다(채옥희 외, 2004).

### (4) 이혼율과 재혼율 증가

2003년 총 이혼 건수는 167,100건으로 2002년 145,300건에 비하여 21,800건이 증가한 것으로 지난해에 비해 15% 증가하여 1998년 이후 가장 크게 증가한 것으로 보고하고 있다. 이는 하루 평균 약 458쌍이 이혼한 것으로 이혼율이 급속히 증가한 것이다. 연령별 이혼율은 남자는 35~44세, 여자는 30~39세에서 높게 나타났다. 이혼이 증가하는 이유는 부부 간의 성격차이, 경제문제, 자기 중심적인 삶의 지향 등 가치관의 변화로 볼 수 있다.

2003년 재혼은 꾸준히 증가 추세에 있다. 여자 재혼의 경우 10년 전(여자 1993년 8.6%, 2003년 18.3%; 남자 1993년 8.9%, 2003년 16.5%)에 비해 두 배 이상 증가한 것을 볼 때 더 활발하다고 할 수 있다(채옥희 외, 2004).

## 5) 가족과 관련된 가치관의 변화

현대사회에서는 개인이 가정환경 및 출신 배경을 불문하고 능력과 업적에 따라 평가받을 수 있다는 점에서 친족조직의 붕괴가 용이해질 수 있다. 또한 직장생활 및 사회생활이 전문화, 세분화되며 인간관계 역시 직업적이고 부분적으로 되어 전인격적 접촉이 거의 불가능하다. 가족의 기능 역시 전문화된 사회조직으로 분화되었다.

직업, 직장을 따라 부모 형제의 곁을 떠나 멀리 낯선 지역에서 생활하게 되면서 자연스러운 배우자 선택의 기회를 가지게 됨에 따라 결혼의 형태가 자유연애결혼으로 변화되었다. 그리고 결혼의 절대적 필요성에 대해서는 '결혼은 필수가 아닌 선택' 으로 인식되는 경향이 높아지고 있으며 전통적으로 부정적 인식이 강했던 재혼에 대해서는 점차 허용적인 태도로 변해가고 있다. 또한 철저한 개인주의의 발달은 개인을 가족의 일원으로서가 아니라 개인 그 자체의 능력으로 보게 되었다. 이에 따라 독신자 가구가 증가하면서 미혼생활을 보다 선호하는 경향 역시 커지고 있다. 이는 특히 남성보다 결혼에 대한 반대 입장이 강한 여성에게서 매우 현저하다.

**65세 이상 재혼 10년 전의 2배**

65세 이상 노인의 '황혼(黃昏) 재혼(再婚)'이 10년 전보다 두 배가량 늘어난 것으로 나타났다. 통계청은 1일 '2006년 고령자 통계'를 발표, "지난 한 해 동안 65세 이상 남자의 재혼 건수는 1995년 940건에서 1,573건으로 1.7배 증가했다."고 밝혔다. 이 중 '이혼 후 재혼' 한 경우가 절반이 넘는 884건으로 사별(死別)로 인한 재혼(689건)보다 더 많았다.

65세 이상 여자의 재혼 건수는 172건에서 414건으로 2.4배 늘었다. 황혼 재혼이 늘어난 이유는 늦은 나이에 '새장가' 가는 것에 대한 인식 변화와 황혼 이혼 또한 증가세를 보이고 있기 때문이다. 지난 한 해 65세 이상 남자의 이혼 건수는 2,612건으로 1995년(589건)보다 4.4배 증가했다. 65~69세 이혼이 1,627건으로 가장 많았고, 70~74세가 608건, 75세 이상 이혼도 377건에 달했다. 65세 이상 여자를 기준으로 살펴본 이혼 건수는 10년 사이 6.7배 급증했다.

출처: 조선일보, 2006. 10. 2

그동안 결혼 후 일정 규모의 자녀를 출산하는 것은 대부분의 사회에서도 그러하듯이 우리나라에서도 당연한 것으로 여겨졌으나 오늘날 그 정도가 점차 약화되고 있다. 그리고 가부장적 가치관이 만연한 한국 사회에서 뿌리 깊었던 남아선호 성향은 남녀평등을 지향하는 사회 분위기와 함께 서서히 약화되고 있다.

가족부양 가치관도 변화를 보이고 있는데 자녀가 노부모의 부양책임을 진다는 태도는 시간이 지날수록 강화되고 있으나 장남이 모셔야 한다는 의식은 점차 감소하고 대신 능력 있는 자녀가 부양해야 한다는 의식이 점차 커지고 있는 것으로 나타났다. 이는 사회적으로 평등의식이 높아지고 실제 자녀양육에 있어서도 성별 차별이 줄어들게 됨에 따라 성규범 역시 이러한 변화를 수용하는 쪽으로 바뀌고 있음을 나타낸다고 볼 수 있다(김승권 외, 2000).

## 2. 현대사회에서 가족 변화의 양상

현대사회의 여러 변화는 가족기능의 변화를 야기시켰으며 다양한 유형의 가족을 출현시켰다. 이러한 가족기능과 유형의 변화 양상을 살펴보고자 한다.

### 1) 가족기능의 변화 양상

산업화의 과정에 있어서 가족기능의 변화는 기능의 축소, 전문화 그리고 새로운 기능의 출현 등 여러 가지로 파악되고 있다. 나아가서는 가족 변동의 여러 국면, 즉 가족의 구성, 규모 그리고 기능 등 세 국면에 있어서 나타난 변화는 상호 관련되어 있다. 다시 말하면 핵가족 또는 부부가족제도로의 동향, 소가족화 그리고 애정기능으로의 이행은 산업화의 과정에 있어 많건 적건 간에 서로 맞물려 출현한다. 현대사회에서 나타나는 가족기능의 변화 양상을 살펴보면 다음과 같다.

#### (1) 성 및 종족유지기능의 변화

정상적인 규범 아래 성적 욕구의 본능을 해결하고 종족유지를 가능케 하는 공간은 과거 전통사회와 마찬가지로 현대사회에서도 여전히 가족이지만 사회의 여러 가지 변화는 가족의 성적 기능에 변화를 초래하였다(유영주 외, 2004). 다양한 피임법의 개발 및 보급으로 인한 성생활의 자유, 의학기술의 발달로 인한 임신 및 출산의 자유로운 조절, 향락산업 및 성과 관련된 각종 서비스 산업의 발달 등은 성에 대한 규범 및 가치관을 변화시킴과 동시에 가족의 성적 기능을 약화시키는데 기여하였다. 또한 결혼에 대한 가치관 변화는 초혼연령의 상승, 독신자 및 미혼율의 증가 등을 가져오며 가족의 성적 기능을 약화시켰다. 따라서 가족의 성적 기능은 출산을 위한 수단이라는 수동적 성격보다는 본능 충족 및 결혼생활 만족요인으로 보다 능동적 성격이 강화되었다.

출산율의 저하, 고령초산, 유배우 출산율 저하의 추세는 가족의 종족유지기능의 약화를 나타낸다. 이러한 가족의 성적 · 종족유지기능의 약화는 성개방 풍조와 관련하여 가족의 성적 기능의 약화로 이어지며 이는 성적 규범과 가치관의 혼란 등을 야기하게 되었다(조희금 외, 2002).

### (2) 자녀의 양육 및 사회화 기능의 변화

전통적으로 수행해 오던 가족의 자녀양육 및 사회화 기능이 정규학교, 보육시설, 학원 등 사회의 다양한 전문기관에서 수행됨에 따라 가족의 이러한 기능이 과거에 비하여 약화되었다. 과학문명의 발달과 새로운 지식의 급격한 유입이 전문기술 교육의 필요성을 강화시킴에 따라 가정 이외의 교육기관에 의한 기술·직업교육이 중시된 반면, 자녀에 대한 인성·도덕교육의 주관자였던 가족의 교육기능은 감퇴되었다.

그리고 급격한 사회 변화과정에서 가족은 자녀양육 및 사회화 기능에 많은 혼란을 겪고 있다. 특히 우리나라의 입시 위주의 교육제도는 자녀의 입시 경쟁력을 높이기 위한 조기교육 열풍과 과잉교육 열풍을 초래하여 모든 가족자원을 소모하게 만들 뿐 아니라 자녀의 과잉보호 및 가정교육 부재 등의 부작용을 낳고 있다. 핵가족화 현상은 자녀양육 방식에 관한 지혜가 부모세대로부터 자녀세대로 전수되는 기회를 차단하여 새로이 가족을 구성하는 자녀세대는 시행착오를 겪을 뿐 아니라 설혹 부모세대의 도움을 받을 수 있을 때조차도 양육방법을 둘러싸고 세대 간의 갈등을 보이고 있다. 오늘날 젊은 세대는 부모세대의 지혜와 경륜에 의존하기보다는 과학적이고 전문적인 지식을 더욱 신뢰하기 때문이다(조희금 외, 2002).

### (3) 경제적 기능의 변화

현대사회의 산업화 과정은 가족의 생산기능을 약화시키고 소비기능을 강화시키게 되었는데, 이에 따라 가족은 다양한 상품 중에서 어떻게 현명하게 물자구입을 해서 현명하게 소비하느냐가 가장 큰 문제로 대두하게 되었다. 또한 산업화 과정은 가정과 일터의 분리를 촉진시켜 주요 가족원이 가정 밖에서 보내는 시간을 증가시켜 가족의 유대감을 약화시키는 한 요인이 되었다. 가족의 소비기능이 강화됨으로써 가족이 누릴 수 있는 생활기회나 생활양식이 가장이나 가족구성원의 직업 및 수입 정도에 따라 결정되게 되었고, 나아가 이러한 소비생활 수준이 가족생활 만족에 직접적인 영향을 미치게 되었다.

그리고 남성 가구주가 차지하는 주 소득원으로서의 비중은 점차 경감되는 추세인데 이러한 변화는 배우자의 소득 비중이 높아졌기 때문으로 우리 사회의 가부장제적 남녀 역할분업 구조의 변화를 시사하고 있다(김익균, 2003).

비록 최근 들어 소비주체로서의 가족이 강조되면서 가족의 생산기능이 약화되는 변화가 있었지만 가족의 경제적 기능은 계속 유지되고 있다. 가족은 자녀들을 사회화시켜 경제체계에서 필요한 노동자원을 계속 공급할 뿐 아니라 이러한 노동자원의 재생산에 요구되는 물질적 · 심리적 자원을 제공하고 있다.

### (4) 정서적 기능의 변화

현대인은 가정 밖에서의 근무와 학습으로 인해 긴장하고 정신적으로나 육체적으로 피로하고 스트레스를 많이 겪게 되어 이를 희석하고 완화시켜 주는 공간이 필요한데 가족은 이러한 공간을 제공해 주고 있다. 앞으로 기업 간 경쟁과 개인의 능력 경쟁 등 여러 종류의 경쟁이 심해질 것이며 모든 면에서의 고속화와 능률화가 진행됨에 따라 인간 소외의 경향은 더욱 심해질 것이다. 이러한 현대사회의 과도한 경쟁성과 갈등적 상황에서 가족은 친밀하고 전인적인 접촉을 통하여 가족원에게 정서적 안정을 제공하기 때문에 단란의 장으로서의 가족의 중요성은 오늘날 더욱 높아질 것이다.

과거에는 가족 내에서 독점적 경제생산자로서의 도구적 역할을 남성이 맡고, 여성은 경제생산 영역에서 배제된 채 가족구성원들을 보살피는 정서적 역할을 주로 담당하였으나 점차 역할이 변화하고 있다. 또한 이러한 정서적 기능도 많이 약화된 것으로 나타나는데 특히 최근 부부의 이혼 · 별거 등에 의한 가족해체로 버려지는 자녀들이 점점 증가하는 현상을 보면 부모의 책임의식이 약화되고 있으며, 사랑과 보호와 양육을 가장 우선으로 하는 가족기능이 점점 약화되고 있다고 볼 수 있다(김익균, 2003).

현대사회에서 가족의 정서적 기능에 대한 중요성이 커짐에 따라 가족관계에 있어서도 부부관계의 중요성이 증가하고 있는데, 젊은 세대에서는 부자관계보다 부부관계가 더 중요한 것으로 보고 있다(유영주 외, 2004).

### (5) 여가 및 휴식기능의 변화

가족의 여가 및 휴식기능은 가족의 삶의 질 향상에 절대적인 역할을 한다. 실제로 우리나라의 가족 여가 및 휴식기능은 미약하여 개인의 여가활용은 가족보다는 개인생활로 소모하고 있는 것으로 나타났다. 이는 가족원 간의 대화 부족 및 조부모세대 노인들의 소외문제를 야기할 수 있다(유영주 외, 2004).

가족원 간 생활의 개인화 및 이질화, 그리고 사회경제활동 시간의 증가로 인한 가족 공유시간의 감소 등이 가족원 간 대화 부족과 그로 인한 가족문제를 사회문제로 만들고 있는 요즘 가족의 이러한 기능은 더욱 중요해지고 있다. 가족단위의 여가는 하나의 생활양식으로 가족원 간의 관계를 공고히 할 수도 있지만 더불어 여가를 둘러싼 갈등이나 문제를 발생시킬 수도 있다. 아직까지 실제 우리나라 가족의 여가 및 휴식기능은 미약한 편이므로 가족문화 관련 프로그램 개발 및 보급 등 이에 대한 대처방안이 마련될 필요가 있다(조희금 외, 2002).

### (6) 사회보장적 기능의 변화

공적부조의 성격이 약한 유교문화권에서는 대부분 가족이 사회의 보장기능을 대신 수행하여 왔다. 그러나 오늘날 가족의 사회보장기능은 심각한 위기에 봉착하고 있다. 이제 가족은 기혼여성의 취업 증가로 인해 사회보장기능을 담당할 인적 자원을 보유하고 있지 않다. 더욱이 가족의 노후부양과 노후의존도가 약화된 시점에서 현실적으로 사회보장제도가 미비한 우리나라의 경우 개별가족에게 경제적 부담은 물론 심리적 부담까지 안겨 주는 실정이다.

한국 사회의 고령화와 함께 증가하고 있는 노인부양은 개별가족단위에서 모두 해결할 수 없으므로 노인부양문제에 대한 국가적 · 사회적 책임이 강조되는 추세이다. 그러나 노인이 겪는 심리적 고립감, 외로움 등 정서적 지지문제의 해결은 가족을 통해서 이루어지므로 가족의 사회보장기능은 여전히 중요하며 또 강화되어야 한다. 따라서 초고령의 사회를 맞이하는 현실에서 노인의 부양문제는 가족의 사회보장기능과 사회 · 국가의 공적부조체제가 어우러질 때 해결될 것이다.

## 2) 가족 유형 변화의 양상

현대사회의 변화는 다양한 가족 유형을 출현시키고 있다. 이러한 다양한 유형의 가족 중 자발적 무자녀가족, 맞벌이가족, 한부모가족, 재혼 및 계부모가족, 독신가구, 동거가족, 집합가족, 동성애가족, 분거가족, 소년소녀가장가구, 결혼이민자가족, 조손가족, 입양가족 등의 형성 원인, 특성, 실태 등을 살펴보자.

### (1) 자발적 무자녀가족(voluntary childless family)

무자녀 선택의 자발성 여부와 그러한 선택의 지속 정도에 따라서 무자녀가족의 정의는 달라진다. 무자녀가족을 다룬 최근의 연구들은 무자녀를 나타내는 용어로 '자녀를 갖지 못하는(childless)' 보다는 '자녀를 갖지 않는(child-free)' 을 더 많이 사용함으로써 무자녀가족(voluntarily childless family)의 자녀를 갖지 않겠다는 결정이 영구적이고 자발적인 선택임을 강조하는 경향이다. 즉 자발적 무자녀가족이란 생식능력을 지니고 있지만 영구적으로 자녀를 갖지 않는다는 확고한 결정을 내린 커플을 의미하며, 그러한 결정을 내린 시기에 따라서 결혼 전부터 무자녀를 선택한 초기 결정자와 자녀 갖기를 반복적으로 연기하다가 무자녀를 선택하는 후기 결정자로 구분된다(유영주 외, 2004).

피임법의 보급, 여성의 역할 변화, 개인주의적 사고의 증가 등은 점차 자발적인 무자녀가족을 증가시키고 있다. 여성의 사회활동이 증가하고 있지만 이중노동 구조가 크게 변화하지 않고 있어 여성으로 하여금 단기 · 장기적인 무자녀를 선택하게 하는 요인이 되고 있다.

자발적 무자녀가족은 여성의 학력, 생활수준, 초혼연령 등이 높을수록 선택하는 경향이 높다. 또한 여성이 30세 이후 또는 결혼 후 10년 이상 무자녀인 경우

## "자녀는 짐" 출산 거부…… 딩크족 확산

딩크족의 확산이 사회와 문화를 바꿔 놓고 있다. 세계 각국 정부는 딩크족 확산을 막기 위한 대책 마련에 부심하고 있다. 딩크족이 출산율 저하의 주원인이라며 그 책임을 물어야 한다는 목소리도 높다. 슬로바키아에서는 최근 아이가 없는 25~50세 부부에게 '벌금형' 세금을 물려야 한다는 제안이 나오기도 했다. 러시아에서는 무자녀부부에 대한 소득세 중과세 방안, 독일에서는 이들의 연금을 50%까지 삭감하는 방안을 검토 중이다.

출산율을 높이기 위해 독일과 프랑스, 러시아, 일본 등 많은 국가가 다양한 출산 관련 인센티브제를 도입하고 있지만 성과는 그다지 크지 않다. 대신 노동력을 확보하기 위한 손쉬운 방법으로 외국 출신 이민자들을 적극적으로 받아들이는 국가가 늘고 있다.

월스트리트저널은 최근 북미와 유럽에 더 많은 아프리카인들이 이주하고 있고, 한국과 일본에는 동남아인들이 모여들면서 국가 구성원이 다양해지고 있다고 보도했다. 미국 인구조회국의 인구통계학자 칼 호브는 "저출산은 많은 나라의 민족 구성을 다양하게 만들고 있다."면서 "일본은 이제 더이상 일본인만으로 존재하지 않고, 독일은 독일인만으로 존재하지 않는다."고 분석했다.

뉴스위크는 최근 딩크족이 하나의 문화현상을 만들어 내고 있다고 보도했다. 영국에서는 '영국 차일드프리협회'(British Childfree Association)처럼 아이 없는 삶을 택한 이들끼리 친목을 다지는 단체가 생겨나고, 딩크족 생활과 관련된 도서는 별도 시장을 형성할 만큼 큰 호응을 얻고 있다.

딩크족을 겨냥한 마케팅도 성행하고 있다. 이탈리아의 리조트와 식당들은 아이들의 출입을 제한하는 등 딩크족의 마음을 사로잡기 위해 애쓰고 있다. 일본에서는 유아용품 시장 대신 애완동물 시장이 떠오르고 있다. 자동차업체 혼다는 아이 대신 애완동물을 키우는 이들이 늘어나는 데 주목해 아기용 시트 대신 애완견 바구니를 장착할 수 있는 자동차를 내놓았다.

딩크족이 부동산 시장에 미치는 영향도 크다. 딩크족은 미국 뉴욕과 영국 런던 등 대도시의 주택 가격을 끌어올리고 있다. 반면 영국에서는 10대 아이를 둔 가족이 이웃에 이사해 오면 주택 가격이 5% 정도 하락한다는 조사 결과가 나오기도 했다.

출처: 세계일보, 2006. 9. 5

이러한 상태가 계속되기 쉬워 30~34세 무자녀 여성의 93%가 영원히 무자녀를 원하고 있는 것으로 나타났다. 저학력 여성에게는 자녀양육이 자아존중감에 중요한 영향을 주지만 성취지향적 여성의 경우 어머니역할에 대한 부담을 느끼고 있으며, 과거에 동생이나 기타 양육 경험이 많은 여성일수록 무자녀를 선택하는 경향이 높다. 그러나 이들 가족이 부부간에 얼마나 의견 일치를 하는가, 또 자녀 출산에 대한 사회적 압력을 어떻게 극복하느냐가 중요하며, 자녀 없이 부부의 결혼 만족도를 유지하며 결속을 강화시킬 수 있는 방법을 모색해야 할 필요가 있다(유영주 · 김순옥 · 김경신, 2002).

### (2) 맞벌이가족

산업화 이후 주로 남성에게 주어졌던 바깥일이 여성에게도 주어지면서 초기에는 주로 젊고 자녀가 없는 미혼여성만 취업했으나 산업화의 진전에 따라 기혼여성의 취업도 늘어나게 되었고, 따라서 맞벌이가족은 또 하나의 새로운 형태의 가족으로 등장하게 되었다.

기혼여성은 다양한 동기로 취업하고 있는데 이들의 취업 동기는 자녀교육비, 생활비 보충, 노후대책, 주택마련 등의 경제적인 이유와 동시에 자신의 적성활용, 사회경험, 사회기여, 시간활용, 자아실현의 욕구 등이 있다. 어떠한 동기에서 취업하였든 간에 기혼여성이 취업하게 됨으로써 맞벌이가족을 형성하고 이러한 맞벌이가족은 기존의 홑벌이가족과는 다른 여러 가지 문제를 겪게 된다. 이러한 가족의 문제는 곧 기혼여성의 문제이기도 하면서 가족구성원 전체의 문제이기도 하다. 가족체계적 측면에서 조명해 보면 가족원 간의 긴장, 남편과의 관계, 자녀와의 관계 등도 중요한 문제라고 할 수 있으나 일반적으로 언급되는 가장 큰 문제는 자녀양육, 가사노동시간 부족문제, 가족관계, 직업상의 문제 등이다. 즉 직업인, 부모, 배우자, 가사관리자로서의 역할을 동시에 수행하는데 있어 역할을 적절하게 수행하기 위해서는 시간, 에너지, 가족의 적절한 역할분담이 요청된다. 이러한 요구가 만족될 수 없을 때는 갈등을 겪고 직업과 가정역할 수행에 있어 문제가 야기된다(김정옥 외, 1999).

### (3) 한부모가족

사별, 이혼, 별거 등으로 인하여 부모 중 한쪽만 있거나 법적으로나 현실적으로 부모역할을 다하지 못하여 발생한 가족을 총칭하여 한부모가족이라고 한다. 이혼율 증가와 결혼율 감소는 한부모가족의 증가를 초래하였다. 우리나라의 한부모가족의 수가 1966년 39만 2천 가구에서 1995년 96만 가구, 2005년에는 137만 가구로 10년 전에 비해 42.7% 증가하였다.

한부모가족의 유형은 네 가지로 구분할 수 있는데 배우자 선택에 소극적이어서 결혼이나 재혼을 미루는 데서 생기는 자발적이며 일시적인 유형, 결혼이나 재혼을 계속적으로 원하지 않는 자발적이며 장기적인 유형, 결혼을 원하여 배우자를 탐색하는 과정에 있는 비자발적이며 일시적인 유형, 나이가 들어 혼자된 후 재혼이 쉽게 이루어지지 않거나 결혼을 원하면서도 결혼 경험이 없는 비자발적이며 장기적인 유형이 있다.

한부모가족에 있어서는 한부모가 자녀에게 부모 모두의 역할을 해 주어야 한다는 역할부담이 크다. 특히 한부모가정에서 나타나기 쉬운 경제적인 어려움, 가족에 대한 자녀의 책임감 등의 정신적인 갈등을 극복해야 하는 문제, 미래에 대한 불안이나 결혼 또는 재혼의 의사결정 문제 등 제반 어려움이 발생하게 된다 (유영주 · 김순옥 · 김경신, 2002).

### (4) 재혼 및 계부모가족

계부모가족은 적어도 이전에 결혼한 적이 있는 한 명 이상의 배우자와 한 명 이상의 자녀들로 구성된다. 이러한 유형의 가족은 재구성가족, 혼합가족, 재혼가족, 이중핵가족 등으로 불리며 대개 계부모가족(step family)이라고 한다. 대부분 계부모가족은 불완전한 상태로 그 형성과정이 다른 생활사건처럼 규범화되거나 규준을 정한 것이 아니므로 가족의 구조화 · 제도화에 있어서 문제가 제기될 수 있다.

계부모가족에 대한 일반적인 인식은 구체적이고 사실적인 현상의 이해보다는 부정적이며 거리감을 만드는 잘못된 고정관념에 치우쳐 있다. 이 잘못된 문화적인 편견이나 선입견은 계부모가족의 관계 형성에 부정적인 결과를 초래하는 요인이 될 수 있다(이정덕 외, 1999).

### (5) 독신가구

독신가구란 이혼, 사별, 혹은 별거 등으로 인하여 현재 결혼하지 않은 상태에 있거나 법적 배우자가 없는 경우이다. 최근에는 별거, 독신이나 사별에 의한 독신가구보다는 학업의 연장, 직업의 안정성 및 정서적 독립 등으로 인한 미혼자, 특히 여성의 독신이 증가하고 있다.

독신의 비율은 1975년(4.2%)과 1990년(9.0%) 사이 거의 두 배로 증가하였으며, 2000년에는 15.5%로 25~29세 남자의 3분의 1, 여자의 4분의 1이 결혼하지 않은 상태였다. 그런데 2005년 11월 1일 기준 우리나라의 총 가구 수는 15,988천 가구로 나타났으며, 그 가운데 1인 가구는 3,171천 가구로 일반 가구의 20.0%를 차지하며 2000년에 비해 42.5%(946천 가구) 증가하였다. 구체적으로 남녀 구성비를 보면 여자가 55.3%를 차지하지만 2000년에 비해 남자가 50%, 여자는 37% 증가하였다. 즉, 혼인 적령기에 있는 사람 다섯 명 중 한 명꼴로 결혼하지 않고 독신으로 남는다. 독신자의 열 명 중 네 명은 65세 이상인 사람이며, 아예 결혼을 하지 않았거나 이혼하게 된 35세 미만인 사람들의 독신은 최근 빠른 성장률을 보이고 있다. 또한 50대 이전에는 남성의 독신 비율이 높고, 그 이후에는 여성의 비율이 높다(채옥희 외, 2004).

### (6) 동거가족

동거가족은 결혼식 여부와 관계없이 법적으로 혼인신고가 되어 있지 않은 가족으로 흔히 '사실혼'이라고 하지만 동거와 사실혼의 경계는 불분명하다. 부부로서의 의사와 실체를 가지고 있느냐, 단순히 계약 동거냐에 따라 법적인 구속력은 달라진다. 그러나 동거가족이라고 말할 때 의미는 남녀가 부부로서의 의사를 가지고 있는 것으로 보아야 하므로 사실혼부부, 사실혼가족으로 이해해야 할 것이다. 법적으로는 사실혼부부에게 어느정도 부부로서의 법적 권리를 인정하고

## '동거도 가족 인정' 52%

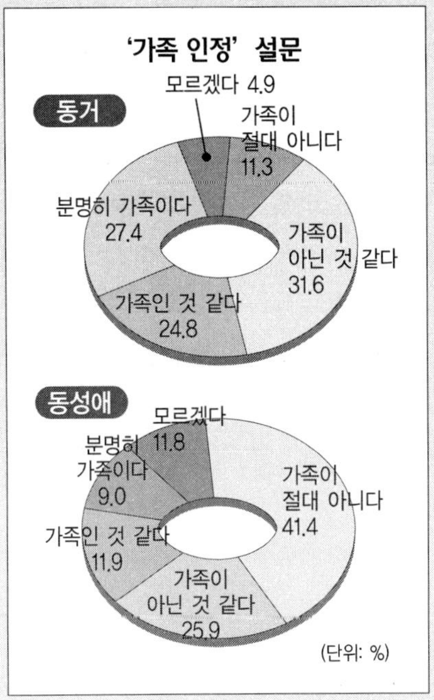


부산일보와 신라대학교가 지난 4~6일 3일간 부산시내 성인 남녀 604명을 대상으로 실시한 '가족 유형별 수용도와 가족 관련 가치에 관한 부산시민 의식조사'에 따르면 시민들은 전통적인 혈연가족 외에 다양한 형태의 가족을 인정했다.

이번 설문조사는 남자 50.5%(305명), 여자 49.5%(299명)를 대상으로 했으며 20대부터 30대, 40대, 50대, 60대 이상까지 5개 그룹 연령대로 나눠 일대일 면접방식으로 진행됐다.

조사 결과에 따르면 부모 중 한 명만 있는 '한부모가족'이나 '조부모-손자녀가족' '결혼이민자가족'은 모두 90% 이상이 가족으로 인정하는 절대적 수용도를 나타냈고, '재혼가족'이나 '입양가족' '처가(친정)부모 동거가족'도 90% 안팎의 수용도를 보였다.

또 '자발적 무자녀가족'(78%)과 '미혼모가족'(77.7%) '미혼부가족'(75.2%)은 70% 이상이 가족의 한 유형으로 받아들였다. 비혈연적 생활공동체인 '공동체가족'(64.3%)이나 결혼하지 않은 채 함께 사는 '동거'(52.2%)에 대해서도 긍정적인 태도를 보였으나, 남의 아이를 맡아 기르는 '위탁가족'(48.1%)은 비교적 수용도가 낮았다. 반면 같은 성(性)끼리 동거하는 '동성애가족'에 대해서는 20.9%만이 인정할 뿐 절대 다수의 시민들은 이를 가족으로 받아들이지 않았다.

가족을 이루는 방식과 관련하여 응답자의 44.5%만이 '결혼은 꼭 해야 한다.'에 '적극 찬성'했다. '약간 찬성'은 31.1%였다.

출처: 부산일보, 2006. 1. 25

있다. 다만 혼인신고가 되어 있지 않기 때문에 친족관계가 발생하지 않고 상속권이 인정되지 않을 뿐이다(유영주 외, 2004).

우리나라의 경우 동거 비율이 높아지면서 동거의 동기도 경제적 필요나 제도적 한계에서 벗어나려고 하는 것보다는 다양한 측면에서 실리를 꾀하려는 선택적 동거나 즉흥적인 동거가 늘어나고 있다. 더욱이 최근 중·고등학생 5,100명을 대상으로 한 '한국 청소년의 삶과 의식구조' 에서 보면 42.3%가 '혼전 동거를 할 수 있다.' 고 응답해(YTN, 2004. 5. 13) 청소년들의 결혼관이 과거와는 많은 차이를 보이며, 동거가구는 계속해서 증가할 것으로 예측된다.

라스웰(Lasswell et al., 1991; 유영주·김순옥·김경신, 2002 재인용)은 이들 동거가족의 형태를 비교적 젊은 계층에서 3개월 미만의 짧은 동거로 끝나는 경우, 결혼의 불확실성 때문에 비교적 오랜 기간 동거만 하는 경우, 결혼의 시험기간으로서의 동거, 자녀양육 등의 정상적인 결혼생활을 하면서 동거가 결혼 형식의 대안이라고 생각하는 경우 등 네 가지로 나누었다.

### (7) 공동체가족

현대사회에서는 직업과 종교를 단위로 여러 가족이 공동체를 형성하며 그에 소속된 성원들의 책임분담과 분업의 역할로 안정된 가족생활이 가능하다. 이러한 가족기능은 개개 가족구조의 테두리 속에서 통합적으로 수행되는 것이 아니라 분산되어 공동으로 수행되거나 다른 전문화된 제도에 이양되기도 하며, 대부분 공동육아, 공동가사노동, 공동재산을 기본으로 하고 있다. 이러한 가족 형태는 이혼이나 재혼, 입양이 증가함에 따라 형성 가능성이 높아지고 있으며, 이와 유사한 다세대가족은 지향하는 가치가 같고, 유사한 직업을 가진 맞벌이가족이 하나의 공동체를 형성하여 살면서 오히려 심리적 갈등 요인이 적고 가족역할을 공유하게 되어 효과적이라고 보고 있다(채옥희 외, 2004).

### (8) 집합가족(commune)

독신자, 노인가족, 편부모가족 등 가족의 기능 수행에 장애가 있는 가족 형태가 증가함에 따라, 가족의 생활 형태를 유지하면서 집단 속에서 경제적 문제, 육아문제 등을 극복하기 위한 대안으로서 집단가족 형태가 제시되었다.

이스라엘의 키부츠는 가장 널리 알려진 안정된 집합가족의 형태로 일부일처제를 지키면서 소득과 소비를 공유하는 형태이며, 일부 집합가족 중에는 오네이다 콜로니(Oneida colony)처럼 개방적인 성관계를 허용하는 경우도 있다. 대부분의 집합가족에서는 아동양육을 집단적으로 시행하고 그 책임도 공유하는 경향이 있으며, 이들의 집합가족생활이 장기적인 경우도 있지만 2~3년 정도 참여 후 이탈하거나 다른 집합가족으로 이동하는 경우도 있다. 또한 농촌에서는 계절에 따른 집단가족이 발행하기도 한다(유영주 · 김순옥 · 김경신, 2002).

### (9) 동성애가족(homosexual family)의 출현

1990년 미국의 한 조사(Nation' s Sex Life)에서는 조사 대상자의 5~6%가 양성애, 1%가 동성애 성향이 있음을 보고하고 있다. 지금까지는 동성애를 비정상적인 애정 형태로 보고 사회적으로 거부하는 경향이 강했지만, 동성애에 대한 선택적 개념이 발달하고 생리적으로 이성애에 부적응적인 경우가 있음을 수용해 감에 따라 동성 커플을 가족의 한 형태로 인식하는 경향이 증가하고 있다.

미국에서는 남자동성애자(gay)의 20%, 여자동성애자(lesbian)의 33%가 결혼의 형식을 거쳐 동거하고 있으며, 이성과의 이전 결혼에서 태어난 자녀를 동반하기도 한다. 그러나 동성애가족은 아직까지는 보험이나 상속, 세금제도 등에서 불이익을 받고 있는 경우가 많으므로 이들 동반자녀에게 피해를 줄 우려가 있다. 동성애가족은 일반적으로 역할분담에 있어 보다 평등지향적이어서 갈등의 소지가 적지만 사회적인 거부 때문에 안정성이 적어 대개 2~3년 정도의 동거기간을 갖는 경우가 가장 많다(유영주 · 김순옥 · 김경신, 2002).

### (10) 분거가족

분거가족은 떨어져 사는 비동거가족을 일컫는 말이다. 우리나라에서 분거가족의 등장은 1960년대는 이농이 주된 이유였지만 1970년대에는 중동 건설 붐과 해외 인력수출정책 때문이었으며, 1980년대는 지방 산업의 활성화로 인한 근무지 이동, 해외 유학의 잔류화, 맞벌이부부의 증가 등 보다 복잡한 이유들이 계기가 되었다. 그외에도 운동선수, 선원, 해외 주재원 등의 특정한 직업이나 자녀의 교육문제, 요양, 수감, 장기출장, 교대근무 등으로 분거가족이 증가하고 있다. 또한 여성의 경제활동 참여가 늘고 교통수단의 발달, 국외지사 설립과 기업의 지방이전 등과 같은 노동력의 빈번한 이동 그리고 개인주의 확산과 높은 직업 성취도, 자아실현 등이 분거가족 증가의 원인이라 하겠다. 그러나 분거가족은 애정적인 갈등으로 부부가 별거하는 별거가족과는 다른 개념이며 주거, 직장, 교육문제 등으로 떨어져 살지만 일정기간 함께 모여 사는 주말부부, 월말부부, 방학부부, 기러기가족 등을 포함하는 의미이다(유영주 외, 2004).

① 주말가족

맞벌이 주말가족의 특징으로는 직업에 대한 강한 동기를 가지고 일과 가족을 동시에 중요시하는 성향이 있으며 남녀 평등의식이 상대적으로 높고, 남편은 아내 직업에 대한 지지가 높고 수입이 많으며, 자녀양육에 대한 책임이 상대적으로 적은 편이다(유영주 외, 2004). 이기숙과 손태홍(2004)에 의하면 맞벌이 주말부부의 특징은 취업 동기에서 '자기발전'을 중요시하고 일반적인 맞벌이부부보다 사회경제적 지위가 높은 편이다. 가족 간 재회를 위해 매주 남편이 이동하는데 걸리는 시간은 3시간 정도가 가장 많았으며 부부간 비동거로 자녀양육과 교육에 더 많은 노력이 필요함에도 자발적 무자녀가족은 없었다.

또한 주말가족은 고학력 전문직과 관련된 행위의 특성을 보이는데 이러한 특성은 맞벌이부부와 비교할 때 두드러지며 부부 모두 자기 일에 대한 성취욕구가 강하기 때문에 넓고 다양한 사회적 관계망을 형성하지 못한다. 또한 여성의 경우 혼자서 가정관리 및 양육과 관련된 일을 처리해 왔기 때문에 가사 및 자녀문제의 결정과 대처를 맞벌이부부에 비하여 좀더 독립적으로 해결하려는 경향을 보인다(이기숙 · 손태홍, 2004).

② 기러기가족

엄마와 자녀는 유학을 위해 외국에서 생활하고 아빠는 한국에 남아 혼자 벌며

### '기러기 엄마' 는다

최근 자녀들의 조기유학에 남편이 동반하고 아내는 국내에서 직장에 다니며 체재비를 송금하는 경우가 적지 않다. '기러기 아빠' 에 상반된 '기러기 엄마' 들이다. 남편이 직장을 쉬거나 아예 그만둬야 하기 때문에 가부장적인 시각에서 보면 '파격' 이다. 하지만 여성의 능력과 사회적 지위가 점차 개선되면서 '기러기 엄마' 를 고려하는 가정이 점차 늘고 있다. 현실적으로 따져도 아내의 소득이 많은 가구가 있기 때문이다. 주재관으로 가족이 함께 나갔다가 엄마만 들어오는 '귀국형' 에서 처음부터 아빠를 보내는 '고소득형' 사업을 겸해 아빠가 자녀들을 돌보는 '일석이조형' 등 형태도 다양하다.

지난 1년간 가족과 함께 미국 노스캐롤라이나로 연수를 갔던 회사원 김 모 씨(40, 여)는 지난달 혼자 귀국했다. 미국 기준으로 가을학기 4학년에 입학하는 딸 아이를 위해 남편이 남기로 했다. 김씨는 "1년이 지나면서 딸 아이가 영어에 재미를 붙이고 학교생활에도 익숙해지는 것을 보고는 남편과 함께 남기기로 했다."고 말했다. 남편이 귀국할 경우 새로 사업을 해야 하지만 김씨가 일단 직장을 갖고 있기 때문에 서로 고생이 되더라도 당분간 김씨가 '기러기 엄마' 를 자처했다. 남편도 이해하고 시댁 어른들을 설득시켰다. 김씨는 국내에 들어와 틈틈이 모았던 비상금을 털고 연금도 깨는 등 경제적 부담이 컸지만 아이를 위해 '조기투자' 한다는 생각에 견디고 있다. 일단 6개월 정도만 생각하고 있으나 더 연장할 수도 있다.(중략)

국내 유학원에도 '기러기 엄마' 를 타진하는 문의 전화가 늘고 있다. 유학 뱅크의 관계자는 "올해 들어 아빠가 자녀 유학에 동반해도 괜찮냐고 묻는 사례가 조금씩 늘고 있다."면서 "주로 고정수입이 있는 의사나 회사 경영자(CEO) 등이 많다."고 말했다. 최근에도 초등학교 6학년과 중학교 1학년짜리 자녀를 아빠와 함께 미국에 보내려는 CEO 부부의 문의가 있었다고 했다. 특히 고정수입이 있는 아빠가 동반할 경우 엄마보다 미국 비자를 쉽게 받을 수 있다고 설명했다. 미국 측이 불법체류자로 남을 확률이 낮다고 보기 때문이라는 것. 종로유학원 관계자는 "연초 아빠가 자녀 유학에 동반하겠다는 문의가 몇 건 있었다."면서 "10년마다 안식년제로 해외 연수를 나가는 교수나 교사들이 대부분"이라고 말했다. 부부가 모두 대학 교수인 30대 김 모 씨가 이런 예에 해당한다. 남편이 안식년을 맞아 초등학교에 다니는 두 아들을 데리고 이달 초 미국으로 떠났다. 김씨는 안식년제가 아니어서 함께 가지 못하고 여름방학을 이용해 학교와 집을 구하느라 잠깐 다녀왔다. 특히 중국

쪽으로 남편과 자녀를 보내는 '기러기 엄마' 들이 많다. 지리적으로 가까워 '주말부부' 는 아니더라도 최소한 '월말부부' 가 가능하고 비용도 미국보다 훨씬 싸기 때문이다.(중략)

한편 지난 2004년 90일 이상 외국에 있으면서 체류 목적을 '기타' 나 '미상' 으로 적은 사람은 2,440명으로 자녀 유학에 동반된 사례로 추정된다. 통계청 관계자는 "이달부터 체제 목적을 적지 않기 때문에 기러기 아빠나 엄마에 대한 통계는 추정하기도 어렵게 됐다."고 말했다.

출처: 서울신문, 2006. 8. 28

학비와 생활비를 조달하는 신종 이산가족을 이르는 말이다. 현재 한국 사회가 낳은 기러기가족 수에 대한 정확한 통계는 없으나 최근 해외 유학 · 연수 송금액이 사상 최고 수준에 이르고, 엄마의 동행이 불가피한 초등학생의 유학이 급증하고 있다는 데서 그 증가세를 짐작할 수 있다. 교육부에 따르면 초 · 중 · 고교 조기유학생은 1995년 2, 259명에서 2004년에는 1만 6,446명으로 7배 이상 급증했다. 특히 1995년 당시 10%(235명)에 불과했던 초등학생 비율이 2004년에는 30%(6,276명)에 육박하고 있다.

기러기가족은 1990년대부터 시작된 조기유학 열풍이 만들어 낸 또 하나의 부산물이자 대안이다. 한국적 교육 현실에 답답함을 느껴 처음에는 자녀들만 미국, 캐나다, 호주, 뉴질랜드 등으로 유학 보냈던 부모들은 부적응이나 탈선 등의 문제가 불거지자 엄마를 아이들과 함께 지내도록 차츰 방법을 바꿔 나갔다. 가족의 주요 수입원인 아빠의 경우 한국에 남아 생활비와 학비를 계속 조달할 수밖에 없기 때문에 부모 모두 아이들을 따라가는 건 현실적으로 힘들다. 게다가 미국의 경우 현지에 직업이 없으면 비자 획득이 쉽지 않다는 점도 기러기가족의 양산을 부추겼다. 전문가들은 이러한 신종 이산가족이 기대하는 효과와는 별개의 여러 가지 사회문제를 야기시키고 있다고 지적한다. 특히 현대사회의 병폐 중 하나인 가족해체를 스스로 만들어 낸 것이라는 점에서 문제의 심각성이 있다.

### (11) 소년소녀가장가구

소년소녀가장이란 부모의 사망, 질병, 심신장애, 가출, 이혼, 복역 등으로 인하여 만 18세 미만의 소년소녀가 실질적으로 가계를 책임지고 있어 정부의 지원과 보호가 필요한 대상자를 말한다(부득이한 경우 20세까지 인정 가능). 여기에서 소년소녀가장이라고 할 때 소년소녀는 아동이나 미성년자와 같은 개념이다. 또한 가장이란 실질적인 가장권(감독권, 재산권, 대표권)을 가진 가족원 중의 연장자 또는 주민등록부상의 세대주로 되어 있는 자를 말한다. 소년소녀가장은 대부분 청소년기에 재학 중인 학생 신분으로 상당수가 친족과 함께 살면서 직접 · 간접적으로 도움을 받고 있는 것으로 파악되고 있으며, 입소시설보다는 가정에서 생활할 수 있는 보호 · 후원해야 하는 특수한 가족 형태로 파악해야 한다. 이렇게 볼 때 소년소녀가장은 행정적인 개념에 가깝다. 소년소녀가장가족의 구성을 보면 만 20세 미만의 미성년으로 구성된 가족으로 노동력이 없는 직계 혈족과 함께 있으나 미성년자가 실질적으로 가계를 책임지고 있는 빈곤가족, 경제적 · 심리적으로도 전적인 책임을 지고 있지 않은 방계 혈족과 더불어 생활하는 가족을 뜻한다(조홍식, 2002).

### (12) 결혼이민자가족

우리나라는 1990년대 이전까지의 국제결혼이란 가난한 여성이 미국이나 일본으로 결혼 이주를 떠나는 것이 대부분이었고, 국내에서 외국인과 결혼해서 사는 한국인 남성은 드물었다. 그러나 1990년대 초기부터 한국인 남성의 국제결혼은 결혼에 어려움을 겪고 있는 농어촌 총각들이 해외에서 배우자를 찾으면서부터 확대되었다. 처음에는 종교단체나 애향운동가들이 결혼중매에 나섰으나 점차로 국제결혼중매기관이 등장하면서 더욱 활발하게 외국에서 신부를 얻게 되었다.

최근 들어 국제결혼 중에서 한국인 남성과 외국인 여성이 차지하는 비율이 더욱 높아지고 있으며, 이들을 여성가족부에서는 결혼이민자가족이라고 칭하고 있다. 2005년에 한국인 남성과 결혼해서 이주해 온 외국인 여성은 31,180명이다(통계청, 2006). 외국인 아내의 출신국은 중국이 66.2%로 가장 많고, 다음은 베트남

## 2005년 국제결혼 건수 4만 3천 121건

열린우리당 김춘진 의원은 '국제결혼가정 지원방안' 보고서를 통해 국가 간 인적 교류 활성화와 내국인 간 혼인율 하락 등으로 국제결혼이 계속 증가하고 있으며, 2005년도 국제결혼 건수는 43,121건으로 전년도에 비하여 7,674건(21.6%) 증가했고, 전체 결혼의 13.6%를 차지했다고 밝혔다.

보고서에 따르면 2005년 국제결혼 중 한국 남자와 외국 여자의 혼인은 31,180건으로 전년 대비 21.8% 증가했다. 한국 여자와 외국 남자의 혼인은 11,941건으로 전년 대비 21.2% 증가해 비슷한 증가세를 보이고 있으나 국제결혼 중 한국 남자와 외국 여자의 결혼 비율은 72%인 반면 한국 여자와 외국 남자 결혼 비율은 28%에 불과하다. 그러나 한국 여자와 외국 남자와의 국제결혼은 특히 2004년 이후 급속하게 증가하고 있다.

국제결혼 부부 중 90% 이상이 대화 시 한국어를 쓰며, 필리핀인 부인의 경우 53%가 영어를 한국어와 함께 쓰고 있으며, 베트남인 부인들의 경우 9% 정도가 부부간 대화가 거의 없다는 보고도 있다. 또 부인이 평가한 남편의 부인 나라의 언어 실력은 극히 부진해 부인들이 본인의 한국어 실력을 70점 정도로 평가한다면, 남편의 부인 나라 언어 실력은 31점에 불과하다고 했다.

현재 결혼 혹은 동거 중인 부인들의 전반적인 결혼 만족도는 평균 74점 정도이고 한국 일반 기혼여성의 부부관계 만족도와 비교할 때 국제결혼 부인들이 남편과의 관계에 매우 만족하는 비율이 더 높았다. 결혼이민자 중 41% 정도는 거의 부부싸움을 하지 않는다고 하며, 일주일에 한두 차례 갈등을 겪는 부부는 8% 정도이다. 베트남, 필리핀인 부인들이 다른 나라 출신 부인들보다 부부싸움 빈도가 적은 편이다.

이처럼 늘어나는 국제결혼과 이에 따른 문제가 지적되고 있는 가운데 열린우리당 김춘진 의원은 "국제결혼가정에 대한 중앙정부의 지원은 대체로 사회보험, 사회수당, 공공부조 차원에서 각종 법령을 개선해 지원하는 방안인 반면, 지방정부 차원, 특히 기초자치단체 차원의 지원은 생활에 접목되어 있을 뿐만 아니라 중앙정부의 사업을 최종적으로 집행한다는 측면에서 오히려 중앙정부의 지원보다 더 중요할 수 있다."고 밝혔다. 따라서 중앙정부는 국제결혼가정 지원대책 수립에 있어서 지방자치단체와의 충분한 의견 교환을 통해 지방정부에서 실시하는 좋은 정책 사례는 중앙정부단위로 끌어올리고 중앙정부의 정책 의지와 제도 개선 등이 지방정부까지 잘 전달될 수 있도록 노력해야 할 것이라고 강조했다.

출처: 뉴시스, 2006. 9. 6

(18.7%), 일본(4.2%), 필리핀(3.2%), 몽골(1.6%), 러시아(1.1%)의 순이다(통계청, 2006).

결혼이민자가족의 여성은 문화적인 갈등, 우리 사회의 통념과 편견에서 오는 압박감과 소외감에 시달리고 있으므로 무기력한 상태에 이를 수도 있으며, 이들은 더욱 위축되게 만들며 자신에 대한 부정적 정체감을 갖게 함으로써 사회생활이나 가정생활 전반에 걸쳐 어려움을 겪게 된다(채옥희 · 홍달아기, 2006). 또한 어머니의 언어장애나 문화적인 부적응으로 인해 자녀들의 사회화나 양육과정에서 여러 문제가 발생할 가능성이 높다. 그래서 여성가족부에서는 결혼이민자가족지원센터를 지역사회의 건강가정지원센터와 연계하여 설치해 이들의 적응을 돕는 다양한 프로그램을 운영하고 있다.

### (13) 조손가족

우리나라에서는 조손가족에 대한 공식적인 개념이 마련되어 있지 않으며, 일반적으로 조손가족, 조부모-손자녀가정, 조부모 가장세대, 조부모손자녀세대, 조부모와 동거하는 소년소녀가장세대 등으로 불리고 있다.

국외의 문헌(U.S Census Bureau, 2000; 김미혜 · 김혜선, 2004 재인용)에 따르면 조손가족의 조부모에 대한 기준을 18세 이하의 손자녀와 한 건물 안에 동거해야 하며 손자녀의 기본적인 생활 욕구에 일차적으로 책임을 져야 한다고 되어 있는데 이 기준에서 조손가족의 개념을 유추해 볼 수 있다. 이러한 기준에 따르면 조손가족 조부모들은 손자녀의 의료적 보호, 교육, 훈육과 관련하여 의사결정을 할 수 있는 법적 보호 권한과 아동의 일상 보호를 제공하는 책임을 포함하는 신체적 보호 권한을 가지게 된다는 것을 알 수 있다.

또한 조손가족의 실태를 구체적으로 제시하고 있는데 1980년 2만 3천 명의 18세 미만 아동(3.6%)이 조부모가 세대주인 가구에서 자라고 있으며, 1990년 3만 2천 명(5%), 1998년 4만 3천 명(5.6%)으로 증가되어 지난 20년간 약 72%의 높은 증가율을 보여 왔다. 특히 이 중 35%에 달하는 1만 5천 명의 18세 미만 아동이 부모 없이 조부모와 손자녀로만 구성된 가구에서 양육되고 있는 것으로 나타나

(U.S Bureau of Census, 1999; 김미혜 · 김혜선, 2004 재인용) 조부모들이 손자녀의 감정적 · 사회적 · 재정적 책임을 지고 있는 것을 알 수 있다. 조손가족의 형성 원인은 자녀들의 이혼, 수감, 마약 · 알콜 남용, 살인죄, 정신질환 등이며, 특히 자녀의 약물중독은 대부분의 사례에서 나타나고 있다.

우리나라의 경우는 보건복지부 자료에 의하면 조손가정은 해마다 늘어 2002년에는 1,249가구였던 것이 2005년에는 무려 4배가 늘어난 5,250가구라고 한다. 이 숫자는 정부로부터 지원을 받고 있는 조손가구만을 헤아린 것으로 정부 집계에 해당하지 않은 가구까지 합하면 이보다 훨씬 더 많을 것이라고 쉽게 예상할 수 있다. 또한 조손가족을 바라보는 시각도 조부모들을 아동의 피보호자로 인식하는 경향이 만연해 있으며, 조손가족에 대한 구체적인 정의나 법 조항도 없고 대리양육자로서 조부모의 법적 권한도 없는 실정이다.

조손가족의 형성 원인 역시 선행연구 및 관련 자료의 부족으로 정확한 정보를 알 수 없다. 조부모가 손자녀를 전담 양육하는 원인이 매우 제한적이지만 조손가족이 가족해체의 결과물이라는 점에 근거하여 조손가족 증가의 원인을 가족해체의 원인에서 추정해 볼 수 있다. 최근 우리 사회가 경험하는 가족해체의 주요 원인은 부나 모가 사망하거나 혹은 이혼, 가출, 경제적 결핍, 혹은 미혼모 등으로 보고되고 있으며, 이 중 조부모가 손자녀를 양육하는 동기의 상당수가 자녀의 이혼이라는 연구결과가 있다(김미혜 · 김혜선, 2004).

### (14) 입양가족

아동양육에 있어서 계속성을 보장하는 방법으로 위탁양육과 입양, 양육시설에의 입소 등이 있는데 아동에게 가정적인 분위기를 제공함으로써 아동의 복지증진을 도모하는 대리적 보호가 입양이다. 입양이란 친부모가 자신의 자녀를 양육할 수 없거나 양육할 의지가 없는 경우에 양부모가 친부모를 대신하여 아동에게 영구적이고 안정적인 가정을 제공하는 것이다. 입양을 통해서 입양아는 자신을 받아들인 가족의 영구적인 구성원이 되며 자녀로서의 모든 혜택과 권리를 부여받게 된다. 입양가족은 입양아를 받아들임으로써 가족구성원이 늘어나고 보다 복합적인 새로운 가족관계를 형성하게 된다. 출산이 아닌 법률적 과정을 통해 부모-자녀 관계가 성립되는 사회적 과정이 입양인 것이다(유영주 외, 2004).

**표 1-6 국내외 입양아동 현황(2005년)**

(단위: 명)

| 연도별 | 계 | 1997년 이전 | 1998 | 1999 | 2000 | 2001 | 2002 | 2003 | 2004 | 2005 |
|---|---|---|---|---|---|---|---|---|---|---|
| 국내 | 67,607 (30.0%) | 54,639 | 1,426 | 1,726 | 1,686 | 1,770 | 1,694 | 1,564 | 1,641 (42.1%) | 1,461 (41.0%) |
| 국외 | 157,145 (70.0%) | 138,486 | 2,443 | 2,409 | 2,360 | 2,436 | 2,365 | 2,287 | 2,258 (57.9%) | 2,101 (59.0%) |
| 계 | 224,752 | 193,125 | 3,869 | 4,135 | 4,046 | 4,206 | 4,059 | 3,851 | 3,899 | 3,562 |

출처: 국내외 입양통계표(http://gaips.or.kr/).

우리나라의 경우 부모의 이혼, 생활고, 그리고 아이를 키우기 어려운 미혼모로 인해 새로운 가정이 필요한 아이들이 해마다 약 7천여 명에 이른다고 한다.

**표 1-7 국내외 입양아동 성별 현황**

(단위: 명)

| 구분 | 국내 입양 | | | 국외 입양 | | |
|---|---|---|---|---|---|---|
| | 계 | 남 | 여 | 계 | 남 | 여 |
| 계 | 5,653명 (100.0) | 1,935 (34.2) | 3,718 65.8) | 8,204명 (100.0) | 4,967 (60.5) | 3,237 (39.5) |
| 2002년 | 1,694 (100.0) | 632 (37.3) | 1,062 (62.7) | 2,365 (100.0) | 1,379 (58.3) | 986 (41.7) |
| 2003년 | 1,564 (100.0) | 543 (34.7) | 1,021 (65.3) | 2,287 (100.0) | 1,367 (59.8) | 920 (40.2) |
| 2004년 | 1,641 (100.0) | 494 (30.1) | 1,147 (69.9) | 2,258 (100.0) | 1,385 (61.3) | 873 (38.7) |
| 2005년 | 1,461 (100.0) | 482 (33.0) | 979 (67.0) | 2,101 (100.0) | 1,353 (64.4) | 748 (35.6) |

출처: 국내외 입양통계표(http://gaips.or.kr/).

**표 1-8 장애아동 입양 현황**

(단위: 명)

| 연도별 \ 구분 | 국내 입양 | | | 국외 입양 | | |
|---|---|---|---|---|---|---|
| | 계 | 비장애 | 장애 | 계 | 비장애 | 장애 |
| 2000년 이전 | 59,477 | 59,280 | 197 | 145,698 | 112,083 | 33,615 |
| 2001년 | 1,770 | 1,756 | 14 | 2,436 | 1,693 | 743 |
| 2002년 | 1,694 | 1,678 | 16 | 2,365 | 1,538 | 827 |
| 2003년 | 1,564 | 1,544 | 20 | 2,258 | 1638 | 649 |
| 2004년 | 1,641 | 1,634 | 7 | 2,258 | 1,553 | 705 |
| 2005 | 1,461 | 1,434 | 27 | 2,101 | 1,364 | 737 |
| 누 계 | 67,607 (100.0%) | 67,326 (99.6%) | 281 (0.4%) | 157,145 (100.0%) | 119,869 (76.3%) | 37,276 (23.7%) |

출처: 국내외 입양통계표(http://gaips.or.kr/).

### 고아 수출 1위 '불명예' 벗어나…… 국내 입양규제 풀고 금전지원

18일 발표된 '국내입양 활성화 대책'의 배경에는 수십 년간 '대한민국'이라는 이름 뒤에 따라붙었던 '고아 수출국 1위'라는 불명예스러운 딱지가 있다. 2005년 말까지 해외로 입양된 아동은 모두 15만 7,145명. 전체 입양아(22만 4,752명)의 70%이다.

한 해 평균 2,000여 명의 아이들이 국내에서 보금자리를 찾지 못해 해외로 나간 셈이다. 가뜩이나 세계 유례없는 저출산 현상으로 미래까지 불투명하다는 소리가 나오고 있는 나라에서 해외로 아이를 가장 많이 입양 보내는 '아이러니'한 상황이 전개되고 있는 것이다. 정부는 이를 타개하기 위해 해외 입양은 규제하고 국내 입양에 대해서는 금전지원과 함께 규제를 대폭 풀어주는 양면책을 내놨다.

#### ◉ 국내 입양 모색기간 5개월

정부는 우선 내년부터 해외 입양기관들이 입양을 주선하기 전에 국내에서 5개월 동안 양부모를 찾아보도록 하는 규제(국내 입양 우선추진제)를 새로 두기로 했다. 이 기간 동안 국외 입양 추진은 중단된다.

복지부 관계자는 "4개 해외 입양전문기관과 협의를 마친 상태이며 법률적으로 의무사항은 아니지만 지침을 통해 똑같은 효과가 날 수 있도록 하겠다."고 말했다. 다만 선천적 장애아, 미숙아 등은 이 제도의 예외로 두기로 했다.

◉ **장애아 입양 시 국민주택 우선 공급 추진**

해외 입양규제는 신설하지만 국내 입양과 관련된 규제는 대거 해제할 계획이다. 〈미혼남녀 입양 허용〉〈입양부모의 연령 조건 완화〉〈입양가정의 자녀 수 제한규정 폐지〉 등이 그것이다. 장애아동 입양 활성화를 위해서는 입양가정에 국민주택을 특별 공급하는 방안도 관계 당국과 협의키로 했다.

입양가정의 경제적 어려움을 돕기 위해 입양 수속 수수료(200만 원)와 양육비(매월 10만 원) 지원도 내년부터 실시키로 했다. 수수료는 내년 1월부터 입양하는 가정에 한해 지원되며, 양육비는 18세 미만 입양아를 두고 있는 모든 가정에 지원된다.

출처: 한국경제, 2006. 7. 18

그러나 실제로 입양이 되어 가정을 갖게 되는 아이들은 3,562명(〈표 1-6〉 참조)에 불과하다. 즉, 나머지 3천여 명의 아이들은 영아원이나 보육원 등의 시설에서 자라게 되는 것이다. 더구나 보건복지부가 발표한 최근 4년간 국내외 입양 통계에 따르면 국내 입양은 2005년 1,641명으로 2,258명인 해외 입양의 절반 수준밖에 미치지 못하고 있는 실정이다.

이와 같이 국내 입양이 부진한 이유로 혈통을 중시하는 유교적 가족관, 부모 중심의 입양, 비밀 입양으로 인한 까다로운 아동 선정 조건, 국내 입양전문기관의 부족으로 국내 입양지정기관의 전문 종사자 부족, 그리고 입양알선기관의 해외 입양 선호와 입양상담원의 적극적인 국내 입양 성사 의지 결여 등이 지적되고 있다.

'피는 물보다 진하다.' '차라리 밖에서 낳아올지언정 근본도 모르는 남의 아이에게 대를 잇게 할 수는 없다.'는 유교적인 가치관이 뿌리깊이 박혀 있고 주위 사람들의 부정적인 시선에 늘 시달려야 하는 현실, 그리고 국가의 지원 없이 입양수수료에 의존할 수밖에 없는 민간입양기관의 고충 등으로 '고아 수출국'이라는 이미지가 조금씩 나아지고 있다고는 하지만 장애아를 입양하는 가족은 거의 없다시피 할 정도로 입양에 관한 인식은 낮은 수준이다(유영주 외, 2004).

## 요 약

가족과 사회는 역동적인 상호관계에 있기 때문에 가족은 외적 · 내적인 다양한 변화에 의해 지속적으로 변화할 수밖에 없다. 현대사회는 끊임없이 다양하게 변동하여 그 특징을 한마디로 요약할 수 없지만 가족의 변화에 직접적인 영향을 주는 현대사회의 양상은 산업화에 따른 도시로의 인구 이동 증가, 정보화의 가속화, 여성의 경제활동 확대, 초혼연령의 상승, 출산율 저하, 평균 수명 연장, 이혼율과 재혼율 증가 등과 같은 인구학적 요인의 변화, 결혼관, 자녀관, 가족부양 의식과 같은 가족과 관련된 가치관의 변화를 들 수 있다.

현대사회의 여러 변화는 가족기능의 변화를 야기시켰다. 성에 대한 규범 및 가치에 관하여 가족의 성적 기능과 종족유지기능이 약화되었고, 전통적으로 수행해 오던 가족의 자녀양육 및 사회화 기능과 자녀에 대한 인성 · 도덕교육의 주관자였던 가족의 교육기능은 감퇴되었다. 가족의 생산기능을 약화시키고 소비기능은 강화시키게 되었고, 현대사회의 과도한 경쟁성과 갈등적 상황에서 가족원에게 정서적 안정을 제공하는 정서적 기능과 여가 및 휴식기능은 더욱 중요해지고 있다. 또한 그동안 공적부조의 성격이 약한 유교문화권에서 대부분 가족이 수행해 온 사회보장기능은 심각한 위기에 봉착하고 있다. 또한 현대사회의 변화는 다양한 가족형태를 출현시키고 있다. 자발적 무자녀가족, 맞벌이가족, 재혼 및 계부모가족, 한부모가족, 독신가구, 동거가족, 집합가족, 동성애가족, 주말가족, 기러기가족과 같은 분거가족, 소년소녀가장가구, 결혼이민자가족, 조손가족, 입양가족 등은 여러 가지 요인에 의하여 형성되었으며, 각 가족의 유형에 따라 독특한 특성을 나타내고 있다.

## 생각해 보기 ▸▸▸▸▸▸▸▸

1. 현대사회의 여러 변화 양상이 가족에 미치는 영향을 구체적인 통계자료나 실제 사례를 통하여 분석해 보자.

2. 과거에 비해 현대사회에서 약화되었거나 강화된 가족기능은 무엇인가? 또한 이러한 가족기능의 변화를 야기시킨 요인에 대하여 이야기해 보자.

3. 자신이 생각하는 현대사회에서 가장 소중한 가족의 기능은 무엇인가? 이러한 소중한 가족의 기능 수행을 원활하게 하기 위하여 가족원은 어떤 역할을 해야 하는 가 토론해 보자.

4. 다양한 유형의 가족 사례를 자신의 주변, 신문기사, 인터넷 등에서 수집하여 각 가족의 특징과 생활하는 모습을 발표해 보자.

# 참 / 고 / 문 / 헌

경제기획원(1960, 1970). 인구 및 주택센서스.

김미혜 · 김혜선(2004). 저소득층 조손가족 조부모의 생활만족도에 영향을 미치는 요인 연구. 한국노년학회지, 24(3), 155-156.

김선업(2000). 정보화와 청소년. 여성연구학술대회 자료집.

김승권 외(2000). 한국가족의 변화와 대응 방안. 한국보건사회연구원.

김익균(2003). 가족복지론. 교문사.

김정옥 외(1999). 새로 보는 결혼과 가족. 학지사.

유영주 · 김순옥 · 김경신(2002). 가족관계학. 교문사.

유영주 외(2004). 새로운 가족학. 신정.

이기숙 · 손태홍(2004). 맞벌이 주말가족 연구. 신정.

이정덕 · 김경신 · 문혜숙 · 송현애 · 김일명(1999). 결혼과 가족의 이해. 학지사.

조홍식 · 김인숙 · 김혜란 · 김혜련 · 신은주(2002). 가족복지학. 학지사.

조희금 · 김경신 · 정민자 · 송혜림 · 이승미 · 성미애 · 이현아(2005). 건강가정론. 신정.

조희금 · 송혜림 · 공인숙 · 이승미 · 이완정 · 박혜인 · 조재순 · 김선미 · 최연실(2002). 가정생활복지론. 신정.

중앙건강가정지원센터(2006). 건강가정사 양성교육 자료집.

채옥희 · 홍달아기 · 송순 · 정은미(2004). 현대사회와 가족복지. 신정.

채옥희 · 홍달아기(2006). 국제결혼이주 여성의 건강가정을 위한 자아존중감과 사회적응력 향상 교육효과. 한국가족자원경영학회지, 10(3), 63-78.

통계청(2006). 한국인의 사회지표.

통계청(1971, 1980, 1990, 2000, 2003). 생명표.

통계청(1960, 1970, 1980, 1987, 1990, 2000, 2005). 인구동태통계연보.

통계청(1963, 1970, 1980, 1990, 1995, 2000, 2005). 경제활동인구연보.

한국인터넷정보센터(2003). 인터넷 이용자수 및 이용형태에 관한 설문조사 결과보고서.

〈신문 자료〉

국민일보(2006. 6. 6) 맞벌이부부 퇴근후…… 아내 '가사 · 육아' – 남편 '휴식'

뉴시스(2006. 9. 6) 2005년 국제결혼 건수 4만 3천 121건

조선일보(2006. 10. 2) 65세 이상 재혼 10년 전의 2배

서울신문(2006. 8. 28) 기러기 엄마 는다

세계일보(2006. 9. 5) 자녀는 짐 출산 거부…… 딩크족 확산

한국경제(2006. 7. 18) 고아 수출국 1위 '불명예' 벗어나…… 국내 입양규제 풀고 금전지원

부산일보(2006. 1. 25) '동거도 가족 인정' 52%

CHAPTER 02

# 건강한 가족과 자원봉사

### 데스크 칼럼: 결혼은 선택

올해도 어느덧 끄트머리에 섰다. 거리에는 어김없이 자선냄비가 등장하고 불우이웃을 돕자는 목소리가 들리는 때다. 출근을 서두는데 "나누는 행복, 더하는 행복" TV에서 공익광고 같은 소리가 귀를 울린다. (중략)

이맘때가 되면 화목한 가정을 강조하기도 한다. 가정은 사회의 기본이자 일부다. 가정이 건전해야 사회도 건강하게 발전한다는 건 초등학교 때 배운 소리다.

근래 가정을 꾸리지 않겠다는 젊은이가 늘어나 충격을 던졌다. 미혼여성 중 거의 절반이 '결혼은 필수가 아닌 선택'이라고 말한다. 통계청이 발표한 '2006 사회통계조사' 결과가 전하는 내용이다. 새삼스러울 것도 없다. 지난해 어느 조사에서도 이런 결과가 나타났다. 성인 남녀의 절반 이상이 결혼은 안 해도 된다고 답했고, 기혼여성 중 35%가 '무자녀가 상팔자'라는 데 한 표를 행사했다.

이번 통계청 조사에서 특히 주목되는 부문은 가족에 대한 인식의 변화다. 맞벌이부부는 전체 부부의 43.9%에 달했다. 가사분담은 공평하게 분담해야 한다는 응답이 3분의 1을 넘었으나 실제 분담률은 미미해 견해와 실태 간의 차이가 드러났다. 여성 취업에는 85.5%가 찬성했고, 여성 취업을 가장 어렵게 하는 요인으로는 육아부담을 꼽았다. 부모의 노후생계는 가족이 돌봐야 한다는 대답이 가장 많았지만 가족과 정부 · 사회의 공동 책임이라는 응답도 예년에 비해 높게 나타났다.

가족에 대한 가치관 변화는 결혼 기피 · 저출산 · 가족해체 · 이혼 · 노인부양 등의 문제를 가져올 수 있어 심각함이 더하다. 미혼여성은 결혼과 육아부담 때문에 독신을 선택하는 경우가 많다. 특히 학력이 높고 전문직종일수록 독신여성 비중이 높다. 이들은 결혼을 통해 가족을 구성한다는 것이 더이상 필수도 매력적인 선택도 아니라는 것이다. 여성의 사회 진출이나 의식 변화 수준에 따라 가지 못하는 양성평등 속도나 기존의 가부장적 의식 탓이 크다.

사실 가사노동의 상당 부분은 돌봄기능이다. 어린이나 노인, 환자를 돌보는 것이 어머니나 며느리, 딸이라는 이름으로 대부분 여성에게 집중되어 왔다. 아니 모성이나 효라는 가치에 매여 당연한 것으로 간주되고 칭송된다. 사회가 변하고 여성들의 경제참여는 증가하는데 가족 내 보살핌을 여성만이 짊어진다는 것은 어느 나라에서나 불가능에 가깝다. 이에 대한 가족의 인식 변화와 사회적 지원이 절실하다. 저출산이 국가적 문제로 대두된 우리 사회, 여기에 겹친 심각한 독신 풍조는 고령사회 진입에 가속 페달을 밟는 격이다. 늙은 한국을 더욱 늙게 만든다. 결혼 기피는 저출산을 낳고 곧 닥칠 고령화 사회 문제와도 직결되기 때문이다.(이하 생략)

출처: 부산일보, 2006. 12. 15

# 02. CHAPTER 건강한 가족과 자원봉사

## 1. 건강한 가정과 가족자원봉사

사회의 급격한 변화 속에서 혼인과 출산, 자녀양육과 노인부양 등 '가정생활'과 관련되어 나타나는 현재 모습들의 변화 속도 역시 매우 빨라 가족의 모습도 전과는 다른 형태의 생활공동체들이 등장하고 수적으로 확장되고 있으며, 누구와 어떻게 사는가 하는 생활의 모양새 자체도 전형을 벗어난 부분이 많이 보인다.

가족과 가정에 일어나는 많은 일들, 현상의 변화와 때로는 문제의 심각성 등은 가족과 가정에 대한 관심을 증폭시켰고, 어떻게 사는 것이 행복한가, 웰빙시대의 가정은 어떠해야 하는가를 고민하게 만든다. 그래서 건강한 가정을 거론하게 되는 것이다. 그리고 건강한 가정을 거론할 때 이러한 현상의 변화 그리고 전반적인 문화의 변화에 대한 다양성과 개방성이 필요하다고 할 수 있다. 이와 같이 건강한 가정에 대한 논의는 바로 어떤 특정한 형태의 가정 유형으로 향해 가기보다는 가족이나 가정으로 모인 사람들이 어떻게 사는가에 초점을 두어야 한다. 문제가 있으면 해결하고 강점은 계속 지지하며 어떠한 가정이라도 건강성을 증진시켜 나갈 수 있기 위해 이제 개인과 가정 그리고 사회가 함께 공조해야 할 때다. 이에 건강가정에 대한 다양한 개념과 가족자원봉사를 통한 가정의 건강성 및 공동체 의식의 함양에 대하여 살펴보고자 한다.

### 1) 건강가정의 의미와 특징

#### (1) 건강가정의 의미

건강가정 혹은 건강가족적 관점에 대한 연구는 미국에서 처음 시작되었다. 미국에서는 이혼율이 높아지고 가족해체 현상이 심각했던 1970년대에 '가족이 왜 실패하는가'를 규명하는 가족의 부정적이고 병리적인 측면에 초점을 맞춘 그동안의 연구로부터 '가족이 어떻게 성공하는가'에 대한 답을 찾는 과정을 중시하는 측면으로 그 초점을 바꾸었다. 이때 연구자들은 건강가정(healthy family) 또는 구성원이 함께 행복한 삶을 영위하는 건강한 가족을 지칭하는 다양한 표현을 사용하였다. 예를 들면, 강한 가족(strong family), 균형잡힌 가족(balanced famuily), 기능적인 가족(optimally functioning family), 탄력적인 가족(resilient family) 등이다. 우리나라도 '건강가족' '건전가정' '건강가정' 등의 용어로 사용되고 있다. 그리고 용어에 따라 강조하는 의미에 차이는 있지만 이런 용어들이 나타내고자 하는 기본적인 의미는 가정이 안정되고, 잘 기능하는 가정, 그리고 서로의 관계에 만족하는 가족을 의미하는 것이다(조희금 외, 2005).

유영주 등(2004)은 건강가족의 의미를 개인적 차원, 관계적 차원, 체계적 차원으로 대별하고 개인적 차원에서 가족 개개인의 건강한 성장 발달을 도모하고, 관계적 차원에서 가족 간의 상호작용(의사소통, 역할관계, 의사결정)이 균형을 유지하며, 체계적 차원에서 가족체계를 잘 유지하여 사회, 국가와의 긴밀한 유대관계를 유지하는 가족이라고 정의한다. 지영숙과 이영호(1996)는 건강가정이라는 용어 대신에 건전가정의 개념을 사용하고 있다. 이들에 의하면 가족은 애정으로 맺어진 인간관계의 결합이지만 가정생활은 인간관계의 협력체계와 물질체계의 통합관계에서 이루어지므로 '건전'하다는 의미는 건강을 포함하여 각 체계 간의 조화와 균형을 유지하는 단계적 개념으로서 보다 큰 의미를 갖는다고 하였다. 그리고 건전가정이란 지역사회 단위에서 가정의 유지 및 발전을 위하여 가정의 기능을 잘 수행하고 그 기능들의 수행을 위한 바른 태도, 실천하는 용기, 의식적인 노력을 하는 정도가 높은 가정이라고 정의하고 있다. 건강가족 혹은 기능적 가족과 건전가정의 차이를 유영주(2002)는 기능적 가족(건강가족)이 임상가

나 치료자가 가족문제나 가족병리를 진단하기 위한 개념으로 정서적 · 관계적 상호작용에 초점을 두고 있는데 비해 건전가정이란 보다 포괄적인 광의의 개념으로 가족생활의 심리적 · 사회적 측면뿐만 아니라 경제적 · 가정관리적 측면까지를 포함하는 개념이라고 정의한다.

### (2) 건강가정의 특징

건강한 가정의 특징을 살펴보기 위하여 어은주 · 유영주(1995)의 건강가족에 대한 조사척도에서 포함된 문항을 참고할 수 있다. 척도는 〈표 2-1〉에 나타난 바와 같다.

유영주(2002)는 나아가 실태조사를 통해 분석한 우리나라 건강가족의 요인 열 가지를 다음과 같이 들고 있다. 즉, 가족원에 대한 존중, 가족원 간의 유대의식, 감사와 애정 그리고 정서적 안식처, 긍정적 의사소통, 가치관 목표 공유, 역할 충실, 문제해결 능력, 경제적 안정과 협력, 신체적 건강, 사회와의 유대 등이다. 건강가족을 구성하는 이런 요소들은 서양의 경우와 차이가 있는데 서양 사람들이 건강가족의 요소를 주로 가족체계 내적인 요인인 가족 간의 응집성, 적응성, 의사소통 등에 큰 비중을 두는 것에 비해 우리나라의 경우는 그것과 함께 가족원 간의 유대의식, 가족원의 역할 충실, 가족원의 신체적 건강, 경제적 안정과 협력의 중요성을 강조하는 것에서 차이가 있음을 밝히고 있다.

한편 돌로리스 큐란(1994)은 건강한 가정들이 공통적으로 가지고 있는 특징은 무엇인지 알아보기 위하여 가정 관련 전문가 551명을 대상으로 응답을 얻어 내어 15개의 특징을 정리하였다. 건강한 가정은 다음과 같다.

① 의사소통이 잘 되고 상대방의 말을 잘 들어 준다.
② 서로 긍정하며 도와준다.
③ 타인에 대한 존경을 가르친다.
④ 서로 신뢰한다.
⑤ 놀이와 유머에 대한 감각이 있다.
⑥ 공동적인 책임의식을 보여 준다.

**표 2-1 가족의 건강성 척도의 문항**

| 문항 내용 |
|---|
| 1. 우리 가족은 함께 대화하는 것을 즐긴다. |
| 2. 우리 가족은 서로를 위하는 일을 한다. |
| 3. 문제를 해결할 때 가족원 모두에게 최선의 해결책이 되도록 노력한다. |
| 4. 우리 가족은 서로에게 솔직하다. |
| 5. 우리 가족은 다른 사람보다 우리 가족원에게 더 친근감을 느낀다. |
| 6. 어려운 문제가 생겼을 경우는 가족원끼리 협력하면서 해결한다. |
| 7. 온 가족이 함께 할 일을 결정하기는 매우 쉽다. |
| 8. 우리 가족은 서로 믿으며 숨김없이 모든 것을 털어 놓고 산다. |
| 9. 우리 가족은 화목하다. |
| 10. 어려운 일이 있을 때는 가족에게 도움을 구할 수 있다. |
| 11. 우리 가족은 서로 비슷한 가치관과 신념을 갖고 있다. |
| 12. 우리 가족의 가치관과 규칙은 명확하다. |
| 13. 자기 자신의 개인적 문제를 가족에게 말할 수 있다. |
| 14. 우리 가족은 서로를 감싸 준다. |
| 15. 가족에 문제가 생겼을 때는 가족 모두가 책임을 동등하게 진다. |
| 16. 우리 가족은 서로를 존중해 준다. |
| 17. 우리는 서로를 무시하는 말을 하지 않는다. |
| 18. 우리 가족은 가정에 충실하다. |
| 19. 우리는 문제를 다각도로 해결하고자 노력한다. |
| 20. 어떤 결정할 일이 있을 때에는 가족 모두가 의견을 제시한다. |
| 21. 우리 가족은 서로의 감정을 이해한다. |
| 22. 우리 가족은 옳고 그른 것에 대해 일치한다. |
| 23. 우리 가족은 원하는 것이 있을 때에는 직접 말한다. |
| 24. 우리 가족은 서로에 대해 충분한 관심을 보인다. |
| 25. 우리 가족은 인생에 있어서 중요하다고 생각하는 것이 무엇인가에 대해 서로 일치한다. |
| 26. 우리는 서로의 말을 주의깊게 듣는다. |
| 27. 힘들어하는 가족원이 있을 때에는 다른 가족원도 그 이유를 알고 있다. |
| 28. 우리 가족 간의 의견 차이는 극복하기가 어렵지 않다. |
| 29. 우리 가족만의 전통이 있다. |
| 30. 우리 가족은 서로의 느낌을 자유롭게 표현할 수 있다. |
| 31. 우리 가족은 서로에게 진실하다. |
| 32. 우리 가족은 관심사와 취미가 같다. |
| 33. 우리는 서로에 대해 애정을 표현한다. |
| 34. 우리는 가족의 규칙이나 가치관을 함께 만든다. |

출처: 어은주 · 유영주(1995). 가족의 건강도 측정을 위한 척도개발에 관한 연구.

⑦ 옳고 그름에 대한 인식을 가르친다.
⑧ 의식와 전통으로 가득찬 강력한 가족 관념을 가지고 있다.
⑨ 구성원들 간에 균형잡힌 상호작용이 있다.
⑩ 공통적인 종교를 가지고 있다.
⑪ 서로의 개인생활을 존중해 준다.
⑫ 타인에게 봉사하는 것을 귀하게 여긴다.
⑬ 식구들이 같이 식사하는 시간과 이야기하는 시간을 갖는다.
⑭ 여가시간을 같이 즐긴다.
⑮ 문제가 생기면 이웃끼리 서로 도와주고, 도움을 받으려 한다.

그리고 여기에서 타인에게 봉사하는 것을 귀하게 여기는 가정은 대체로 다음과 같은 특징이 있다고 하였다.

① 봉사를 귀하게 여기는 가정은 기본적으로 동정적이고 이타적이다.
② 그러한 가정은 실직적인 방법으로 다른 사람들에게 봉사한다.
③ 그러한 가정은 생활 형태를 단순화시키려고 노력한다.

이를 종합해 보면, 자원봉사를 하는 가속은 타인에 대한 이해와 배려, 타인을 자신으로부터 미루어서 생각하려는 역지사지(易地思之)의 사고방식을 가지고 있음을 확인할 수 있다.

한편, 조희금 외(2005)는 건강가정의 요소를 다음과 같이 제시하고 있다.

- 기본 토대: 가정의 경제적인 안정과 안정적인 의식주 생활
- 가족관계: 민주적이고 양성평등한 가족관계, 열린 대화, 휴식과 여가 공유
- 가정 역할: 자녀의 성장 발달 지원, 합리적인 자원관리, 가족역할 공유
- 사회와의 관계: 일과 가정의 조화, 건강한 시민의식과 자원봉사활동, 지역사회활동 참여
- 문화: 건강한 가정생활문화의 유지 및 창조

2004년에 제정된 '건강가정기본법' 은 건강가정의 의미와 건강가정 구현에 필

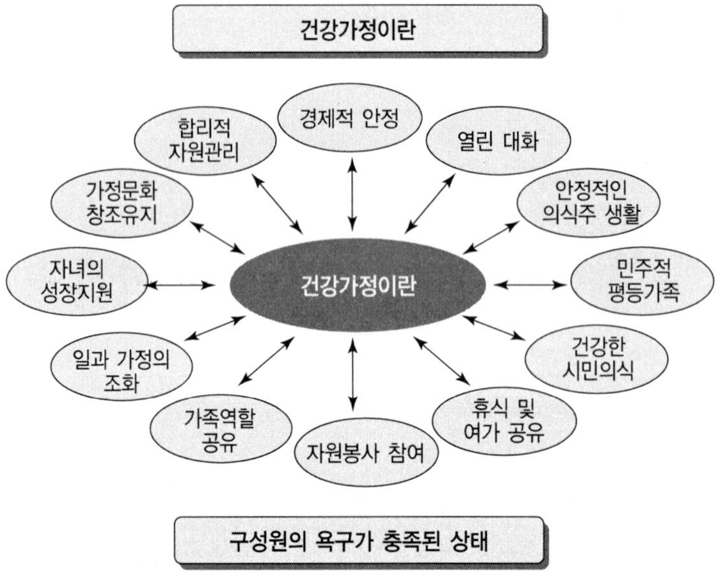


그림 2-1 건강가정의 구성요소

출처: 조희금 외(2005). 건강가정론. 신정.

요한 정책을 구체적으로 제시하고 있는데 이 법 제3조에서는 '건강가정을 가족의 모든 욕구가 충족되고 인간다운 삶이 보장되는 가정' 이라고 정의하고 있다. 이를 구체적으로 정의하면 [그림 2-1]과 같다.

현대사회는 끊임없이 환경의 영향을 받으며 다양하게 변화하고 있다. 특히 한국 사회는 급속한 변화과정을 겪으면서 많은 발전을 해왔지만 한편으로는 많은 문제에 직면해 있는 것도 사실이다. 이러한 문제로 인해 가정의 건강성이 침해되지 않고 건강가정의 특징이 유지 · 발전될 수 있도록 의도적으로 노력하는 자세가 필요하다.

## 2) 가족자원봉사를 통한 가족건강성 및 공동체 의식의 함양

### (1) 가족의 건강성과 가족자원봉사

가정은 인간이 태어나면서부터 영향을 받고 성장하는 가장 친밀한 환경으로

그 가정의 건강성 유지 여부는 한 인간을 어떤 인성의 소유자로 길러 내느냐와 관계가 깊다. 여러 학자들의 건강한 가족에 대한 개념을 종합하면 구성원 각 개인의 발달을 도모하고 가족원 간의 상호작용이 기능적이고 원만하게 일어나며, 가족의 공동체적 · 정서적 · 도덕적(가치) 관계 향상을 도모하는 가족(유영주, 1991, 1994; 한국가정정책연구소, 1994; 서병숙, 1994; 지영숙 · 이영호, 1996; 어은주 · 유영주, 1995; 이경은, 2003 재인용)이라고 정의하고 있다. 즉 가족 내적으로는 가족 구성원의 자아실현을 돕고, 가족원 간의 존중과 이해가 있으며, 가족 간의 유대를 위하여 서로 노력하며 가족원 간의 가치관을 공유한다. 가족 외적으로는 이웃과 지역사회 및 정부와 건설적이고 책임감 있는 공동체 관계를 형성하고, 타인에 대한 존중과 공익을 위해 봉사하는 마음을 귀히 여기고, 사회의 문제를 서로 협력하여 바람직한 방향으로 해결하고자 인간관계의 신뢰성을 쌓아 긍정적인 관계를 형성해 갈 수 있는 능력을 갖는 가족이다(홍달아기, 2004). 이렇게 볼 때 가족단위의 자원봉사는 가족 외적인 측면에서 가족의 건강성을 실현시키는 주요 요소라고 볼 수 있다.

건강하고 행복한 가정은 누구나 바라는 바이다. 그러나 최근의 여러 자료는 역기능적인 가정이 적지 않음을 우려하게 한다. 가장 가까워야 할 가족과 나누는 대화는 점점 줄어들고 서로의 공감대를 형성할 기회는 의도적으로 만들지 않는 한 기대하기 어렵다. 이러한 현실에서 가족자원봉사는 부모와 자녀가 함께 자원봉사를 하며 행동으로 직접 실천하는 모습을 보여주는 적극적인 가정교육이라고 할 수 있다. 이러한 가정교육을 통해 자녀를 주변을 살피고 이웃을 배려하는 따뜻한 인성의 소유자로 키워 내게 되는 것이다. 이를 통해 가정의 건강성이 유지되고 세대를 통해 발전해 가는 것이다. 실제로 가족자원봉사 경험과 가족의 건강성에 관한 연구(이경은, 2003)의 결과를 살펴보면 우선 조사대상자를 가족자원봉사 경험을 기준으로 실험집단과 통제집단으로 구분하고 가족 건강성의 하위 영역을 가족의 결속력, 가족원 간의 의사소통, 가족의 문제해결능력, 가족원 간의 가치체계 공유, 가족구성원 간의 역할 유연성 등 다섯 가지 하위 영역으로 구분하여 비교 분석하였다. 그 결과 높은 수준에서 유의미하게 가족자원봉사 경험이 있는 집단의 가족건강성이 증진되었음을 알 수 있었다.

### 무언, 폭언, 폭력…… 대화없는 가족 충격

'커뮤니케이션의 부재는 의심을 낳고 결국 비극으로 치닫는다.' 8일 방송된 SBS '그것이 알고 싶다'가 가족 내 대화단절이 얼마나 심각한 위기를 불러올 수 있는지를 단적으로 보여주며 파장을 일으켰다. 방송에 소개된 가정들은 겉으로 보기엔 평범했다. 다만 조용한 침묵만이 흐를 뿐이었다. 가족들은 거실과 각자의 방에서 TV를 보거나 컴퓨터를 했다. 대화는 단절된 지 오래였다. 한 집에 살면서 대화를 안 한 지 3년이 넘는 가정도 있었다. (중략)

전문가들은 방송에 소개된 가정들은 제삼자가 개입하지 않는 이상 회복이 불가능하다고 진단했다. 무엇보다 이처럼 심각한 오해와 불신이 쌓이면 폭력, 살인, 자살과 같은 비극을 초래할 수 있다고 경고했다. 실제로 방송에 소개된 일부 가정은 집기를 부수거나 흉기로 부모를 위협하는 등 극단적인 방법으로 감정을 표출하기도 했다. 더욱 심각한 점은 최근 우리 사회에서 가족 간의 대화가 점점 사라지고 있다는 것. 방송은 3월 한 달간 서울 거주 10대에서 60대 3,230명을 대상으로 가족 커뮤니케이션 설문조사를 실시했다. 결과는 충격적이었다.

하루 평균 '가족 대화시간이 한 시간 이내'라는 응답자가 전체 70%를 넘었다. 대다수 가족구성원들은 '대화가 부족하다'(70%)고 답했다. 대화 내용 또한 기능적인 일상 안부가 50%를 넘는다는 것이다. 이에 대해 김성묵(두란노 아버지학교 본부장) 씨는 방송을 통해 "가족 사이의 커뮤니케이션은 우리 육체로 비유하면 혈관과도 같다."며 "의사소통이 안 되면 조직이 서서히 막혀 병들어 죽는 것처럼 엄청난 불행을 일으킨다."고 말했다. 실제로 부부의 이혼 사유 49% 이상이 대화의 단절로 인한 성격차이를 꼽았다. 반면 제작진이 만난 약 40쌍의 신혼부부 중 75%가 하루 평균 대화시간이 두 시간이 넘는다고 답했다. 대화가 모든 문제를 해결할 수 없지만 가족 내에서 차지하는 비중이 어느 정도 되는지를 반증하고 있는 셈이다.

한편 방송 후 시청자들은 가족 간의 대화단절이 보여 준 사례에 안타까움을 전하면서도 가족 간의 폐해가 뒤늦게나마 제기된 것에 대해 다행이라는 입장을 보였다. 이와 함께 가족 간 대화단절 결과 외 원인에 대한 심층적인 접근이 아쉬웠다는 지적도 있었다.

출처: TV리포트, 2006. 4. 10

특히 의사소통 영역과 가족결속력 영역에서 가장 차이가 크게 나타남으로써 가족자원봉사 경험은 자신의 감정이나 의사를 가족 간에 직접적으로 표시하고 가족구성원 상호 간에 상의함으로써 가족에게 더욱 많은 친근감을 느끼며 가족 행사에 적극 참여하게 하는데 영향이 있음이 밝혀졌다.

공동체적 가정교육의 실행과 가정건전도(이영호 · 지영숙, 2002)의 결과에서도 자원봉사와 가정건전도는 긍정적 상호 연관이 있음으로 나타나 자원봉사활동을 하는 가정일수록 가정건전도가 높다고 하였다. 구체적으로 가정건전도는 여섯 개의 영역으로 구분하였고, 공동체적 가정교육은 '자원봉사를 정기적으로 하고 있다.' 를 포함하여 열한 개 문항으로 구성되어 있다. 실제 조사결과 자원봉사를 정기적으로 실천하는 가정은 매우 적었으나 공동체적 가정교육을 실천하는 가정일수록 여섯 개 영역의 가정건전도 영역에서 의미 있게 영향을 미치고 있었다.

과거에는 공동체적 생활이 일상화되어 향약을 통해 이웃 간의 상부상조, 덕업상권, 예속상교, 환난상휼이 이루어져 가족은 물론 이웃 간에도 결속력이 있었다. 하지만 오늘날의 한국 사회는 급속한 변화과정을 겪으면서 많은 발전을 하면서 그로 인한 문세도 많이 발생하였다. 미래학자 칸 박사는 "새로운 상황에 대한 문제는 새로운 사회적 대응이 있을 때만 해결될 수 있으며 새로운 사회적 대응이란 바로 자원활동이다."라고 말하였다(홍달아기, 2004). 즉 자원봉사활동을 통해 새로운 변화와 문제들을 풀어 갈 수 있다는 것이다. 또한 최근 등장한 웰빙의 개념에서도 모든 논의와 탐구방향의 핵심을 '건강' 에 두고 있으며, 이러한 건강은 광범위한 차원에서 건강을 의미하는 것으로 심리적 안녕, 사회적 안녕, 신체적 건강 등 통합적 개념으로 사용하고 있다. 이러한 웰빙의 관점에서 개인과 가족의 심리적 · 사회적 만족감과 행복감, 자긍심을 위해서도 가족자원봉사는 의미 있다고 할 수 있다.

### (2) 가족자원봉사를 통한 공동체 의식의 함양

어떤 사람은 평소에도 자원봉사를 하지만 또 다른 어떤 사람은 시간이 나도 여행갈 계획만 세우며, 또 어떤 사람은 방학이나 휴가에 공부를 하거나 일을 하기도 한다. 자원봉사를 하는 사람들은 왜, 무엇 때문에 자원봉사를 하며, 선진사회는 왜 많은 시민들이 자원봉사를 하는가에 대하여[1] 생각해 볼 필요가 있다. 자원 봉사의 현대적 가치에 대하여 클루콘(Kluckhohn, 1962)은 자선이나 감상주의의 발로가 아니라 현대사회의 성격이나 문제에 대처하려는 데서 출발하며, 최근 자원봉사 철학에 대한 논의는 공동체적 가치관 복원에 초점이 모아지고 있다고 하였다(이성록, 2000 재인용).

이처럼 현대사회에서 새로이 인식되고 있는 공동체적 가치의 강조는 개인의 절대화로 인해 개인의 삶이 오히려 황폐해질 수 있다는 인식에서 출발한다(이진우, 2001). 개인의 삶을 풍부하게도 하고 황폐하게도 하는 것은 그 개인이 어떻게 사회화되었느냐에 달려 있다. 개인의 일차적 사회화에 가장 영향력 있는 주관자는 가정이다. 가정을 통한 일차적 사회화가 공동체적 의식을 갖게 하는데 큰 역할을 담당한다(강대기, 2001). 가정교육을 통해 이루어지는 자녀의 일차적 사회화에 개인에 대한 공동체적 가치관 교육이 제대로 이루어지도록 하기 위해서는 삶에서 경험하는 여러 가지 가운데 그 경중과 고저에 대한 지식을 부모가 우선 터득하고 부모가 실제로 공동체적 행위를 실천함으로써 자녀에게 전수되도록 해야 한다. 그러나 문제는 오늘날의 가정에서 공동체 의식 함양의 기능이 점점 약화되고 있다는 점이다(이영호 · 지영숙, 2002).

기르케(Gierke, 1868)와 쾨니히(König, 1968)는 공동체 개념이 가정으로부터 유래하고 있다고 주장한다. 가정은 공동체를 가능케 하는 출발점이며 집합적 삶의 원형이다(강대기, 2001). 따라서 가정의 안정과 나아가 건강한 가정생활은 이상적 공동체 추구에 가장 기본적인 요건이 된다. 가정이 불안정하거나 해체되면 다른 사회 단위 조직들이 불안정해진다. 이러한 면에서 공동체 사회를 희망하고 설계하고자 한다면 가족통합을 위한 프로그램이 가장 효율적인 공동체 안정 유지 방

1) 주요 국가의 자원봉사 참여율(단위 : %)

| 국가(연도) | 한국(2002) | 미국(1999) | 영국(1997) | 일본(1998) |
|---|---|---|---|---|
| 참여율 | 16.3 | 55.5 | 48.0 | 25.0 |

출처: 한국 갤럽 조사, 2002. 자원봉사와 기부실태.

**"가족과 오순도순" 이 행복 초등학생 45% 첫손 꼽아**

모든 것이 '돈' 으로 귀결되는 사회로 가고 있지만 어린이들은 가족의 행복을 가장 소중하게 여기고 있는 것으로 조사됐다.

전국 초등학교 4~6학년생 622명에게 '행복한 삶이 뭐냐?' 고 물었더니 '가족과 함께 걱정 없이 사는 것' 이라고 응답한 학생이 280명(45%)으로 가장 많았다. '자기가 하고 싶은 것을 마음껏 할 수 있는 것' 이라는 대답이 15%(100명)로 뒤를 이었고, '돈 많이 버는 것' 이라는 대답은 33명 정도였다. 건강한 생활(50명), 봉사하는 삶(24명), 사회적 성공(26명) 등이라는 반응도 나왔다.

한편, 초등학생들은 삶 속에서 가장 소중한 것으로 가족(215명), 건강(153명), 사랑(99명), 돈(61명), 우정(28명), 명예(23명) 등을 꼽았다.

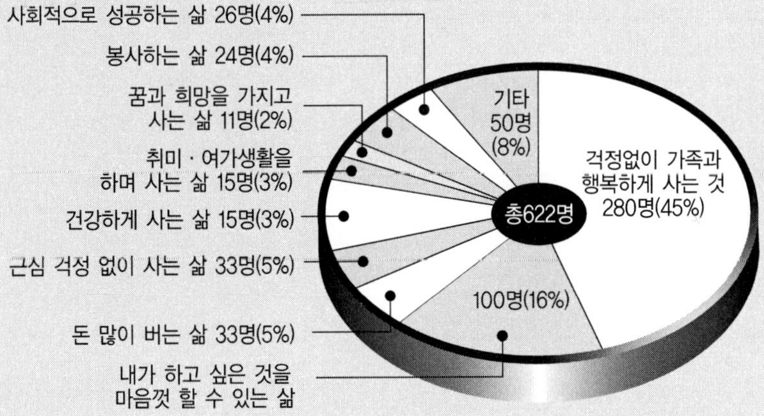


출처: 한겨레 2004. 11. 14

안이 되며 그에 대한 대안이 가족이 함께 하는 자원봉사라 할 수 있다. 가족이 함께 하는 자원봉사는 가족이 같은 시간에 같은 공간에서 같은 활동을 함으로써 공감대를 형성하는 기회를 제공하기 때문이다.

우리나라의 전통적인 풍속을 살펴보면 여러 가지 방법으로 가족 전체가 공동체 의식을 가지고 자원봉사활동을 해온 것을 알 수 있다. 이러한 우리나라의 공동체적 자원봉사 풍속(이성록, 2000)을 예로 들어 보면 다음과 같다.

① 도구 치레 · 상치 마당

우리 조상들은 어려운 이웃을 단순히 도와준다는 차원이 아니라 그들을 공동체의 일원으로 인정하고 공동체에 기여할 기회를 풍속으로 제도화하였다. 예를 들면 추석을 전후하여 '도구 치레' 라는 보은(報恩)잔치가 열린다. 가을이 되어 벼를 베려면 논 가장자리에 도랑을 치고 논의 물을 빼야 한다. 이 논도랑 파는 일을 '도구 친다' 고 한다. 그런데 이 도구 치는 일은 아무나 하는 것이 아니다. 그것은 한 마을에 살면서 논밭 한 뙈기 없이 품이나 팔고 보릿고개에 양식이 떨어지면 동네 사람들에게 신세를 지고 살았던 가난한 사람의 몫이다.

도구 칠 때 누렇게 기름이 오른 살찐 미꾸라지가 많이 잡히는데 그러면 미꾸라지를 잡아 가난한 사람이 먹을까? 전혀 아니다. 그 가난한 사람은 미꾸라지를 잡아 미꾸라지탕을 끓이고, 연중 신세를 진 동네 어른들을 모셔다가 한 그릇씩 대접한다. 이때 동네 사람들이 나서서 쌀과 술을 추렴하여 후원을 하고 함께 잔치를 준비한다. 따라서 '도구 치레' 는 작긴 하지만 자연스럽게 경로잔치가 되는데, 이 작은 잔치를 노인을 숭상한다는 의미에서 '상치 마당' 이라고도 하였다. 그렇게 함으로써 가난하고 병들어 늘 신세만 지던 사람도 사람구실을 하고, 공동체의 중요한 일원으로서 통합되는 것이다.

② 송편 솔잎대기

공동체적 자원봉사 풍속은 명절 풍속에도 나타난다. 추석이 되면 송편을 만드는데 송편은 떡을 솔잎과 더불어 시루에 찐다 하여 송편이다. 그런데 이때 쓰는 솔잎은 아무나 뜯어와서는 안 된다. 마을에는 환과고독(鰥寡孤獨)이라 하여 늙거나 병들어 생활력이 없는 홀어미, 홀아비 그리고 아비 · 어미 없는 고아, 자식 없는 사람이 살게 마련이고, 이들 중 누군가가 때를 맞추어 송편 솔잎을 뜯어 오는 것이 불문으로 되어 있기 때문이다. 즉 단순히 여유 있는 집에서 송편을 만들어 어려운 이웃에게 나누어 주는 시혜가 아니라 '솔잎' 과 '떡' 을 각각 분담하여 공동으로 '송편' 을 만들고, 정당한 자기 몫으로 얼마만큼의 송편과 추석 차례의 제수를 보내 주는 것이다. 이는 도움을 받는 사람의 입장에서 자존심이 상하지 않도록 배려하는 우리 조상들의 아름다운 공동체 풍속으로 오늘날 우리에게 자원봉사와 시혜가 어떻게 다른 것인지 자원봉사의 정신이 무엇인지 가르쳐 준다.

③ 자연사랑 '산 보기'

우리 조상들에게는 산림은 여민공지(與民共之)해야 한다는 관념, 곧 산은 모든 백성들이 공유할 수 있어야 한다는 인식이 일반화되어 있었다. 즉 산은 뭇 생명의 집이며, 산의 주인은 사람이 아니라 그곳에 사는 야생동물이다. 산은 지친 삶의 영원한 안식처요, 생명의 모태이다. 그래서 우리 조상은 산을 '오른다(登山)' 하지 않고 '든다(入山)' 고 표현하였다. 명산에 오를 때는 산을 오염시킬 것을 조심하여 오줌통을 들고 다녔다. 절에는 이른 새벽 '도량석' 을 한다. 이는 산을 조용히 깨우려는 몸짓이며, 하루를 시작한다는 산천에 대한 겸손한 인사이다. 또 옛 스님들은 '육환장' 이라는 고리가 여섯 개 달린 지팡이를 지니고 다녔다. 행여 주위에 있는 동물들이 놀랄까 봐 미리 짤그랑짤그랑 소리를 내주었던 것이다.

우리 조상들은 조상을 섬기는 일과 산 돌보는 일을 하나로 생각하였다. 성묘는 단순한 제사가 아니라 산 보기와 함께 이루어지는 의례였던 것이다. '산 보기' 는 한식과 추석 또는 시사 때도 마찬가지였다. 자연을 돌보는 일은 우리 민족에게 있어서는 생활양식이며 존재방식이었다. 또한 우리 조상은 나무에게도 인격을 부여하고 사람 사랑하듯 하였다. 그래서 나무의 생일도 챙겨 주고 시집도 보낸다. 음력 5월 그믐날은 죽술일(竹述日)이라 하여 대나무를 많이 심었고, 단오절에는 대추나무 시집보내기도 하였다. 이것은 자연생태에 대한 따뜻한 감수성 없이는 흉내 낼 수도 없는 일이다.

가족이 함께 자원봉사활동을 함으로써 전체 가족이 이웃과 공동체를 외면하지 않고 가족 간에도 존중하는 건강한 가정을 가꾸고, 나아가 공동체성에 근거한 시민사회를 만들어 가야 할 것이다.

## 2. 건강가정과 가족자원봉사에 대한 제도적 지원

건강가정기본법을 통해 건강가정과 가족자원봉사활동을 제도적으로 지원하고 있음을 알 수 있다. 즉, 건강가정지원센터에서 종사하는 전문가로서 건강가정사가 건강가정사업을 수행함으로써 구체적인 지원을 할 수 있도록 하였다. 중앙건강가정지원센터(2006)의 '건강가정사 양성교육' 자료집에서 제시하고 있는 건강가정사업과 건강가정사 역할은 다음과 같다.

### 1) 건강가정사업과 가족자원봉사

#### (1) 건강가정사업의 개념

건강가정사업의 개념은 이 사업이 추구하는 지향성인 건강가정의 개념으로부터 도출될 수 있는데 먼저 법에서는 가족 모두의 욕구가 충족되고 인간다운 삶이 보장되는 가정으로 정의하고 있다. 이와 같은 건강한 상태에 이를 수 있도록 지원하고 도와주는 방법과 내용을 담고 있는 것이 건강가정사업이라고 볼 수 있다. 건강가정기본법에서는 건강가정사업을 건강가정을 저해하는 문제(이하 가정문제)의 발생을 예방하고 해결하기 위한 여러 가지 조치와 가족의 부양 · 양육 · 보호 · 교육 등의 가정기능을 강화하기 위한 사업으로 정의하고 있다.

#### (2) 건강가정사업의 특성

건강가정사업의 개념 정의를 토대로 건강가정사업의 특성을 살펴보면 다음과 같다. 먼저 건강가정사업의 대상적 측면에서의 특성을 들 수 있다. '건강가정기본법' 에 근거한 가정의 정의, '건강가정기본법' 에서 구현하고자 하는 이념에서 제안한 바와 같이 건강가정사업의 대상은 다양한 형태의 가정을 포괄한다는 점이다. 즉 혼인, 혈연, 입양으로 이루어진 사회의 기본단위로서 가족뿐 아니라 모 · 부자가정, 노인단독가정, 장애인가정, 미혼모가정, 그룹 홈, 자활공동체 등 사회적 보호를 필요로 하는 가정에 대한 국가의 적극적 지원을 규정하고 있어 건강가정사업의 대상적 특성을 잘 보여 주고 있다.

둘째, 건강가정사업의 특성은 그 대상이 기존의 사회복지 서비스와 같은 대상별-아동, 청소년, 노인, 장애인, 여성 등- 접근이 아니라 '한 단위로서의 가정과 그 가정의 건강성 증진' 이라는 관점에 입각하여 가정단위의 통합적 서비스를 제공한다는 점이다. 이와 같은 가정단위의 통합적 서비스란 건강가정사업의 대상이 가정임을 명시할 뿐 아니라 서비스의 주요 초점이 구성원 중 한 개인이라 하더라도 그 개인이 속한 가정을 고려하고 포괄하는 서비스를 제공함을 의미한다.

세 번째, 건강가정사업은 기존의 문제중심적으로 사후치료적인 성격에서 나아가 보편적이고 예방적인 서비스까지 포괄하고 지향한다는 점이다. 이는 사회환경의 변화에 따른 가족의 변화, 즉 가족문제 및 가족 현상이 다양화되고 심각해짐에 따라 더이상 사후치료적, 문제해결 중심적인 서비스에 국한되어서는 안된다는 문제의식에 의해서이다.

### (3) 건강가정사업의 목적과 기능

첫째, 가정기능의 강화와 자원개발이다. 가정은 사회의 유지와 발전을 위해 필수불가결한 제도이며, 건강한 가정생활을 보장하는 것이 사회의 주요한 의무로 되어 가고 있다. 특히 도시가족의 급격한 핵가족화, 맞벌이가족의 증가, 농촌가정의 해체현상, 여성 취업인구의 증대 등 산업화 과정에서 가정은 사상 유래가 없는 중대한 변동을 일으키기에 사회의 가정보호기능은 더욱 중시되고 있다. 건강가정사업 목적 중의 하나는 가정의 역량강화와 자원개발, 즉 가정 스스로 그 기능을 잘 수행할 수 있도록 하는 가정의 자원화라 할 것이다.

둘째, 가정문제의 감소와 치료이다. 오늘날 개인들은 가족을 위해서 무엇을 어떻게 해야 하는지 일정한 지침을 갖지 못한 채 개인주의의 확산으로 인한 가족부양의 기피 내지는 가족해체의 기능적 차원에서 와해 및 해체가 문제시되고 있다. 따라서 오늘날의 가장 큰 사회적 부담은 급속한 산업화 과정에서 가족해체의 증가로 인한 사회보호를 요하는 대상이 늘어나고 있다는 점이다. 따라서 건강가정사업을 통해 문제를 줄이고 치료해야 할 것이다. 동시에 가정 문제의 예방과 해결을 위한 대안 제시도 중요하다. 따라서 상담과 교육, 정보 제공이라는 사업 영역들이 통합적으로 가족문제의 감소와 위기치료에 기능할 수 있다. 그러한 의미에서 가족문제의 예방과 치료를 위한 상담 서비스뿐만 아니라 가족의 기능조정과 역할개발을 위한 관련 서비스 및 기술교육, 가족생활의 역할대행 및 역할지원, 가치관 정립을 위한 가정교육 및 사회교육, 결손가족의 사회보호 및 자활지원 그리고 가족생활이 보장과 보호를 위한 규범적 또는 제도적 지원 등이 필요하다.

셋째, 지역사회에 적합한 지역사회 중심의 서비스 제공이다. 건강가정사업의 기능이란 결국 가정생활의 유용성을 얼마나 높일 수 있으며 가족의 역량강화에 어떻게 기여할 수 있느냐에 있다. 이를 위해서 먼저 다양한 가족 특성과 복지요구가 파악되어야 한다. 가정복지의 측면은 단순한 결손가족을 위한 복지 서비스만이 아니다. 가족의 구조, 기능 및 가치의 측면에서 어떤 문제를 안고 있으며, 그러한 문제는 왜 나타났고, 문제와 관련하여 무엇이 요구되는지를 파악해야 하는 것이다. 가족의 인구학적 특성과 가족의 복지요구는 상호 밀접한 관련이 있다. 그것은 가족에서 결혼과 출산, 이동과 출가 그리고 이혼과 사망이 인구현상인 동시에 가족의 변화와 복지요건이 되기 때문이다. 말하자면 가족의 구조적 결손은 인구현상에 의한 것이고, 기능적 결손은 구조적 결과에 의한 것이라면 복지수요는 이러한 점을 모두 포괄해야 한다.

#### (4) 건강가정사업의 내용(기본법에 근거한 사업내용)

건강가정사업은 건강가정기본법의 제3장에 제시되어 있는데, 제21조 가정에 대한 지원에서부터 제33조 자원봉사활동지원에 이르기까지 총 열세 개 조항으로 구성되어 있다. 이를 크게 보면, 가정에 대한 지원과 자녀양육지원, 가족단위 복지증진, 가족의 건강증진, 가족부양지원, 민주적이고 양성평등한 가족관계 증진, 가족단위의 시민적 역할증진, 가정생활문화 발전, 가정의례, 가정봉사원, 이혼 예방 및 이혼가정지원, 건강가정교육, 자원봉사활동지원 등으로 제시되어 있으며 그 세부 내용은 〈표 2-2〉와 같다.

특히 주부우울증에 빠지기 쉬운 인생의 중년기에는 성장의 기회를 갖는 것이 정신건강을 위해 바람직하며 가정생활을 위해 어느 때보다 중요하다. 그러므로 자원봉사활동을 통해 자아존중감을 높일 때 높은 자아존중감은 수용적 의사소통을 할 수 있게 하며, 이는 긍정적인 감정을 유발하여 바람직한 행동을 표현하게 하고, 이것은 다시 '나는 괜찮은 사람' 이라는 자아존중감을 더욱 강화시켜 줄 수 있다. 또한 성숙하고자 하는 노력의 일환으로 자원봉사활동을 하여 자아존중감을 갖게 되고 성숙한 인간이 되어 가면 자신과 가족성원에 대해 통찰을 갖게 되어서 잘못된 자아개념과 비합리적인 사고를 수정할 확률이 많아지므로 가정생활에서의 문제해결도 합리적으로 할 수 있게 된다.

**표 2-2 건강가정기본법에서의 주요 사업내용**

| 통합사업 | |
|---|---|
| 사업 영역 | 단위사업명 |
| 가정기능 강화 및 가정문제 발생의 예방 (제9조, 21조, 22조, 23조, 24조, 26조, 27조, 31조) | 1. 민주적이고 양성평등한 가족관계증진사업<br>2. 가정폭력 예방과 상담교육<br>3. 자녀양육지원사업<br>4. 가사노동가치평가사업 및 홍보<br>5. 가족단위의 시민의식과 역할 함양<br>6. 가족의 건강증진사업<br>7. 가족해체방지사업<br>8. 이혼 예방 및 이혼가정지원사업<br>9. 다양한 가족 형태의 건강성증진사업<br>10. 가족단위 복지증진사업<br>11. 가족문제의 발생 및 예방에 관한 조사연구사업 |

| 부문별 사업 | |
|---|---|
| 사업 영역 | 단위사업명 |
| 가정문제 상담 및 치료 (제26조, 제35조) | 1. 가정생활 관련 상담 및 치료<br>2. 위기가족, 다양한 가족의 건강성증진을 위한 상담 및 치료<br>3. 가정생활지원 종합상담(예 소비자 상담, 가정생활설계 상담, 가계재무관리 상담, 식생활 및 영양관리 상담, 주택개조 상담 등) |

| | |
|---|---|
| 건강가정<br>교육<br>(제32조) | 1. 결혼준비교육<br>2. 부모교육<br>3. 가족윤리교육<br>4. 가족가치 실현 및 가정생활 관련 교육<br>5. 부부교육<br>6. 양성평등 가족교육<br>7. 은퇴자를 위한 가정생활적응교육<br>8. 가정생활설계교육 |
| 가정생활문화<br>발전<br>(제28조, 29조) | 1. 가족여가문화<br>2. 양성평등한 가족문화<br>3. 가족단위 자원봉사문화 확산<br>4. 건강한 의식주 생활문화<br>5. 합리적인 소비문화<br>6. 지역사회 공동체 문화<br>7. 기타 가정생활문화와 관련된 사항<br>8. 건전한 가정의례(혼례, 제례, 장례, 성인례, 각종 축하연 등) 모델 개발 및 보급<br>9. 가족공동체운동 활성화사업(공동육아, 생애운동지원, 사이버 공동체가정 지원, 좋은 부모되기 운동 등) |
| 지역사회<br>자원개발<br>활용 및<br>정보 제공<br>(제10조,<br>11조, 20조) | 1. 가족생활실태조사<br>2. 가족지원을 위한 지역사회 네트워크 구축<br>3. 가정생활 관련 정보 제공<br>4. 사이버 정보망 구축 및 서비스 제공<br>5. 가정 관련 민간단체 지원 및 인센티브 제공<br>6. 건강가정 육성을 위한 기부금 문화 조성사업<br>7. 기업체, 행정기관, 대학 등 산 · 관 · 학 연계사업 |
| 제가서비스<br>사업<br>(제25조, 30조) | 1. 가사, 육아, 산후조리, 노인부양 등의 지원을 위한 가정봉사원 파견<br>2. 가정봉사원 교육 및 연수<br>3. 전문보호시설의 가정봉사원 파견사업 |
| 자원봉사 활동<br>지원<br>(제28조, 32조) | 1. 가족단위 자원봉사활동 및 단체 지원<br>2. 가족단위 자원봉사인증사업<br>3. 건강가정 육성을 위한 자원봉사 네트워크 구축<br>4. 가족단위 자원봉사교류사업<br>5. 자원봉사기금조성사업 |
| 건강가정 유지를<br>위한 프로그램<br>개발<br>(제35조) | 1. 가족친화적 기업 프로그램 개발 및 지원<br>2. 맞벌이가족을 위한 직장-가족 양립 지원 프로그램 개발 및 지원<br>3. 도 · 농가정의 화합 및 협동 프로그램 개발 및 지원<br>4. 가족단위 여가문화, 놀이문화 프로그램 개발 및 지원<br>5. 세대통합 프로그램 개발 및 지원<br>6. 노부모, 자녀관계 강화 프로그램 개발 및 지원<br>7. 건강가정 육성을 위한 교육 프로그램 개발 및 지원<br>8. 소외가정, 위기가정, 요보호가족 지원을 위한 프로그램 개발 및 지원<br>9. 건강가정 유지를 위한 다양한 프로그램 개발 등 |

## 2) 건강가정사업의 실행

건강가정기본법 제28조와 32조에서는 건강가정사업의 하나로 자원봉사활동을 지원하고 있으며 이러한 사업을 실행하는 전문가로서 건강가정사를 명시하고 있다. 이에 건강가정사업의 실행자로서 건강가정사에 대하여 살펴보고자 한다.

### (1) 건강가정사의 정의

건강가정사는 건강가정사업을 실천하는 전문가로서 현장에서 직접 개인, 가정, 지역사회를 연결하는 구심점 역할을 할 뿐만 아니라 지원 네트워크를 구축할 수 있는 운영 주체이기 때문에 건강가정사업의 핵심이라고 할 수 있다. 따라서 건강가정사의 자격 조건에는 건강가정사업에 대한 기본 지식뿐만 아니라 실천 현장에 대한 감각이 필수적으로 포함되어야 한다.

### (2) 건강가정사의 역할

건강가정사는 건강가정기본법이 지향하는 철학과 이념의 실천가, 건강가정사업의 전달자, 그리고 건강가정지원센터 조직의 운영자로서 그 역할이 규정되어야 한다. 그러므로 건강가정사가 그 역할을 제대로 수행하기 위해서는 건강가정기본법의 기본이념과 철학을 기본적으로 이해해야 하며, 이를 바탕으로 건강가정사업을 수행하기 위한 제반 지식과 능력을 갖추는 동시에 건강가정지원센터를 운영하기 위한 경영지식과 능력 또한 갖추어야 한다. 또한 건강가정사업을 전문적으로 수행함으로써 유관기관이나 전문가와 유기적인 연계를 맺으면서 시너지 효과를 가져와야 한다.

건강가정사 역할은 무엇보다 건강가정기본법에서 명시하는 기본철학과 이념에 대한 정확한 이해에서 시작되어야 한다. 건강가정기본법은 건강가정을 구현하기 위해 국가와 지방자치단체, 가족의 책임과 의무를 부여하고, 가정문제를 적절하게 해결하는 방법을 제시하며, 가족원의 복지증진에 이바지할 수 있는 지원정책을 강화할 것을 규정하고 있다. 이러한 기본이념은 '건강가정'의 개념 속에서 명확히 드러나는데, 건강가정사의 역할은 무엇보다 건강가정의 개념에 대한 정확한 이해에서 시작되어야 한다.

또한 건강가정사는 건강가정사업의 전달자로서 그 역할에 충실하여야 한다. 건강가정사는 가정에 대한 거시적 · 미시적 관점을 통합할 수 있는 역량과 지식을 갖추어야 하며, 이러한 관점을 구체적인 사업으로 실천할 수 있는 응용능력 · 창의능력을 가져야 한다.

마지막으로 건강가정사는 건강가정지원센터를 조직적이고 체계적으로 운영하는 경영자로서 그 역할을 수행해야 한다. 기본법 제35조에 의하면 건강가정지원센터는 가정문제의 예방, 상담 및 치료, 건강가정의 유지를 위한 프로그램의 개발, 가족문화운동의 전개, 가정 관련 정보 및 자료 제공 등을 위하여 중앙 · 시 · 군 · 구에 두도록 되어 있다. 건강가정지원센터는 건강가정사업의 활성화, 건강가정사업의 총괄기획, 프로그램 운영을 위한 인력관리, 프로그램 개발과 제공, 건강가정사업 관련 기관과의 네트워크 구축 등의 기능을 수행할 중추기관이라 할 수 있다.

건강가정사는 건강가정지원센터의 전국 조직체계를 유기적인 맥락 속에서 이해하고, 시 · 도 및 시 · 군 · 구 단위의 센터의 역할과 기능을 세부적으로 파악하며 그 속에서 자신의 역할을 자리매김해야 한다. 구체적으로 중앙건강가정지원센터는 건강가정 관련 정책을 개발하고 수립하는 등 전반적인 정책방향을 제시하고 건강가정사업을 총괄적으로 기획, 관리, 평가하는 역할을 해야 한다. 한편 시 · 도 건강가정지원센터는 각 시 · 도 단위로 건강가정사업을 수행하는 조직으로 시 · 도의 건강가정지원사업을 기획하고 조정하며 프로그램을 개발하고 인력을 개발 · 보급하며 예산을 배정하고 건강가정 프로그램을 홍보하고 마케팅하는 역할을 하게 된다. 시 · 군 · 구 건강가정지원센터는 시 · 군 · 구 단위로 건강가정사업을 집행하며, 가정의 건강성 향상을 위해 필요한 상담과 교육을 실시하고 관련 사업기관 간의 네트워크를 구축하며, 필요한 곳에 건강가정사를 파견하고 건강가정사업을 위한 예산을 집행, 배분하며 시 · 군 · 구 단위의 가족실태조사를 수행하고 가정단위 자원봉사 네트워크 등을 구축하는 일을 담당한다.

결국 건강가정지원센터의 이러한 역할을 수행하는 주체가 건강가정사인 만큼 건강가정사는 조직운영의 전문가로서 자질을 갖출 필요가 있다. 건강가정지원센터라는 조직을 효과적으로 운영하기 위해서는 기본적으로 건강가정지원센터의 역할을 이해할 필요가 있고, 이와 함께 건강가정지원센터와 같은 공공시설경영에 필요한 기획관리, 인사관리, 재정관리, 리더십, 시설관리, 마케팅 등 경영의 하위 영역에 대한 지식의 경험이 필수적으로 요구된다.

한편 건강가정기본법에 정의된 건강가정사와 관련된 조항을 토대로 건강가정사의 업무를 살펴보면 다음과 같다.

- 가정문제의 예방 · 상담 및 개선
- 건강가정의 유지를 위한 프로그램의 개발
- 건강가정 교육(민주적으로 양성평등한 가족관계교육을 포함)
- 가정생활문화운동의 전개
- 가정 관련 정보 및 자료 제공
- 가정에 대한 방문 및 실태 파악
- 아동보호전문기관 등 지역사회자원에의 연계
- 그밖에 건강가정사업과 관련하여 여성가족부장관이 정하는 활동

이러한 법에 명시된 건강가정사에 대한 정의를 토대로 건강가정사의 직무와 관련해서 정의를 하면 다음과 같다. 건강가정사란 첫째, 가정문제에 대한 전문지식을 가지고 전문가로서 실제적으로 가정문제를 예방하고 상담하면서 가정생활을 개선시키며, 나아가 가정 관련 정보 및 자료를 제공해야 한다. 둘째, 건강가정을 위한 실천가로서 민주적이고 양성평등적 이념을 바탕으로 가정생활에 실제적으로 도움을 주는 교육자이며, 건강한 가정생활문화를 사회에 구현하고 건강가정사업을 실천해야 한다. 셋째, 오늘날 가정의 실태를 파악하는 조사자로서 가정을 방문하거나 실태를 파악해야 한다. 넷째, 지역사회의 여러 기관과 연계하는 조정자로서 지역사회에 있는 여러 기관과 연계 · 조정하면서 가정 및 사회의 건강성을 향상시켜야 한다.

## 요 약

가정의 안정은 건강한 가정생활은 이상적 공동체 추구에 가장 기본적인 요건이 된다. 가정이 불안정하거나 해체되면 다른 사회단위 조직들이 불안정해지기 때문이다. '건강가정기본법'에서는 건강가정을 '가족의 모든 욕구가 충족되고 인간다운 삶이 보장되는 가정'이라고 정의하고 있다. 건강가정기본법에서는 건강가정사업을 건강가정을 저해하는 문제의 발생을 예방하고 해결하기 위한 여러 가지 조치와 가족의 부양·양육·보호·교육 등의 가정기능을 강화하기 위한 사업으로 정의하고 있다. 이러한 사업에는 가정기능 강화 및 가정문제 발생의 예방, 가정문제 상담 및 치료, 건강가정교육, 가정생활문화 발전, 지역사회자원개발 활용 및 정보 제공, 재가 서비스, 자원봉사, 건강가정 유지를 위한 프로그램 개발이 포함된다. 그중에서도 가족 통합을 위한 프로그램이 가장 효율적인 공동체 안정 유지 방안이 되며 그에 대한 대안이 가족이 함께 하는 자원봉사라 할 수 있다.

이러한 건강가정사업을 실천하는 전문가가 건강가정사인데 건강가정기본법이 지향하는 철학과 이념의 실천자, 건강가정사업의 전달자, 그리고 건강가정지원센터 조직의 운영자로서 그 역할이 규정되어 있다.

건강가정에 대한 제도적 지원에 따라 건강가정지원센터를 통해 가족이 함께 자원봉사를 함으로써 가정의 건강성을 유지·발전시키고 나아가 공동체성에 근거한 시민사회를 만들어 가야 할 것이다.

## 생각해 보기 ▸▸▸▸▸▸▸▸

1. 행복한 가정, 건강한 가정상은 어떤 것인지 토론해 보자.

2. 건강가정이 현대사회에서 갖는 중요성을 토론해 보자.

3. 자신의 주변에서 자원봉사를 하고 있는 가정의 특징을 살펴보자.

4. 우리의 미풍양속 가운데 자원봉사와 관련 있는 것을 찾아보자.

5. 자신 주변에 있는 건강가정지원센터를 방문하여 그 센터에서 수행하고 있는 건강가정 사업을 조사해 보자.

# 참 / 고 / 문 / 헌

강대기(2001). 현대사회에서 공동체는 가능한가-개인의 자유와 공동체적 결속 사이에서. 아카넷.

돌로리스큐란 저, 최도형 역(1994). 건강한 가정을 원하십니까? 행복하고 건강한 가정 만들기. 엘맨.

어은주 · 유영주(1997). 한국도시가정의 건강도 측정을 위한 척도개발에 관한 연구. 한국가정관리학회지, 13(1).

유영주 · 김순옥 · 김경신(2002). 가족관계학. 교문사.

유영주 외(2004). 새로운 가족학. 신정.

이경은(2003). 가족자원봉사경험과 가족의 건강성에 관한 연구. 한국사회복지학, Korean Journal of social Welfare, vol. 52(2)

이성록(2000). 새로운 공동체영역 제4섹터. 미디어숲.

이영호 · 지영숙(2002). 공동체적 가정교육의 실행과 가정건전도. 한국가정관리학회지, 25(5).

이진우(2001). 공동체 떠난 개인의 자유는 없다.

조희금 외(2005). 건강가정론. 신정.

중앙건강가정지원센터(2006). 건강가정사 양성교육 자료집.

지영숙 · 이영호(1996). 가정교육에 대한 태도와 가정건전도. 한국가정관리학회지, 14(3).

한국갤럽조사연구소(2002). 자원봉사와 기부실태.

홍달아기(2004). 건강한 가족생활과 가족자원봉사. 가족자원봉사 프로그램 자료집. (사)한국가정생활개선진흥회.

Gierke, O.(1990). Community in Historical Perspective. New York: Cambridge University Press.

König, R.(1968). The Community. New York: Schocken Books.

〈신문 자료〉

부산일보(2006. 12. 15) 데스크 칼럼: 결혼은 선택

파이미디어(2006. 4. 10) TV리포트-무언, 폭언, 폭력… '대화없는 가족' 충격

한겨레(2004. 11. 14) '가족과 오순도순' 이 행복, 초등학생 45% 첫손 꼽아

PART II

# 가족자원봉사의 이해

CHAPTER 03

# 가족자원봉사의 기초이론

1. 자원봉사의 개념 및 의의
2. 가족자원봉사의 개념과 의의
3. 가족자원봉사의 특성

### “우리 가족 여름휴가는 수해복구 자원봉사다”

강원도 수해복구 현장에 가족단위 자원봉사의 발길이 줄을 잇고 있다. 학생들은 봉사활동을 통해 이웃에 대해 생각하고, 부모와 가족의 고마움을 깨닫는 등 자원봉사 현장이 산 교육장이 되고 있다.

시내버스 기사인 최영진(43, 강원도 홍천군 희망리) 씨는 31일 하루 휴가를 내고 중학교 1학년인 아들(14)과 함께 인제군에서 수해물품을 나르는 자원봉사활동을 했다. 최씨는 애초 부인, 두 아들과 함께 자원봉사를 신청했으나 아내와 초등학교 5학년인 막내가 할 일이 마땅치 않아 큰 아들만 데리고 자원봉사에 나섰다. 최씨는 “자식에게 수해를 당한 어려운 이웃을 돕는 일을 가르쳐 주려고 하루 휴가를 얻어 자원봉사에 나섰다.”며 “어린 아들이 이웃을 돕겠다며 낑낑대는 모습이 대견해 보였다.”고 웃었다.

경기도 수원시에서 개인사업을 하는 조 아무개(52) 씨도 같은 날 부인과 함께 인제읍 덕적리를 찾아 복구대열에 동참했다. 조씨는 “엄청난 불행을 당한 주민들을 생각하면 하루이틀 봉사하고 돌아가는 발길이 떨어지지 않는다.”며 “짧은 기간이지만 굵은 땀을 흘리는 일을 합심해서 하면서 부부사랑이 더욱 깊어진 것 같다.”고 소감을 밝혔다.

무역업을 하는 정동원(47, 서울 은평구 신사동) 씨는 학교생활을 힘들어하는 고교 1년생 조카(16)를 데리고 와 큰 소득을 얻었다. 정씨는 “지난달 22~23일 이틀간 인제읍에서 숙박을 하며 봉사활동을 했던 조카가 처참한 수해 현장과 수재민들의 고통스런 삶을 목격하면서 인생에서 중요한 것이 무엇인지 생각한 것 같다.”며 “이번 경험을 통해 학교생활에서 부딪혔던 문제를 슬기롭게 이겨내지 않을까 기대하고 있다.”고 말했다.

인제군 담당 공무원은 “자녀 손을 잡고 봉사활동에 나서는 어른들은 생생한 삶의 모습을 아이들에게 보여 주기 위해 가족단위로 수해 현장을 찾는 경우가 많다.”며 “내신성적 봉사활동 점수도 얻을 수 있기 때문에 방학을 맞아 자녀들과 함께 복구 현장을 찾는 부모가 크게 늘 것으로 보인다.”고 말했다.

출처: 한겨레, 2006. 8. 1

경제가 성장하고 소득이 증가하게 되면서 노동시간의 증가에 따른 한계효용보다 여가시간의 증가에 따른 한계효용이 과거에 비해 상대적으로 증가하면서 여가에 대한 관심이 높아지고 있다. 여기에 지역사회와 함께 하는 더불어 사는 가치의식과 5일 근무제의 시행에 따른 가족 공유시간의 증가에 따라 가족이 함께 할 수 있는 가정문화의 정착이 요구되는 시점에서 가족자원봉사는 가정과 사회에 신선한 바람을 불러일으키고 있다.

# 03 CHAPTER

# 가족자원봉사의 기초이론

## 1. 자원봉사의 개념 및 의의

자원봉사는 최근에 강조되고 활성화된 활동처럼 보이지만 우리나라의 공동체적 생활의 미풍양속에는 자원봉사와 일맥상통하는 좋은 사례들이 많이 있음을 앞장에서 살펴보았다. 보건복지부와 한국사회복지협의회(2005)에 따르면 2005년도의 활동자원봉사자는 총 345,064명으로 2004년 231,467명보다 약 1.5배 증가한 것으로 나타났다고 한다(http://cafe.naver.com/japyng/2740).

### 1) 자원봉사의 개념

자원봉사를 글자 그대로 풀이해 보면 '자원'(自願)이란 '스스로 원한다'는 뜻이며, '봉사'(奉仕)란 '받들어 도와 섬기는 일' 이라는 뜻이다. 따라서 자원봉사란 '스스로 원해서 받들어 도와 섬기는 일' 이라고 할 수 있다. 또한 영어로 자원봉사를 뜻하는 'volunteering' 은 인간의 자발적인 의지(will)와 욕망(desire)을 나타내는 라틴어의 자유의지(voluntas)에서 기원한 것이다(주성수, 2005).

자원봉사에 대한 개념의 정의는 학자에 따라 매우 다양하다. 오늘날의 자원봉사란 사람을 도와주는 능동적인 행위로 사회 전반에 걸쳐 필요하다고 할 때는 언제라도 도움을 줄 수 있는 활동으로 자신을 포함한 사회구성원의 삶의 질을 높이고 욕구를 충족시켜 주며 공동체 발전을 위해서 함께 참여하는 운동이다. 자원봉사에 대한 여러 학자들의 견해를 문헌을 통해 정리해 보면 〈표 3-1〉과 같다.

**표 3-1 자원봉사와 관련한 다양한 개념의 정의**

| 개념 | 연구자 | 개념 정의 |
|---|---|---|
| 자원봉사 / 봉사활동 | 김성준 | 자원봉사란 지역사회 내에서 발생하는 모든 사회문제를 해결하는데 있어서 대가를 바라지 않고 자발적으로 자신의 시간과 재능을 바치는 활동이다. |
| | 김영호 | 자원봉사란 특정한 요구의 인식하에 사회적 책임감의 태도를 가지고 금전적 이득에 대한 관심 없이 또한 기본적 의무감으로부터 벗어나서 행동할 것을 선택해서 이루어지는 활동이다. |
| | 박민서 | 자원봉사활동이란 사람들 누구나 남을 도울 수 있는 능력을 가지고 있음을 전제로 사회와 이웃을 위해 금전적 보상 없이 그 능력을 베푸는 것이다. |
| | 조휘일 | 특정한 사회적 요구를 인식하여 사회적 책임감의 태도를 가지고 금전적 이득에 대한 관심 없이 또한 기본적 의무감으로부터 벗어나서 자발적으로 행동할 것이 선택적으로 이루어지는 활동이다. |
| | 스미스 (Smith) | 자원봉사행동이란 ① 직접적인 보상(급료, 경제적 이익)에 대한 기대, ② 법, 관습, 물리적인 힘의 강제, ③ 신체, 생리적인 요구(need)의 강압에 의해서라기보다는 다른 이유, 즉 동기들에 의해 수행되는 인간적 행동으로 간단히 말해서 보상 · 강제 또는 강압보다는 기본적으로 정신적 이득을 지향하면서 이루어지는 인간적 행동이다. |
| 자원 봉사자 | 최풍운 | 자원봉사자란 개인 · 집단 · 지역사회의 문제를 치료하고 무보수로 자신의 의지를 행동으로 옮기는 것으로 지위나 명예와 같은 조건 없이 자발적으로 활동에 참여하는 사람이다. |
| | 발독 (Baldock) | 민간기관 · 공공기관 · 사회행동 · 사회복지 문제에 관련된 자조집단 등에 아무런 보상없이 규칙적으로 자신의 시간, 에너지를 제공하는 사람이다. |
| | 트렉커 (H. B. Trecker) | 지역사회의 복지증진을 위해 노력하는 사회기관단체에서 무보수로 자발적인 노력을 하는 사람이다. |
| | 사회복지 총람 | 지역사회의 복지증진을 위하여 일하는 집단이나 기관의 책임 일부를 감당하는 자로써 노력의 대가 없이 자발적으로 봉사하는 사람이다. |
| | 사회사업 백과사전 (미) | 개인 · 집단 · 지역사회에서 발생하고 있는 여러 사회문제를 예방 · 통제 · 개선하고자 하는 공적 · 사적인 여러 기관에서 주어지는 각종 서비스에 보수 없이 자발적으로 참여하는 개인 |

| 개념 | 연구자 | 개념정의 |
|---|---|---|
| 자원봉사의 원칙/영역/학습 | 김성준 | 자원봉사는 자발성 · 자주성 · 이타성 · 사회성 · 무보수성 · 무급성 그리고 개척성 · 계속성의 원칙을 수반한다. |
| | 프리드랜더 (W.A Fridlander) | 자원봉사의 영역을 가족 서비스에서부터 시작하여 아동 및 청소년복지 · 노인복지 등은 물론 공공사회에서 이루어지는 공공부조와 빈곤문제 · 환경문제 등에 이르기까지 일상생활 전반에 걸친 자율적인 봉사활동으로 정의 |
| | 브루드니 | 봉사 활동의 영역으로 보건 · 복지 · 주택 · 교육 · 재활 · 레크리에이션 등으로 정의 |
| | 일본자원봉사협회 | 자원봉사학습이란 학습자가 자원봉사활동을 통하여 다양한 사회생활의 과제를 접함으로써 공공사회에 유익한 사회적 역할과 활동을 담당하는 것으로 학습자의 자아실현을 가능하게 하며, 자발성을 키우고 무보수성을 존중해 공공성을 몸에 익혀 보다 나은 사회인으로서 전인격적인 발전을 추구하기 위해 행하는 사회학습이다. |

* 집필진이 재구성한 것임

이처럼 자원봉사는 어떤 대가나 보상 없이 타인과 사회에 도움을 주며, 기능의 회복, 유지, 발전을 위해 서로 상부상조하는 정신으로 자신이 속해 있는 공동체에 자발적으로 참여하는 사회적 관심이며 적극적인 개입이라고 할 수 있다.

자원봉사활동이란 자신이 가지고 있는 인적 · 물적 자원을 사회와 이웃을 위해 금전적 보상 없이 베푸는 것이다. 그리고 자기 자신의 희생정신을 바탕으로 사회와 이웃에게 따뜻한 정과 사랑을 나누는 봉사의 실천활동이다. 이러한 자원봉사의 의미 속에는 다음과 같은 두 가지 측면의 내용이 포함되어 있다. 첫째, 봉사는 건국이념인 '홍익인간' 이나 불교의 '자비' 기독교의 '사랑' 처럼 '주변을 섬기고 챙긴다.' 는 의미를 내포하고 있다. 둘째, 봉사나 서비스는 그 행위의 대상이 자기 이외의 다른 이웃을 향한다는 점에서 인간관계를 바탕으로 하는 서비스이다. 일반적으로 현대적 자원봉사의 의미는 시간적 여유와 함께 이루어진다는 점에서 여가활동의 일부로 받아들여지며 점차 생활의 일부로 보아야 한다는 인식으로 발전되고 있다.

### 2) 자원봉사의 필요성

자원봉사의 필요성을 살펴보면 다음과 같다. 현대사회의 제반 문제들을 해결·예방의 기능을 담당하고 있는 공사조직에서 사회복지활동에 대한 활성화 요구가 증가되고 있으며, 동시에 국가 차원에서 사회복지에 대한 책임을 져야 한다는 국민적 기대감이 높아지고 있다. 그러나 국가가 제공하는 복지 서비스에 대한 요구가 커지고, 수요대상자가 확대됨에 따라 수요자의 요구를 국가에서 완벽하게 충족시켜 줄 수는 없는 실정이다. 자원봉사활동은 이러한 복지제도의 불완전성을 보완 강화하는 의미에서 필요성을 지닌다.

1960년대 이후 급속한 성장 위주의 경제발전으로 인해 직장을 찾아 대도시로 이동하는 과정에서의 가족해체와 핵가족화의 경향으로 인해 전통사회의 마을공동체와 가족제도에 의한 연대감과 공동체 의식을 도시생활에서는 찾아보기 어렵게 되었다. 하지만 시민의 자발적 참여에 의한 자원봉사활동을 통하여 이러한 공동체 의식과 연대감 형성이 가능하다는 점에서 자원봉사의 필요성이 대두된다. 자원봉사활동은 시민참여의 한 형태로서 사회 각층의 폭넓은 참여를 통하여 사회적 통합을 이룰 수 있기 때문에 결과적으로 사회발전에 기여한다. 특히 지방자치시대의 풀뿌리 민주주의 원칙인 참여의 민주원칙을 효과적으로 살리는 방법으로 활용이 가능하다.

또한 본격적인 지방자치시대를 맞아 지역사회의 문제를 기능적으로만이 아니라 정서적으로 해결 가능하도록 한다는 점에 있어서도 자원봉사의 필요성이 강조된다. 자원봉사활동이 필요한 이유는 천재지변 또는 제도적 결함으로 인하여 소외되거나 불이익을 당하는 자를 돕고, 생활환경을 개선시키며 삶의 질을 높이고 나아가서는 사회 발전을 도모하는데에 정부의 힘만으로 해결할 수 없는 부분이 많기 때문이다. 그러므로 이러한 자원봉사활동은 사회 통합의 응집력 결집, 정부의 행정 서비스 보완, 민간의 사회복지참여 확대, 그리고 새로운 시민참여운동의 활로 개척이란 점에서 그 필요성을 찾을 수 있다.

이상에서 살펴본 바와 같이 시민의 직접 참여와 자발적인 자유의지를 기반으로 하는 자원봉사활동은 복지사회를 형성하는데 중요한 역할을 하기 때문에 그 필요성이 증가하고 있다.

### 3) 자원봉사의 의의

일반적으로 자원봉사활동의 의의는 개인적 차원에서는 삶의 의미를 발견하고 자아를 실현하는 기능을 수행하며, 결국 개개인의 인간성 회복과 행복한 삶을 가져다 주고 있다. 사회 · 국가적 차원에서는 지원을 필요로 하는 소외된 이웃들의 생활에 도움이 되는 것은 물론 우리 사회의 삶의 질 향상 및 공동체 형성에 기여하고 있으며, 교육적 차원에서는 모든 연령대의 국민들에게 타인과 더불어 살아가는 삶의 태도와 사회문제에 대한 인식, 그리고 사회참여 정신 등을 함양시켜주는 효과를 가져다 주고 있다(이석심, 2004).

현대사회는 도움이 필요한 사람, 집단 및 기관들의 증가로 인한 재정과 인력의 부족으로 적절한 욕구 충족이 이루어지지 못하고 있는 실정이다. 자원봉사는 이러한 복지제도의 불안전성을 보완 강화하는 의의를 갖는다. 자원봉사활동은 자발성에서 우러나온 민간 활동이고, 활동과정을 통해서 공동체 의식을 높이는 것이므로 시민참여의 한 형태로서 중요한 의의가 있다.

자원봉사활동은 타인의 복지증진을 위한 것만은 아니다. 여기에는 자신의 욕구 충족을 위한 복지적 측면도 있다. 한 인간으로서의 발달단계를 유지하면서 가정, 국가, 시민사회, 학교, 복지시설에서의 보호와 사랑, 지식과 기술, 경제적인 부분 등 여러 면에서 필요한 것이 많기에 그들 또한 수혜의 대상이 아닐 수 없다. 이외에도 자원봉사활동을 통해서 얻게 되는 복지적 요소는 여러 가지가 있다. 즉 자원봉사활동 자체가 마음의 평화, 자기존엄성, 지역사회 존중감을 가져다 준다. 자원봉사의 일을 성공적으로 처리함으로써 자기가 지역사회에 가치 있는 존재임을 알 수 있고, 자원봉사활동은 개인을 활동적이고 유의미하게 성장하도록 하고 새로운 삶을 제시해 준다.

자원봉사는 새로운 기술을 학습할 수 있게 하고 이미 가진 기술을 더욱 발전시키며 개인적인 안정감을 증진시키고 일상적 삶의 단조로움, 외로움을 떨쳐버리게 한다. 또한 흥미롭고 활력 있는 일감을 제공하며 동시에 미래를 위한 많은 계획들을 제시해 주고, 개인의 올바른 판단력과 잠재적인 지도력을 배양해 준다. 자원봉사는 새로운 아이디어를 개발하고 자신의 기지를 발휘하며 대인관계와 의사소통 훈련의 기회를 제공하며, 개인의 직책, 성별, 연령 등에 따르는 인간관계의 전망을 밝게 한다.

오늘날은 사회적 필요에 의해 사회복지 프로그램이 다양해지면서 많은 서비스를 필요로 한다. 이런 시대에 자원봉사활동을 통해 제공되는 서비스는 복지기관에 적지 않은 도움이 될 수 있다. 특히 자원봉사활동은 복지기관의 서비스와 기관 직원의 업무를 확대시키는 중요한 역할을 하며, 이로 인해 복지기관 직원들은 보다 더 효과적인 복지업무를 수행할 수 있다.

자원봉사자들은 복지기관 직원과 상호의존적이고 보완적인 관계를 가질 뿐만 아니라 복지시설 직원이 부족한 상태에서의 자원봉사활동은 기관이 지역주민에게 제공하는 복지 서비스를 더욱 풍부하게 해준다(김익균 외, 2002).

## 2. 가족자원봉사의 개념과 의의

### 1) 가족자원봉사의 개념

가족자원봉사라는 용어가 공식적으로 사용되기 시작한 것은 최근의 일이므로 아직 공통적으로 합의된 가족자원봉사에 대한 개념은 정립되지 않은 상태이다. 대체로 가족자원봉사의 형태는 가족을 자원봉사의 하나의 단위로 하여 2인 이상의 가족이 자원봉사활동에 참여하는 것이다.

가족자원봉사활동의 기본 전제는 지역사회문제 해결과 가족구성원 간의 유대 강화이다. 가족자원봉사활동은 자녀에게 부모나 성인에 대한 긍정적 모델링을 제시하고, 성인에게 있어서는 노년기를 바람직하게 보내기 위한 긍정적 활동을 학습하는 예비 사회화과정으로서의 기능을 할 수 있으므로 가정 내에서 각기 다른 발달단계에 있는 가족원에게 가족의 건강성을 부여한다고 볼 수 있다. 그리고 과거 공동체 사회에 비해 가족여가문화가 사라진 현대 가정의 특성을 반영한다면, 가족자원봉사활동은 가족여가생활문화와 자원봉사활동 및 지역사회문제 해결과 접목하면서도 가족구성원이 함께 함으로써 가정교육과 가족의 기능을 동시에 강화할 수 있는 훌륭한 가족생활 프로그램이라고 할 수 있다.

가족자원봉사라는 용어는 우리에게 익숙한 것은 아니다. 가족자원봉사에 대한 개념은 최근 자원봉사활동이 갖는 몇 가지 한계를 극복할 수 있는 대안으로 가족이라는 집단이 갖는 특성과 조합될 때의 확대 효과를 고려하여 봉사활동의 분야나 연구자에 따라 약간의 차이를 갖고 정의되고 있다(이경은, 2003). 대체로 자원봉사활동의 특성을 자발성, 무보상성, 공익성으로 요약할 수 있는 것과 같이 가족자원봉사도 가족을 자원봉사의 한 단위로 하여 공공복지를 향한 가치이념의 실현인 동시에 민주적 방법에 의한 자주적 · 협동적 실천노력이며, 개인 · 집단 · 지역사회에서 발생되는 제반 사회문제를 예방 해결하고 사회적 환경을 개선하기 위하여 공사의 조직체를 통하여 무보수로 서비스를 제공하는 활동(이경은, 2003) 이라고 정의하고 있다.

성종희(2001)는 가족자원봉사활동의 특성 · 기능성 · 효과성 측면을 고려하고 특히 가족자원봉사의 가족복지적인 측면을 부각시켜 다음과 같이 개념을 정리하였다.

첫째, 가족자원봉사활동은 '가족에 의한 복지' 를 넘어서 '가족을 통한 복지' 와 '가족을 위한 복지' 를 병행 추진한다. 그동안 사회복지 수요의 충족이 원칙적으로 개별가족이나 개인 자신에 의해 이루어졌으나 현재 가족의 자체적 부양 · 보호 능력이 급속히 약화되고 있는 현실을 감안하여 '가족을 통한 복지' 는 노인 · 아동 · 장애인 등의 복지 수요를 충족시키기 위한 가족의 부양 · 보호 기능을 활용 지원하는 것이며, '가족을 위한 복지' 는 가족단위의 삶의 질을 종합적으로 제고하기 위해 필요한 다양한 물질적 · 문화적 욕구를 파악해 적절한 지원 · 서비스 대책을 마련하는 것이다.

둘째, 가족자원봉사활동은 '가족 자조적 복지' 를 수행한다. '가족 자조' 의 개념은 가족에 대한 전문적 개입의 한계를 극복하기 위해 가족 자체를 자원화하는 것을 강조하며 따라서 가족은 복지의 수요자인 동시에 공급자임을 전제하는 것이다.

셋째, 가족자원봉사활동은 생애과정 관점을 포함한다. 즉, 가족자원봉사활동을 통해 젊은 세대에게 가족의 가치관을 전달할 수 있을 뿐만 아니라 동시에 봉사의 의미와 가치를 전달함으로써 자원봉사의 세대적인 전이가 이루어진다.

넷째, 가족자원봉사활동에서는 기존의 자원봉사활동이 사회복지 모델의 영향으로 비효율적이며 분산적이었던 단점을 보완하기 위해 '가족보호 모델'을 기본전제로 도입할 필요가 있다. '가족보호 모델'에서의 '가족'의 정의는 기존의 혈연 중심 가족에서 더 나아가 '지역사회 가족'까지를 포함한다. 즉 '가족단위' 자원봉사라 할 때, 그 범위를 반드시 혈연이나 법적인 관계로만 한정하지 않는다는 것이다.

다섯째, 가족자원봉사활동은 특정한 가족 형태를 보편형으로 전제하지 않으며, 현대인들이 지역, 직업, 연령 등에 따라 다양한 형태의 가족을 이루고 살아가고 있음을 고려하여 이에 기초한 다양성을 인정한다.

한편, 이영호(2004)는 기존의 자원봉사에 가족이라는 말이 왜 붙었는가 또는 건강가정을 논하면서 자원봉사를 왜 거론하는가에 초점을 두어 '가족자원봉사란 가정의 건강성을 지키고 발전시키기 위하여 가족이 단위가 되어 지역사회(이웃)에서 무보수로 이루어 내는 자발적인 활동이다.'라고 정의하였다.

### 2) 가족자원봉사의 의의

가족자원봉사활동은 사회에서 각자의 역할이 다르기 때문에 자칫 소원해지기 쉬운 가족구성원이 봉사활동을 함께 하는 과정에서의 의사소통을 통해 서로에 대해 이해하며 양보하고 도와주면서 유대감을 형성하게 한다. 그리고 그 유대감이 평소에 서로에 대한 무관심과 갈등을 해소할 수 있는 원동력이 되고, 건강가정으로 나아갈 수 있는 밑거름이 된다. 또한 봉사활동을 하면서 형성되는 올바른 가치관과 타인에 대한 배려감은 가족관계에서 가족구성원에 대한 이해와 배려로 이어지므로 효과적인 의사소통을 하게 함은 물론이고, 잠재적인 문제 치유능력이 향상되어 가족문제가 생길 때에도 이를 원활히 해결할 수 있게 한다. 따라서 가족자원봉사가 건강가정을 이룩함에 있어서 중요한 역할을 한다는 것은 간과할 수 없는 중요한 사실이며, 요즘처럼 가족해체와 위기가정이 속출하고 있는 시점에서 가족문제를 사전에 예방할 수 있는 새로운 대안으로서의 가족자원봉사는 그 의미가 크다고 할 수 있다.

다음은 가족자원봉사활동이 청소년과 주부에게 미치는 영향과 나아가 가족관계에 미치는 영향을 알아보도록 하겠다. 먼저 청소년이 가족자원봉사활동을 했을 때 기대할 수 있는 교육효과는 다음과 같다.

첫째, 가족이나 타인과 협조하는 가운데 원만한 인간관계를 유지하게 한다. 인간은 사회를 떠나서는 존재할 수 없다. 따라서 자원봉사활동은 교육의 중요한 목표인 사회성의 발달과 건전한 인격 형성을 위해 가족과 다른 집단 간의 접촉기회를 제공함으로써 가족뿐 아니라 타인과 원만히 교제하며 생활을 영위해 나아가도록 많은 도움을 준다.

둘째, 취미향상을 도모하고 여가를 활용할 수 있다. 취미의 신장과 여가를 보람있게 보낸다는 것은 사회활동에서 필요로 하는 가치 있는 인간으로 성장할 수 있는 방법으로 중요시된다. 가족자원봉사활동은 여러 방면에서 다양하게 전개되고 있으므로 가족의 취향에 맞게 자발적인 선택에 의해 취미에 맞는 활동에 참여함으로써 청소년의 취미를 개발하고 향상함은 물론 여가를 보다 보람있게 활용할 수 있다.

셋째, 자신의 적성을 발견하고 새로운 기술을 익히게 한다. 청소년들은 다양한 가족자원봉사활동에 참여함으로써 미처 자신이 발견하지 못했던 적성 또는 소질을 발견할 수 있는 기회를 갖게 된다. 적성을 찾아내어 키워 나간다는 것은 교육적으로 중요한 목표가 될 수 있으며, 다양하게 이루어지는 가족자원봉사활동은 적성 발견의 좋은 기회가 될 수 있다.

넷째, 신체적 · 정신적 · 정서적 건강을 유지하도록 한다. 현대사회에서 필요로 하는 인간은 특수한 분야의 전문지식을 갖춘 동시에 그 이외의 타 분야에 대한 일반적 소양을 함께 지니고 있으며 신체적 · 정신적 · 정서적 건강을 지닌 전인적 인간이라 할 수 있다. 따라서 가족자원봉사활동은 청소년들이 자신에게 필요하다고 생각되는 영역의 여러 가지 활동에 참여함으로써 전인적인 인간으로 성장하는 데에 바람직한 계기가 된다.

다섯째, 자신감을 갖게 하고 잠재적인 지도력을 계발하여 학습 경험을 보다 풍부하게 한다. 자원봉사활동은 학생들로 하여금 집단 내에서 자기발전 혹은 자기표현을 할 수 있는 보다 많은 기회를 가지게 함으로써 자신감을 갖게 하고, 이를 통해 다양한 사람들과 보다 많은 인간관계를 맺음으로써 지도자적 인격의 함양은 물론, 여러 가지 문제를 토론하고 지식과 정보를 교환함으로써 학습 경험을 보다 풍부하게 한다.

여섯째, 민주주의 정신을 함양한다. 물질만능주의로 팽배한 현대사회에서 자칫 이기주의로 흐르기 쉬운 학생들에게 적극적으로 모든 일에 참여하는 자발적인 협동정신을 일깨워 줌으로써 민주사회의 기반이 되는 민주주의 정신을 함양할 수 있도록 한다.

일곱째, 사회적으로 필요하고 유익한 행위의 만족한 체험을 통해 사회를 올바르게 이해하고 불건전한 이탈행동을 예방한다.

청소년기 가족자원봉사활동의 교육적 의의를 종합하면 현장교육적 · 자아 실현적 · 사회발달적 측면으로 나눌 수 있다.

첫째, 현장교육적 측면에서 청소년의 가족자원봉사활동은 폭넓게 실제 사회를 학습할 수 있는 기회를 제공함으로써 학문적 성취를 심화시킬 수 있다. 둘째, 자아실현적 측면에서 청소년들은 가족자원봉사활동을 통해 자기가 속해 있는 사회에 대한 공동체 운명 의식과 사회적 책임의식을 인식하고, 그것을 평소에 익힘으로써 거시적인 자아의식을 함양하게 된다. 셋째, 사회발달적 측면에서 청소년기의 가족자원봉사활동은 지역사회 발전에 큰 공헌을 하게 한다.

이처럼 청소년기의 가족자원봉사활동은 청소년의 자아정체성과 도덕성 발달에 긍정적인 영향을 미치는 활동으로 자아정체성과 도덕성을 통합시킬 수 있는 시기인 청소년기에 사회참여의 기회를 통해 청소년의 건전한 성장을 돕기 위해서 꼭 필요하다.

다음은 가족자원봉사활동이 주부에게 나아가 가족관계에 미치는 영향에 대해 살펴보겠다. 먼저, 주부의 가정자원봉사활동 참여가 사회참여적 측면에서 주부에게 미치는 영향을 살펴보면 다음과 같다.

첫째, 지역사회의 현실과 문제점을 알게 되고 문제해결을 위해 애쓰면서 스스로 지역사회의 일원임을 깨닫는 소속감을 느끼게 된다.

둘째, 주부들이 봉사활동 현장에서 새롭게 봉사자, 종사기관의 직원들, 요구호자들을 만나면서 인간관계의 전망을 넓히며 인간관계의 기술과 의사소통의 방법을 배운다.

셋째, 봉사활동과 관련된 새로운 것을 알고자 하는 지적 욕구가 생김으로써 삶의 폭이 넓어지고 세상을 총체적으로 보는 안목을 키울 수 있다.

넷째, 타인을 위해 일을 한다는 봉사의 만족감, 일에서 얻는 즐거움으로 주부우울증이나 고독감에 빠질 위험이 적다.

다섯째, 봉사를 통해 배운 새로운 지식과 경험을 가족구성원에게 적용하여 보다 나은 가정생활을 영위할 수 있다.

여섯째, 바람직하지 못한 유혹에 빠질 기회나 시간적 여유가 적기 때문에 가정 내 불행을 미리 막을 수 있어 가정생활에 좋은 방향으로 영향을 미칠 수 있다.

주부의 자아존중감의 형성 측면에서 살펴보면 주부의 자원봉사활동은 일을 성공적으로 마친 후에 얻는 성취감으로 인해 자신감을 갖게 되고, 가치 있는 일을 하여 남에게 필요한 존재가 되며, 사회에 의해 높이 평가받는 한 일원이 된다는 인간의 내적 욕구를 충족하여 자아존중심을 갖게 해준다.

특히 주부우울증에 빠지기 쉬운 인생의 중년기에는 정신적 성숙 기회를 갖는 것이 정신건강을 위해 바람직하며 가정생활을 위해 어느 때보다 중요하다. 자원봉사활동을 통해 확립된 높은 자아존중감은 수용적 의사소통을 할 수 있게 하며 이는 긍정적인 감정을 유발하여 바람직한 행동으로 표출되고, 이것은 다시 '나는 괜찮은 사람' 이라는 자아존중감을 더욱 강화시켜 줄 수 있다. 또한 자원봉사활동을 통해 자아존중감을 갖게 되면 보다 성숙한 인간으로서 자신과 가족성원에 대한 통찰력을 갖게 되어서 잘못된 자아개념과 비합리적인 사고를 수정할 확률이 많아지므로 가정생활에서의 문제해결도 합리적으로 할 수 있게 된다.

다음으로 주부의 가족자원봉사활동 참여가 가족관계에 미치는 영향을 살펴보면 첫째, 부부관계 측면에서 자원봉사활동의 참여는 부부간에 갈등이 생겼을 때 이를 해결할 수 있는 방법을 간접적으로 배우고 실천하게 해주는 기회가 될 뿐 아니라 우선적으로 주부가 자의적으로 자기 개혁의 의지를 시사하는 증표가 된다. 또한 인간이 가지고 있는 보편적 문제의 해결 방안을 보고 다루게 됨으로써 자신의 가족문제가 자신들만의 특별한 문제가 아님을 알게 되어 전체 사회 속의 자신과 자기 가족의 위치를 알 수 있게 된다. 즉 전체 사회를 보게 되면서 가장으로서만이 아니라 사회 속에서 생활하는 인간으로서의 남편을 이해할 수 있게 되어 남편에 대한 기대를 재조정할 수 있게 되고, 결혼 후 얻게 된 불만족한 보상에 대하여도 재고할 계기를 갖게 되며, 자기에 대한 남편의 기대와 자신이 남편을 대하는 태도에 대해서도 재고할 수 있게 된다.

둘째, 부모-자녀 관계 측면에서 살펴보면, 부모와 자녀가 자주 접촉하고 이해하고자 노력하면서 세대 차이를 줄이게 되면 서로의 생각을 수용하고 격려할 수 있게 되는데 가족 간의 자원봉사를 통해 주부는 대인관계와 의사소통 훈련 기회를 배우고, 자녀와의 대화에 있어서 그들의 생각과 고민, 문제점을 알고 이해하게 되어 자녀와의 의사소통문제를 해결할 수 있다. 또한, 가족자원봉사를 통한 주부(부모)의 개방적인 양육방법은 자녀들의 협동성과 사회성을 보다 발달시키는데 도움이 될 수 있으며, 교우 간에 있어서도 상호 친절할 수 있고 독립적인 자발성을 갖게 한다. 자녀와의 정서적 교감이 부족할수록 자신의 세대와 다음 세대에 영향을 끼치며 부모와의 관계 양상이 그대로 제삼자에게 나타날 수 있는데 주부가 자원봉사활동을 하여 얻게 되는 레크리에이션의 기능과 정서적 건강유지는 자녀와의 정서적 거리감을 좁힐 수 있는 계기가 된다.

이러한 것을 바탕으로 주부가 자원봉사활동에 참여하였을 때 가족관계에 나타나는 긍정적인 영향을 정리해 보면 첫째, 자기 가족만을 위한 삶이 아닌 타인을 위한 봉사활동을 통해 자아실현과 함께 삶을 위해 노력하는 모습을 자녀에게 보여 줌으로써 자녀들의 삶의 본보기가 되고, 둘째, 자신의 자아존중감을 높여가면서 타인과의 사귐과 의사소통 훈련 기회에서 얻은 성과로 남편과 자녀에게 수용적인 의사소통을 할 수 있고, 셋째, 가정 외의 대인관계와 사회와의 연결을 통해 가족성원을 객관적으로 이해할 수 있어 잘못된 기대나 보상을 요구하지 않음으로 정서적으로 자유로움을 허용하고, 넷째, 아직까지 시댁 식구들의 영향력이 크고 그에 따른 갈등이 많은 우리 사회의 현실에서 시댁 어른과의 문제를 사

**가족자원봉사…… 가족 전체 참여할 수 있는 작은일부터**

지난달 26일 서울 강서구 가양동 임대아파트에서 혼자 살고 있는 노인들에게 반가운 손님들이 찾아왔다. 여덟 가족 24명과 개인자원봉사자 33명이 방문해 봉사활동을 벌인 것. 동아일보사와 서울복지재단이 함께 펼치고 있는 '행복나눔 네트워크' 캠페인의 일환으로 열린 이날 자원봉사 행사에 참가한 두 가족을 따라가 봤다.

**'초보' 봉사 정영학 씨 가족** 정영학(鄭英學, 43) 씨 가족은 봉사활동 경험이 거의 없는 초보. 이들이 찾아간 이 모(86) 할아버지가 "와준 것만 해도 고맙다."며 "청소는 안 해도 되니 그냥 앉아 있어라."고 고집하자 고민에 빠졌다. 정씨가 부인 여귀옥(呂貴玉, 41) 씨에게 무엇을 어떻게 해야 할지 몰라 묻자 여씨는 남편에게 "복지재단에 전화해 봐."라고 귓속말로 속삭였다. 어쩔 줄 몰라 하던 정씨 가족은 그냥 일어서서 아무 말 없이 청소에 나섰다. 할아버지도 더이상 말리지 않았다. 작은 아들 동준(11)은 신발장 정리와 현관 청소를 맡았고, 큰 아들 용준(13)은 방바닥을 걸레로 문지른 뒤 복도로 나가 할아버지의 구두를 닦았다. 집안일을 해본 일이 없다던 용준은 할아버지와 옆집 할머니의 칭찬을 듣고 우쭐해졌다. 서울지하철공사 신대방역 역무원인 정씨는 "용준이가 중학교에 입학하는데 애들을 어떻게 키워야 할지 고민이 많이 돼 자원봉사에 참가키로 했다."며 "어르신께 도움을 드렸다기보다는 나와 애들에게 좋은 수업이 됐다."고 말했다.

**'고참' 봉사 이희영 씨 가족** 이희영(李羲永, 47, 자영업) 씨와 9세 쌍둥이 형제 승로, 경로는 독거노인 유 모(74) 할머니 집에 들어서자마자 큰절부터 올렸다. 이씨는 "딸 둘을 낳은 뒤 본 셋째가 쌍둥이여서 가족이 6명이나 되고 오늘은 '남자팀' '여자팀'으로 나눠 두 집에 자원봉사를 나왔다."는 등 먼저 자기 가족 이야기를 시시콜콜 꺼냈다. 그러자 유 할머니도 "출가한 딸이 있어 정부보조금을 적게 받아 중풍 때문에 바깥출입이 너무 어려워."라는 등 점차 마음을 열었다. 이씨 가족은 지난해 자원봉사 시간이 모두 합쳐 255시간이나 되는 '자원봉사 베테랑' 가족. 이날도 역시 능숙했다. 이씨는 아이들에게 할머니 안마를 시키고 자신은 지저분한 베란다를 청소했다. 같은 시간 부인 송애실(宋愛實, 45) 씨와 두 딸인 선인(17), 신애(15) 양은 하반신 장애가 있는 주 모(50, 여) 씨 집에서 부엌을 청소하고 있었다. "지난해 큰딸이 가출을 했다가 3일 만에 돌아온 뒤로 가족을 묶어 줄 수 있는 일을 찾다 함께 자원봉사를 시작했습니다."

출처: 동아일보, 2005. 3. 1

회 전반적인 문제와 노인이 갖는 문제로 객관화시키고 이해와 애정을 갖고 대할 수 있는 태도를 갖게 한다.

가족자원봉사가 건강한 가정, 건강한 이웃, 건강한 사회를 지향한다는 전제하에 그 의의를 살펴보면 다음과 같이 정리할 수 있다(이영호, 2004).

① 봉사를 하겠다는 마음을 가진 것만으로도 '우리(we-feeling) 의식'을 강화시킨다.
② '우리 의식'은 같은 시간, 같은 공간에서 함께 하는 작업을 통해 내면의 공감대를 형성한다.
③ 공감대의 형성은 가족 간 대화의 소재가 되어 의사소통이 원활해진다.
④ 의사소통을 통해 가족원 간의 희망과 불만을 알아내고 해결할 수 있다.
⑤ 가족 간의 문제가 생겼을 때 상호 극복의지가 강화된다.
⑥ 함께 과업(봉사활동)을 수행하면서 문제해결방법을 배우고 능력이 향상된다.
⑦ 가족원 개개인의 숨은 재능을 발견할 기회를 갖는다.
⑧ 가족원에 대한 긍정적인 인식과 자긍심이 타인에 대한 배려를 하게 한다.
⑨ 새로운 일에 대한 도전의식이 생긴다.
⑩ 지역사회의 문제를 알게 되고 기여하는 방법을 배운다.
⑪ 지역사회의 문제해결이 나에게 도움이 됨을 인식하게 된다.
⑫ 봉사를 즐기게 되면 가족여가의 한 형태로서 가정문화가 정착된다.
⑬ 부모와 함께 하는 봉사활동을 통해 세대 차이를 극복하고 결속을 다지게 한다.
⑭ 자원봉사 체험은 자녀의 인성 함양에 도움이 된다.
⑮ 삶의 의미를 발견하고 자아를 실현하여 행복한 삶에 기여한다.

나아가 나와 가정, 가정과 사회에 대한 연계의식을 바탕으로 상호 의무감을 키움으로써 건강한 가정, 건강한 사회, 열린 공동체 형성의 기초가 된다.

## 3. 가족자원봉사의 특성

가족자원봉사 경험은 자신의 감정이나 의사를 직접적으로 표시하고 가족구성원 간에 상의하는 능력과 가족에게 더욱 많은 친근감을 느끼며 가족 행사에 적극적으로 참여하게 하는데 영향을 미친다.

가족자원봉사는 아주 작은 봉사부터 커다란 봉사에 이르기까지 다양한 영역에 가족원이 함께 자발적으로 참여하여 자연스러운 활동과정을 통해 성취감을 얻을 수 있고, 가족 간의 유대감을 공고히 하고 의사소통을 원활하게 한다. 이러한 것들이 가족 간의 문제를 해결할 수 있는 계기를 만들고 서로를 이해하고 배려할 줄 아는 관계를 형성한다. 또한 다양한 세대가 참여함으로써 세대 간의 통합을 이루고, 한편으로는 지역사회의 다양한 계층과의 관계를 형성함으로써 개인과 가족, 가족과 지역사회의 통합을 기할 수 있다. 특히 어렸을 때부터 가족자원봉사의 참여는 부모와의 활동을 통한 긍정적인 역할 모방으로 자아정체감의 형성에 도움이 되며 건강한 사회인으로서 성장할 수 있도록 한다(홍달아기, 2004).

### 1) 가족자원봉사의 장점

과거에 봉사활동은 성인들에게만 해당된다고 여겨져 왔다. 하지만 성인들은 가족과 함께 할 수 있는 소중한 시간에 혼자 자원봉사하는 것이 어렵다고 느끼고 있으며, 많은 단체들은 성인 자원봉사자들을 끌어들이기 위해서는 가족 전체를 끌어들여야만 한다는 것을 깨닫기 시작했다. 그러므로 기관의 입장에서 가족의 일부나 전부가 참여할 수 있는 가족자원봉사활동은 충분한 관심거리가 되었다.

가족자원봉사활동은 단체나 기관에 도움이 될 뿐 아니라 가족구성원 모두에게 아주 효과적인 활동이다. 가족이 자원봉사를 하면 가족구성원 간에 더 많은 친밀감이 형성된다. 게다가 지역사회에 이바지하며 젊은 사람들에게는 남은 삶을 인내할 가치를 배우게 한다. 예를 들어 회사, 학교, 학회와 같은 곳에서 자원봉사를 제공하는 이런 집단들은 그들의 가족에게 다른 사람을 이해할 수 있는 기회를 제공하며 단체에 속한 가족은 자신감과 소속감을 느낄 것이고, 내부 상호관계는 향상된다.

이처럼 가족, 지역사회와 단체가 가족자원봉사활동을 통해 얻는 장점들을 정리하면 〈표 3-2〉와 같다.

**표 3-2 가족자원봉사의 장점**

| 대상 | 장점 |
|---|---|
| 가족 | ① 더 의미 있는 시간을 함께 보내고 관계가 풍요로워진다.<br>② 새로운 기술을 배우고, 다양한 활동을 체험할 기회를 제공한다.<br>③ 그들의 이웃을 넘어 지역사회에 더 친밀감을 가진다.<br>④ 지역사회를 위한 봉사의 가치를 배운다.<br>⑤ 지역사회에 영향을 주는 중요한 문제를 토론할 기회를 가진다.<br>⑥ 다세대 가족에게는 자원봉사가 젊은 세대에게 가치관을 적극적으로 전달하는 훌륭한 방법이 된다.<br>⑦ 가족의 공동 추억거리를 만들 수 있다.<br>⑧ 자원봉사는 가족에게 공동 성취감을 느낄 수 있게 하고, 각자의 공헌에 가치를 발견할 수 있는 훌륭한 학습장이 된다. |
| 지역사회 | ① 다양한 세대의 자원봉사자와 상호작용함으로써 이익을 얻는다.<br>② 많은 수의 자원봉사자를 얻는다.<br>③ 중요한 사회적인 요구에 부응한다.<br>④ 다음 세대에게 자원봉사의 유산을 물려준다. |
| 기관 · 단체 | ① 지역사회에 긍정적인 효과를 준다.<br>② 가족을 더 건강하게 했다는 것에서 자신감을 얻는다.<br>③ 참여할 수 있는 자원봉사자를 늘릴 수 있다. 특히 문화적으로 다양한 가족, 남성 자원봉사자와 젊은 자원봉사자를 얻을 수 있다.<br>④ 자원봉사자의 여러 세대에 투자한다.<br>⑤ 가족의 공동 창조성에 대한 보상을 획득한다.<br>⑥ 문제해결에 관한 다양한 시각을 얻는다.<br>⑦ 기관 직원들에게 가족지지 관계나 좋은 역할 모델을 제공한다.<br>⑧ 지역사회의 요구를 더 가깝게 접한다.<br>⑨ 기관과 지역사회의 의미 있는 관계를 만든다.<br>⑩ 지역사회의 해당 단체에 대한 인식을 높인다.<br>⑪ 사업 관리자와 피고용자 관계에서 서로에 대한 배려심을 높이고 단결심을 강하게 한다.<br>⑫ 노인, 성인과 젊은 층으로 구성된 봉사활동을 발전시킨다.<br>⑬ 가족이 함께 자원봉사를 하면 어른이 아동이나 청소년들의 안전과 복종에 필요한 특별한 감독을 도와준다. |

### 2) 가족자원봉사활동의 어려운 점과 해결방법

가족자원봉사는 다양한 연령대가 포함되어 있는 집단 봉사로 시간 조정, 위험 관리, 활동의 적절성과 관계의 지속성과 같은 몇몇 문제를 생각할 필요가 있다.

#### (1) 어떤 가족은 자원봉사에 참여할 시간이 부족하다

① 바쁜 스케줄을 가진 가족들을 위해 일회성 자원봉사활동을 진행한다.
② 주말, 저녁 혹은 휴일과 같이 모든 가족구성원이 이용할 수 있는 시간대를 만들어야 한다.
③ 가족들의 시간을 유용하게 사용하기 위해 그들의 관심이나 흥미에 관해 조사해야 한다.
④ 가족들에게 자원봉사하기에 좋은 시간대를 권해 본다.
⑤ 자원봉사하는 가족들과 함께 움직일 수 있도록 유급 직원에게 융통성 있는 시간 스케줄을 조정해 주어야 한다.
⑥ 가족들이 스스로 프로젝트를 완성할 수 있도록 '숙제용' 활동을 활성화시켜야 한다.
⑦ 가족을 위한 정기적인 자원봉사활동을 개발하고 주최해야 한다.

▶ 성북구 건강가정지원센터 가족봉사활동

### (2) 모든 가족구성원들에게 적절하고 의미 있는 프로그램을 찾기란 어렵다

① 적어도 2인 가족이 함께 공동 활동을 할 수 있는 프로그램을 만든다. 그것은 언제나 모든 가족구성원이 참여해야 하는 것은 아니다. '가족'이란 아버지와 딸 혹은 조부모와 손자녀를 뜻할 수도 있다.

② 적절한 활동에 적절한 가족구성원을 참여시킨다. 예를 들어, 남편/아내팀은 문제 10대들에게 조언자가 될 수 있다. 부모와 어린 아동은 건강박람회에서 다과를 나누어 줄 수 있다. 장애자가족은 박물관 방문객들에게 환영인사를 할 수 있다.

③ 자원봉사자들에게 필요한 교육과 아동에게 적절한 활동에 관해 아동발달 전문가에게 문의한다.

④ 자원봉사 프로그램을 만드는 과정에 가족을 참여시킨다. 그러면 그들의 흥미와 소속감이 증가될지도 모른다.

### (3) 책임문제의 측면에서 보면 가족이 자원봉사에 참여할 때 아주 많은 불확실한 일들이 있다

① 다양한 연령대가 참여하는 활동을 위한 지침서를 만들 때는 변호사와 상의한다. 개인자원봉사자를 위한 지침서를 참조해서 가족을 포함시키기 위해 그 지침서를 확대 적용한다.

② 가족구성원에게 자원봉사활동 과정에서 발생할 수 있는 위험가능성을 알린다. 팸플릿이나 비디오테이프는 가족이 자원봉사를 하기 위해서 필요한 예방조치와 위험을 보여 주는데 유용하다.

③ 위험관리/안전관리 위원회를 만든다. 이들은 자원봉사하는 가족을 최대한 보호하기 위한 필요한 절차를 밟아 주며 기관을 대상으로 하는 소송을 예방하는 일을 한다. 위원회는 가족에게 적절한 활동을 결정하고, 발생 가능한 위험을 알려 주는 가족자원봉사활동에 대한 세부적인 설명서를 만든다.

④ 동의서에 서명할 것인지 가족자원봉사자들에게 묻는다. 이 서식에서는 발생 가능한 위험에 대해 설명해야만 한다. 그러므로 서식에는 '그들은 우리

에게 ~을 절대 묻지 않는다.' 라는 어떠한 요구사항도 없어야 한다. 이 서식은 기관이 조건으로 지정하지 않은 어떤 위험이 일어났을 때 기관의 과실에 대한 유력한 증거물이 된다.

⑤ 아동 자원봉사자들은 단체나 기관의 규칙에 따라 지속적으로 활동해야 한다는 것을 성인 자원봉사자들에게 분명히 해야 한다. 활동 중과 활동이 끝난 후 감독에 대한 지침을 약술한다. 자원봉사자의 연령이 어릴수록 감독의 양은 증가한다는 것을 확실하게 한다.

⑥ 가능하다면, 자원봉사활동 기간에 부모들과 그들의 자녀들이 자원봉사를 함께 하도록 함으로써 외부로부터 성인 자원봉사자를 확보한다.

⑦ 자원봉사 중이나 끝난 후, 그리고 자원봉사자의 차량뿐만 아니라 기관의 차량 혹은 장비를 포함한 사고에 의한 책임에 대한 보상 범위를 결정하기 위해서 변호사와 보험회사와 상의한다.

⑧ 만약 시설이 가족에게 안전하지 않다면 안전한 다른 곳을 찾아서 그곳으로 자원봉사활동처를 옮겨야 한다.

## 요 약

자원봉사는 자발적인 정신으로 어떤 대가나 보상 없이 타인에게 도움을 주며, 기능의 유지나 회복 · 발전을 위해 서로 상부상조하는 정신으로 자신이 속해 있는 공동체에 참여하는 사회적 관심이며 적극적인 개입이라고 할 수 있다.

가족자원봉사란 가정의 건강성을 지키고 발전시키기 위하여 가족이 단위가 되어 지역사회(이웃)에서 무보수로 이루어 내는 자발적인 활동이다. 가족자원봉사활동은 사회에서 각자의 역할이 다름에 따라 자칫 소원해지기 쉬운 가족구성원이 봉사활동을 함께 하면서 의사소통을 하고, 서로에 대해 이해하며 양보하고 도와주면서 유대감을 형성하게 한다. 그리고 그 유대감이 평소 서로에 대한 무관심과 갈등을 해소할 수 있는 원동력이 되고 건강가정으로 나아갈 수 있는 밑거름이 된다. 또한 봉사활동을 하면서 생성되는 올바른 가치관과 타인에 대한 배려감은 가족관계에서 가족구성원에 대한 이해와 배려로 이어지므로 효과적인 의사소통을 하게 함은 물론이고, 잠재적인 문제 치유능력이 향상되어 가족문제가 생길 때에도 이를 원활히 해결할 수 있게 한다. 그러므로 가족자원봉사가 건강가정을 이룩함에 있어서 중요한 역할을 한다는 것은 간과할 수 없는 중요한 사실이며, 요즘처럼 가족해체와 위기가정이 속출하고 있는 시점에서 가족문제를 사전에 예방할 수 있는 새로운 대안으로서 가족자원봉사는 그 의미가 크다고 할 수 있다.

## 생각해 보기

1. 본인이 할 수 있는 자원봉사활동은 어떠한 것이 있을지 생각해 보자.

2. 본인이 가족과 함께 자원봉사를 함으로써 얻을 수 있는 긍정적 요소들을 구체적으로 생각해 보자.

3. 세대 간 통합을 이룰 수 있는 가족자원봉사활동 프로그램을 기획하여 보자.

4. 가족이 함께 자원봉사를 함에 있어서 장애요인이 되는 것을 살펴보고, 극복방안을 모색하여 보자.

# 참 / 고 / 문 / 헌

김익균 · 김영희 · 김치영 · 신재명 · 이현기 · 장동일(2002). 자원봉사론. 교문사.
박민서(1995). 시민과 자원봉사. 목포대학교 사회과학연구소.
보건복지부 · 한국사회복지협의회(2005). 2005 사회복지 자원봉사 통계연보.
성종희(2001). 가족자원봉사 프로그램 개발을 위한 연구. 울산대학교 석사학위 논문.
심익섭(1998). 시민자원봉사의 개념-이념과 중요성. 동국대학교 행정논집, 120-127
이경은(2003). 가족자원봉사경험과 가족의 건강성에 관한 연구. 한국사회복지학, Korean Journal of social Welfare, vol. 52(2)
이석심(2004). 가족봉사, 프로그램 개발이 중요하다. 가족 자원봉사 프로그램 자료집. (사)한국가정생활개선진흥회.
이영호(2004). 자녀와 함께 하는 건강한 이웃사랑-용산구 건강가정지원센터 가족봉사단 발대식 자료집. 용산구 건강가정지원센터.
조휘일(1988). 자원봉사의 개념 및 의의. 서울여대 논문집.
조휘일(2002). 현대사회와 자원봉사. 홍익재.
주성수(2005). 자원봉사-이론, 제도, 정책. 아르케.
최풍운(1999). 자원봉사의 개념과 기능. 학생생활연구. 장안대학 학생생활연구소.
최현기(1992). 주부자원봉사자의 활용에 관한 연구. 효성여자대학교 석사학위 논문.
한국사회복지협의회(1987). 자원봉사활동 현황 및 활성화 방안.
홍달아기(2004). 건강한 가족생활과 가족자원봉사. 가족자원봉사 프로그램 자료집. (사)한국가정생활개선진흥회.

〈신문 자료〉
동아일보(2005. 3. 1) 가족자원봉사-가족 전체 참여할 수 있는 작은 일부터
한겨레(2006. 8. 1) 우리 가족 여름휴가는 수해복구 자원봉사다

〈인터넷 자료〉
http://cafe.naver.com/japying/2740

CHAPTER 04

# 가족자원봉사활동 현황

1. 가족자원봉사활동 참여실태
2. 가족자원봉사활동의 현황

가족자원봉사활동이라는 용어가 우리에게 익숙해진 것은 매우 최근의 일이지만 많은 단체와 가족들의 관심을 받고 있다. 이 장에서는 최근에 나타난 가족자원봉사활동의 양상을 살펴보면서 우리 사회가 가족자원봉사활동을 어떤 의미로 바라보고 있는지 살펴보고자 한다. 또한 가족자원봉사활동을 하는 사람은 얼마나 되는지, 어떻게 시작하게 되었는지, 어떤 효과를 거두게 되었는지를 알 수 있는 자료가 많지 않기 때문에 실제 가족자원봉사자들을 설문조사하여 이러한 현황을 알아보고자 한다. 이러한 내용은 가족자원봉사활동을 계획하고 조직하며 프로그램을 운영하는데 귀중한 기초 자료가 될 것이다.

# 04. CHAPTER

# 가족자원봉사활동 현황

## 1. 가족자원봉사활동 참여실태

### 1) 가족자원봉사의 참가 의향

현재 우리나라에는 자원봉사활동 중 가족단위로 참여하는 비율과 그 활동내용에 대한 조사와 관련 연구는 거의 없는 실정이다. 따라서 2005년에 실시된 전국가족실태조사와 경기도 가족정책수요조사를 중심으로 대략의 경향을 파악해 보자. 2005년에 실시된 전국가족실태조사의 가족여가활동 결과에 따르면 가족자원봉사를 실시하는 가족은 거의 없는 것으로 나타났다(여성가족부, 2005). 경기도 가족여성개발원이 경기도민의 가족정책 욕구를 파악하기 위해 실시한 조사에서는 가족자원봉사를 경험한 가족은 조사대상의 21%였고, 가족자원봉사활동을 경험한 사람의 80%와 경험하지 않은 사람들의 63%가 가족자원봉사를 지속적으로 하거나 새로 시작해 보고 싶다고 응답하여 가족봉사활동에 대한 참여 의향이 매우 높았다. 가족자원봉사활동에 참여할 의향이 없는 이유는 '시간부족' 때문이라고 응답한 사람이 33.9%로 가장 많았고 '피곤해서' 가 18.4%, '생업에 지장이 있어서' 가 17.4%였다. '프로그램이 홍미가 없어서' 나 '참여방법을 몰라서' 라고 응답한 사람도 각각 8.5%와 6.7%였다(정기선 외, 2006).

이와 같이 가족자원봉사활동의 참가율은 높은 편이 아니나 향후 참여 의향은 낮지 않아 참여 장애요인을 제거하는 것이 중요할 것으로 보인다.

## 2) 가족자원봉사활동의 경향

비록 가족자원봉사에 대한 전국적인 통계는 조사되지 않고 있지만 최근 가족에 대한 중요성이 부각되고 가족단위 활동에 대한 관심이 높아지면서 가족단위 자원봉사활동의 사례들을 발견하기 쉬워졌다. 가족자원봉사에 대한 주요 사례를 통해서 우리나라의 가족자원봉사활동의 경향을 살펴보면 다음과 같다.

첫 번째 특징으로는 건강가정지원센터를 중심으로 한 가족단위 자원봉사의 증가이다. 앞장에서도 설명되었지만 2005년부터 발효된 건강가정기본법에서는 가족의 자원봉사활동을 장려할 것을 제시하고 있고 이를 통해 건강가정지원센

### 건강가정지원센터를 통한 가족봉사활동

- 실시 센터: 안산시 건강가정지원센터
- 프로그램명: 건강한 가족여가문화 지원 및 지역사회 통합을 위한 'Co-family 가족봉사단' 활동
- 개요: 장애아동 및 가족과 가족봉사단 가족을 연계하여 장애아동의 사회적응력 향상 및 장애가정 양육부담 경감을 위해 장애아동을 가족봉사단 가족이 월 1회 위탁활동을 함.
- 목표: ① 가족봉사단 활동을 통하여 가족의 건강한 문화를 형성하고, 의사소통의 향상, 가족구성원 간의 유대강화 등 가족의 건강성 증진
  ② 장애아동이 위탁활동을 통하여 사회적응능력을 향상시키고, 장애아동 가족의 양육 스트레스 경감과 건강하고 균형 있는 가족기능 강화
  ③ 위탁활동 및 통합활동으로 지역사회의 통합의 장을 마련하고 공동체적 문화 형성
- 프로그램 구조: 안산 지역주민 중 13가족이 2006년 1~12월(매월 넷째 주 토요일 10~17시) 센터와 자원봉사가정 및 외부지역에서 활동 실시

출처: 안산시 건강가정지원센터(2006). Co-Family 가족봉사단. 2006 건강가정한마당: 건강가정지원센터 사업보고대회. 중앙건강가정지원세터.

터에서는 가족단위 자원봉사를 주요한 사업으로 실시하고 있다. 2006년의 경우 '가족단위 자원봉사단 운영'은 '예비부부 및 신혼기 부부교육' '남성의 돌봄노동 참여를 위한 아버지교육' '한부모가족을 위한 통합서비스 프로그램' '이혼 전 · 후 가족상담'과 더불어 센터의 공통사업으로 채택되었다. 이를 지원하기 위하여 중앙센터는 운영 매뉴얼을 개발, 보급하였고 '5월 가정의 달'을 맞아 공동추진 문화사업으로 가족봉사단사업을 추진한 바 있다. 2006년 12월 중에 열린 전국 건강가정지원센터 사업보고대회에서는 안산 건강가정지원센터의 'Co-family 가족봉사단'의 활동이 우수사례로 소개되었다.

### 기업의 가족자원봉사활동

한국씨티은행(은행장 하영구, www.citibank.co.kr) 임직원과 가족들 100여 명은 7월 19일부터 26일까지 전라북도 군산에서 '사랑의 집 짓기' 자원봉사에 참여하고 있다. 지난 9년 동안 꾸준하게 참석해 온 한국씨티은행의 해비타트 활동이 올해 특히 돋보이는 점은 바로 가족단위의 참여가 대거 늘어났다는 점. 그동안 주로 직원 중심으로 활동을 펼쳐왔던데 반해 올해는 참가자 범위를 가족으로까지 확대한다는 취지 아래 참여하는 모든 임직원은 물론 가족들의 참가경비까지 전액 부담하는 등 회사 차원에서의 전폭적인 지원을 아끼지 않아 참여한 모든 임직원들이 가족들과 함께 따뜻하고 의미 있는 자원봉사 휴가를 보내게 되었다.

또한, 한국씨티은행은 가족단위 참가자들을 배려하여 원칙적으로 '사랑의 집 짓기'에 참여할 수 없는 16세 미만 참가자들을 위하여 가족이 함께 할 수 있는 건축활동을 중심으로 프로그램을 마련하였다. 덕분에 그동안 가족단위로 참석하고 싶었지만 아이들 때문에 망설여야만 했던 직원들의 반응이 뜨거웠다.

가족과 함께 참여한 한 직원은 "해비타트 봉사에만 3년째 참여하면서 이처럼 뜻깊은 체험을 가족들과 공유했으면 하는 생각이 많이 들었다. 이번에 회사의 배려를 통해 온 가족이 함께 참여하게 되니 우리 아이가 자연스럽게 자원봉사의 참 의미를 체득할 수 있게 되고 가족 간에 두고두고 기억할 수 있는 소중한 경험을 쌓을 수 있어 큰 보람을 느낀다."고 말했다.

출처: http://www.fki.or.kr/curiss/csr/contri/data2/View.aspx?content_id=640a82f6-83a9-42f2-b28e-d36b14143e47&cPage=9&search_type=0&search_keyword=(2006.7.28)

둘째, 기업들이 기존의 사내 직원들을 중심으로 행하던 자원봉사활동을 사원들의 가족까지 확대하여 새로운 지평을 열고 있다는 점이다.

셋째, 종교단체를 통한 가족자원봉사활동이다. 기독교윤리실천운동본부에서는 건강한 가족만들기 운동의 하나로 온 가족봉사활동을 위한 자원봉사대회를 개최하였다. 가족자원봉사를 통해 이웃사랑과 가족의 화합이라는 종교적 목적을 달성하고 있다.

**가족지원 프로그램으로서의 가족봉사활동**

기독교윤리실천운동본부(공동대표 강영안 · 김동호 · 김일수 이하 기윤실) 산하 건강가정운동본부(위원장 이의용)는 다니엘 복지재단(이사장 임영수)과 공동으로 지난 28일 서울 내곡동 다니엘 학교에서 '제1회 온가족자원봉사대회' 를 개최했다.

이날 행사에는 가속 및 교회단위로 사전에 신청 및 당일 접수한 60여 가족이 참여했다. 이들은 조홍식 교수(서울대 사회복지학과)의 '왜 온가족자원봉사인가?' 라는 주제의 강의를 듣고 봉사 현장에 투입됐다. 다니엘 학교와 다니엘 복지원 인근에서 이루어졌는데 〈버섯채취〉 〈화단꾸미기 및 목공작업〉 〈지역마을 청소〉 〈장애우들과 산책〉 〈장애우 생활실 체험〉 등의 다양한 프로그램을 진행했다.

모든 프로그램은 다니엘 학교 학생들과 함께 진행됐다. 참여 가족과 학생들의 자연스러운 만남을 통해 학생들에게서 배우고, 학생들을 위한 공간을 함께 만들고, 지역사회에 받은 도움을 환원하는 시간으로 마련됐다.

봉사 이후에는 모여서 소감을 나누고 다니엘 복지원 소속 공연팀인 다니엘 BOYS가 출연하는 '더 큰 가족 만들기 콘서트' 로 마무리되었다.

이번 행사의 실무를 맡은 기윤실 신산철 총무는 '가족단위로 자원봉사를 하면서 단순히 가족나들이 차원이 아니라 가족 간의 관계도 돈독히 하며 장애학생을 도우며 그들을 이해할 수 있는 좋은 기회가 되었을 것' 이라며 행사 소감을 밝혔다.

출처: http://cemk.org/_zb/zboard.php?id=c_data&page=1&sn1=&divpage=1&sn=off&ss=on&sc=on&select_arrange=headnum&desc=asc&no=30(2005. 6. 11, 크리스천뉴스위크)

넷째, 공공부문에서 가족자원봉사활동을 활용하려고 한다는 점이다. 다음의 사례는 한강시민공원사업소가 한강이 가족을 중심으로 한 휴식장소임과 동시에 공공시설인바 그것을 정비하여 환경과 시설을 보호하는 공익을 충족시키고 가족에게는 자연으로의 나들이를 겸비하며 자녀들에게 교육적인 효과를 증폭시킬 수 있는 형태라고 할 수 있겠다.

**공공부문의 가족자원봉사 사례**

서울시 한강시민공원사업소에서는 기존의 자원봉사활동 프로그램을 발전시켜 금년 9월부터 가족단위로 한강시민공원에서 봉사활동을 하며 가족 간 유대감을 높이고, 보람을 느낄 수 있는 기회를 제공키로 하였다.

이러한 가족봉사는 토요휴무제도가 확산되어짐에 따라 함께 할 시간이 늘어나고 있는 사회적인 여건을 감안하여 부모와 자녀가 함께 한강시민공원을 건전한 교육장으로 활용하여 봉사활동을 통해 가족 공동 추억거리를 만들고 세대 간 격차를 좁히자는 배경에서 마련되었다.

가족봉사활동의 분야별 내용으로는 〈시민공원시설 관련 점검 · 모니터링〉 〈시민공원 안내하기〉 〈자연생태보호〉 〈노약자 · 장애친구 나들이 지원〉 〈화초 · 초지 가꾸기〉 등을 가족단위로 할 수 있다.

출처 : http://www.volunteer21.org/sub06/sub02.asp?method=3&db=b_news&num=584&pageno= 22&startpage=21&cn=414&level=0(2005. 8. 29)

다섯째, 기관 간 연계를 통한 자원봉사활동이 실시되고 있다. 다음의 사례는 YWCA와 SK, 즉 민간단체와 기업이 연계하여 가족자원봉사 캠프를 열어 서로 활동을 연계하고 기업 차원에서는 사원의 복지와 사회공헌을 민간단체에서는 잠재적인 자원봉사자를 확보하고, 참여 가족 측면에서는 가족의 유대를 도모하는 형태로 이루어지고 있음을 알 수 있다

## 자원봉사 주체의 연계를 통한 가족자원봉사

YWCA복지사업단은 지난해 전국 6개 지역(광주, 대전, 대구, 부산, 서울, 원주 Y)에서 5월과 11월 2차에 걸친 가족자원봉사활동을 2개 지역(광주, 서울Y)에서 8월 2박 3일 동안 2차에 걸친 가족자원봉사 캠프를 총 4차에 걸쳐 진행하였고, 이를 정리하는 활동보고회를 12월 13일에 진행하였다.

이 사업은 YWCA의 기업임직원 가족의 가족공동체 회복을 통한 생명사랑공동체 운동의 확산이라는 목적과 SK텔레콤 임직원들의 자원봉사활동을 가족단위의 봉사활동으로 확대하고자 하는 목적이 결합하여 진행되었으며 보고회를 통해 만족스러운 평가가 잇따랐다.

SKT 임직원 총 143가족 472명이 참가한 봉사에 90% 이상의 수거율을 보인 만족도조사에서 직원과 직원 자녀가 90% 이상의 프로그램 만족도를 나타냈으며 가족결속력 강화, 자원봉사의식 증진, 애사심 향상에서도 5점 만점에 4점 이상의 결과가 나왔다. 또한 93% 이상이 자기에 있는 가속자원봉사활동에 계속 참여하겠다고 답했다. 방문한 시설에서도 만족스러운 의견을 표현했다.

자원봉사활동에 참가한 이용호 SK텔레콤 과장은 "가족자원봉사활동을 하면서 가족의 소중함을 느낄 수 있었으며, 아이들이 사랑과 존경의 마음을 가질 수 있도록 지속적으로 참가하겠다."라고 전하였다.

덧붙여 "아이들이 봉사활동 후 자기 중심이 아닌 다른 사람 위주로 생각하고 웃어른을 먼저 생각하는 성숙된 모습을 보고 너무 대견스러웠다. 가족자원봉사활동을 통해 가족들이 서로에 대해 이해하며 특히 아이들에게 더불어 살아가는 민주시민의 자세를 배울 수 있는 계기가 된 것 같다."며 가족자원봉사활동에 대한 소감을 밝혔다.

이번 사업의 또 하나의 의미는 기업과 NGO가 각각의 전문성과 고유성을 유지하면서 파트너로서 함께 한 사업이라는 것이다. 정무성 교수는 "기업의 자선적 책임의 내용이 단순한 현금이나 현물기부에서 자사의 근로자들을 자원봉사자로 활용하여 직접 서비스를 제공하는 형태로 바뀌고 있으며 이러한 노하우가 있는 NGO와의 전략적 제휴가 중요하다."는 것을 강조했다. 김도영 SKT 사회공헌팀장도 "YWCA와 같은 NGO의 전문성과 기업의 자원을 활용함으로써 기업, NGO, 구성원, 수혜자 모두가 윈-윈 할 수 있는 좋은 모델이 되었다."고 말했다.

기업의 사회공헌활동이 중요해지고 활발해지는 시점에서 YWCA와 기업과의 공동협력사업에 대한 관심이 증대되었다는 것은 고무적인 일이다. 또한 기업 입장에서도 자원봉사와 NGO의 활동에 대해 새롭게 인식하고 더불어 NGO와 지속적인 협력으로 지역사회의 복지문제들을 해결할 수 있는 계기를 마련했다는데 의미가 있다.

출처: YWCA Webzine, 2006. 1 · 2월호. www.ywca.or.kr/home/info/webzine/0601/sub34.asp

마지막으로 기존에 운영되어 오고 있던 종합자원봉사센터를 통한 가족자원봉사활동의 강화이다. 다음은 서울 시내에 있는 자원봉사센터들의 가족자원봉사 프로그램을 소개한 것으로 직접적인 사회봉사 서비스나 자연보호와 같은 공공부문의 봉사활동, 농촌체험과 같은 문화교육적인 자원봉사 등 다양한 프로그램이 진행되고 있다.

## 2. 가족자원봉사활동의 현황

가족자원경영학회(2006, 미발표)에서는 건강가정지원센터를 중심으로 가족자원봉사 참석자들에게 참여실태에 관한 설문조사를 실시하였다. 그 분석자료를 통해서 가족자원봉사활동의 현황을 파악해 보자.

해당 조사의 대상은 전국 건강가정지원센터에서 가족자원봉사단을 발족하여 3개월 이상 가족자원봉사 프로그램을 진행하고 있는 다섯 센터(서울 3개, 충남 1개, 경남 1개)의 가족봉사단에서 활동하는 봉사자로 하였다. 예비조사를 거쳐 2006년 7월 5일에서 8월 31일 사이에 서울, 충청, 경남지역에서 본조사가 실시되었다. 총 160부의 설문지를 배부하여 130부를 회수하였으며, 이중 기재가 불충분한 13부를 제외한 총 117부를 최종 분석자료로 사용하였다.

설문에 응답한 조사대상자의 주요 특징을 간략하게 살펴보면 응답자의 직업은 주부가 48.1%로 가장 많았고, 그다음은 학생이 두 번째로 많은 25%를 차지해서 주부와 학생 중심인 우리나라 자원봉사자의 특성을 반영하고 있었다. 월평균 총 소득은 300~399만 원이 33.8%로 가장 많았으며, 200~299만 원이 25.6%, 400~499만 원이 19.7%, 500만 원 이상은 11.6%로 나타났고, 200만 원 미만은 9.4%였다. 응답자의 결혼 상태를 살펴보면 76.5%는 기혼이었고, 미혼은 20.4%, 이혼의 경우는 3.1%였다.

**표 4-1 설문 응답자의 일반적 특징**

| 구분 | 문항 | 빈도(%) |
|---|---|---|
| 직업 | 농업, 어업, 임업 | 1(1.0) |
| | 자영업 | 6(4.8) |
| | 판매/서비스직 | 3(2.9) |
| | 기능/숙련공 | 3(2.9) |
| | 일반작업직 | 0(0) |
| | 사무/기술직 | 9(7.7) |
| | 경영/관리직 | 1(1.0) |
| | 전문/자유직 | 2(1.9) |
| | 전업주부 | 50(48.1) |
| | 학생 | 26(25.0) |
| | 미취업 | 1(1.0) |
| | 기타 | 4(3.8) |
| | 합계 | 106(100.0) |
| 월평균 소득 | 99만 원 이하 | 3(3.5) |
| | 100~199만 원 | 5(5.9) |
| | 200~299만 원 | 22(25.6) |
| | 300~399만 원 | 29(33.8) |
| | 400~499만 원 | 17(29.7) |
| | 500만 원 이상 | 10(11.6) |
| | 합계 | 86(100.0) |
| 결혼 여부 | 미혼 | 24(20.4) |
| | 기혼 | 89(76.5) |
| | 이혼 | 4(3.1) |
| | 합계 | 117(100.0) |

### 1) 가족자원봉사 시작 계기

가족자원봉사에 처음 참여하게 된 계기를 살펴본 결과는 [그림 4-1]과 같다. "귀하가 지난 1년 동안 참여한 가족자원봉사활동에 처음 발을 들이게 된 것은 어떤 경우이십니까?"라고 물었을 때 '참석했던 가족이나 친구의 권유'가 31.6%로 가장 많았고, '다른 사람의 권유'가 22.2%로 지인이나 주변의 권유로 시작하는 경우가 많은 것으로 나타났다. 건강가정지원센터를 통해서 하게 된 경우와 본인이 속한 단체나 조직, 학교 및 직장을 통해서 하게 된 경우가 각각 22.2%와 19.7%로 참석하게 된 단체를 중심으로 시작하게 된 경우도 많았다. 그밖에 스스로 하게 된 경우도 18.8%로 비교적 많은 비율을 차지하였다. 주위에서 권유한 사람들은 친구의 권유가 가장 많았고, 가족이나 친척, 종교단체에 참여하는 사람 등 주로 지인의 권유가 많았다. 참가하고 있는 단체의 종류를 물어보았을 때 종교단체와 학교가 가장 많았다.

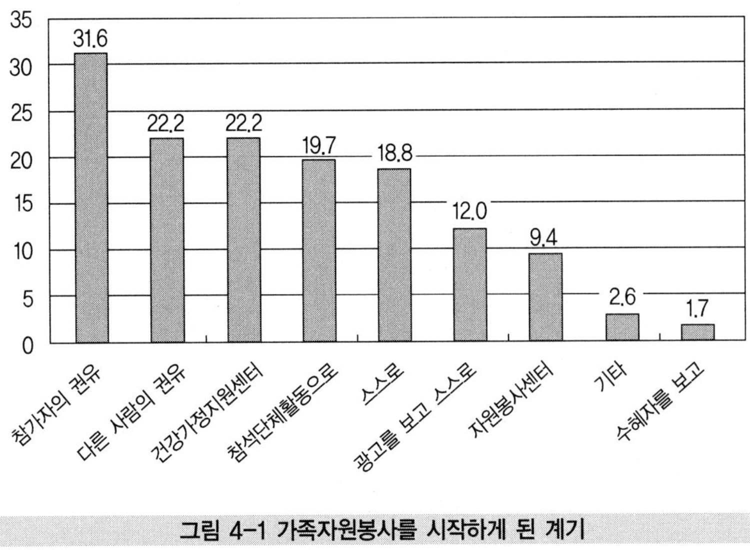


그림 4-1 가족자원봉사를 시작하게 된 계기

주: 복수응답

## 2) 가족자원봉사의 실행

### (1) 자원봉사교육

성공적인 자원봉사를 위해서는 사전에 자원봉사자들을 위한 교육이 매우 필수적이라고 하겠다. 자원봉사를 위한 교육을 받은 적이 있는지를 물었을 때 응답자의 69%가 그렇다고 응답하였다. 이러한 자원봉사교육이 활동이나 동기부여에 도움이 되었는지를 물었을 때 도움이 된다고 응답한 사람이 88.3%로 대다수가 도움이 된다고 하였고, 그저 그렇다가 나머지 11.7%로 자원봉사교육이 동기유발을 위해 효과가 있는 것으로 보인다.

### (2) 가족자원봉사 참여시간

가족자원봉사활동 주간 평균 참여시간은 7시간으로 가장 적은 참여시간은 30분이고 가장 많은 참여시간은 40시간 20분으로 나타나 참석자들의 편차가 매우 컸다. 특히 1시간 미만의 경우가 전체의 16%를 차지해 일회성 또는 행사성 참여가 큰 것을 유추해 볼 수 있으며 일주일에 4시간 참여를 한다고 응답한 응답자가 34.2%로 가장 많았다.

6시간에서 10시간을 투자하는 사람은 17.9%였고, 11시간에서 20시간을 가족자원봉사하는 사람은 7.7%, 21시간을 하는 사람도 7.7%로 나타났다. 이것은 개인의 자원봉사가 아니고 적어도 가족원 2인 이상이 하는 봉사라고 생각해 보았을 때 가족자원봉사를 위한 가족의 시간 투입이 적지 않음을 알 수 있다.

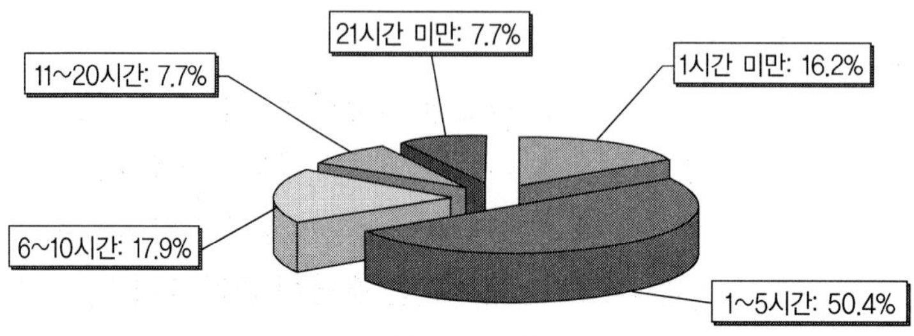


그림 4-2 가족자원봉사의 참여시간

### (3) 가족자원봉사 참여기관

가족자원봉사를 주로 하는 기관을 살펴보면 사회복지기관이 가장 많았고, 종교단체가 그 뒤를 이었다. 교육기관과 관공서도 높은 비율을 보였다. 개인적인 관심에서 비롯된 예술이나 문화, 정치단체와 같은 곳의 가족자원봉사활동은 상대적으로 저조한 실정이다.

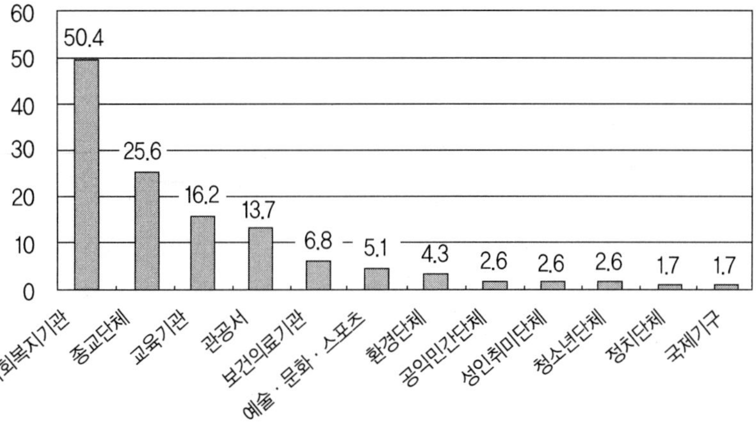


그림 4-3 가족자원봉사로 참여하는 단체

## 3) 가족자원봉사의 결과

### (1) 가족자원봉사활동의 만족도

가족자원봉사활동을 얼마나 만족하느냐는 질문에 매우 만족한다가 33.3%, 조금 만족한다가 47.2%로 80% 이상의 대다수가 가족자원봉사활동에 만족하고 있는 것으로 나타났다. 그저 그렇다고 응답한 사람의 비율은 16.7%였고 불만족한다는 2.8%로 매우 낮았다. 그저 그렇다와 불만족한다고 응답한 사람(14명)을 대상으로 그 이유를 물었을 때 자원봉사기관이나 다른 참가자들과의 적응문제, 자원봉사활동이 기대한 것과 다르기 때문이라는 응답에 대해 각각 네 명이 답하였고, 원해서 시작한 것이 아니다와 내가 원하던 일이 아니다에 각각 세 명이 응답하였다. 활동에 대한 구체적인 설명이 없어서라는 문항에는 두 명이 응답하였다. 비록 응답 수가 적어서 응답을 중심으로 유형을 분석하는데는 한계가 있지만 가족자원봉사의 경험에 대한 만족이 지속적인 활동과 정적인 상관관계가 있다는 점을 감안하여 본다면 가족봉사활동의 의의와 이후의 적응에 대한 좀더 세심한 배려가 필요하다고 할 것이다.

### (2) 가족자원봉사의 의의

자원봉사의 효과 및 의의에 대한 아홉 개의 진술을 제시하고 이에 얼마나 동의하는지를 물어보았다. 응답자 대부분 긍정의 응답을 하였다. 다음의 그림은 '대체로 그렇다' 와 '매우 그렇다' 에 응답한 비율을 나타낸다. 자원봉사를 통해 내가 필요한 사람이라는 인식을 갖게 되었다는 진술에 약 95%가 그렇다고 응답해 자아존중감에 매우 큰 영향을 미치고 있음을 알 수 있었다. 또한 여가시간과 다양한 경험 등에 영향을 미쳤다라는 진술에도 90% 이상이 그렇다라고 응답하였다. 시민으로서의 의무와 역할과 사회적 문제해결 등 개인적인 효용보다 사회적 효용을 언급한 비율은 87~91% 정도였다. '자원봉사활동은 나의 개인적인 문제를 해결하는데 도움을 주었다.' 라는 진술에는 60%가 그렇다고 응답하였다. 또한 종교적인 신념을 실천하게 하였다에도 약 64%가 그렇다고 응답하여 상대적으로 긍정의 비율이 낮았다.

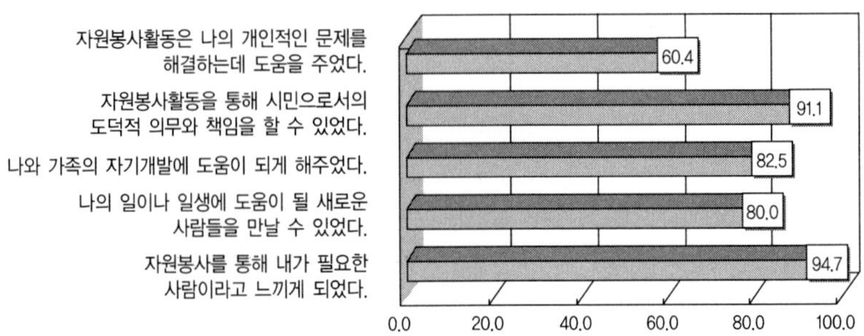


그림 4-4 가족자원봉사의 긍정적 효과-①

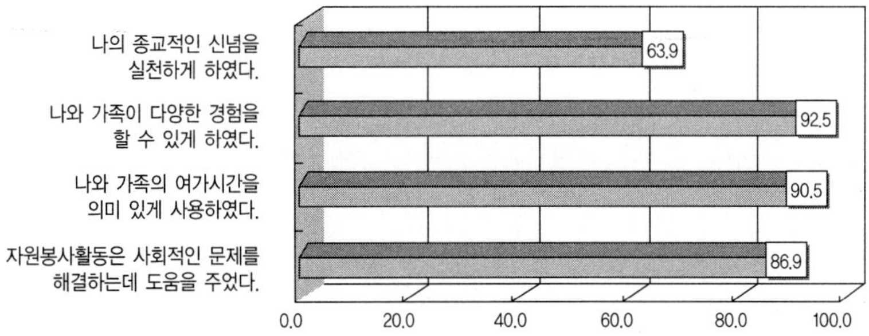


그림 4-5 가족자원봉사의 긍정적 효과-②

## 요 약

우리나라의 가족자원봉사활동은 건강가정지원센터라는 가족단위 지원 서비스 체계가 마련됨에 따라 건강가정지원센터를 통해서 가족과 보내는 새로운 여가문화로 기업의 사회공헌에 의한 공공활동에 대한 지원으로 종합자원봉사센터의 확장된 영역으로 점차 확대되어 가고 있는 실정이다.

건강가정지원센터를 중심으로 한 가족자원봉사활동 참가자들의 현황을 살펴보면 주부와 학생을 중심으로 이루어지고 있었으며, 평균 7시간 정도의 활동을 하고 있는 것으로 나타났다.

가족자원봉사활동을 경험한 봉사자들의 만족도는 매우 큰 편이었고 자아존중감, 다양한 경험, 의미 있는 여가시간 활용 등 그 효과의 의의에 대해 긍정적으로 평가하고 있었다.

## 생각해 보기 ▸▸▸▸▸▸▸

1. 가족자원봉사활동에 참가하고 있는 사람들의 직업을 살펴보고 앞으로 가족자원봉사활동의 대상에 대한 준비를 어떻게 해야 할 것인지 알아보자.

2. 가족자원봉사활동에 불만족하고 있는 사유를 통해서 가족자원봉사활동을 준비할 때 유의할 점을 알아보자.

3. 가족자원봉사활동의 효과에 대해 다양한 사례들을 조사하고 발표해 보도록 하자.

# 참 / 고 / 문 / 헌


브레이크(2005. 8. 29) 주말에 가족끼리 자원봉사 어때요?

안산시 건강가정지원센터(2006), Co-Family 가족봉사단.

이영호(2004). 이웃과 함께 하는 건강한 가정생활, 행복한 세상 만들기. 2005 건강가정지원센터 활용 프로그램 자료집. (사)한국가정생활개선진흥회.

전국경제인연합 사회공헌 뉴스(2006. 7. 28) 한국씨티은행, 사랑의 집짓기로 뜻깊은 여름 휴가

정기선 외 7명(2006). 경기도 가족정책기본계획 연구. 경기도 가족여성개발원.

크리스천뉴스위크( 2005. 6. 11) 가족봉사 통해 지역사회 도움 주고자

한국 WYCA WEBZINE(2006. 1 · 2월호) 편견의 벽을 깨고, 하나되어 즐거운 축제. 통권 428호

한국여성개발원(2005). 전국가족실태조사. 여성가족부.

http://cemk.org/_zb/zboard.php?id=c_data&page=1&sn1=&divpage=1&sn=off&ss=on&sc=on&select_arrange=headnum&desc=asc&no=30

http://www.fki.or.kr/curiss/csr/contri/data2/View.aspx?content_id=640a82f6-83a9-42f2-b28e-d36b14143e47&cPage=9&search_type=0&search_keyword=

http://www.volunteer21.org/sub06/sub02.asp?method=3&db=b_news&num=584&pageno=22&startpage=21&cn=414&level=0

http://www.ywca.or.kr/home/info/webzine/0601/ sub34.asp

CHAPTER 05

# 외국의 가족자원봉사

미국, 유럽의 여러 국가, 일본 등 많은 국가들은 우리나라보다 자원봉사의 역사와 조직구성, 참여자 수 등에서 뛰어난 것으로 알려져 있다. 그렇다면 가족자원봉사 부분은 어떨까? 여러 국가에 가족원이 함께 참여하는 가족자원봉사자들이 있지만 가족단위 봉사자들을 조직하고 관련 프로그램을 적극적으로 지원하는 국가는 아직까지 많지 않은 실정이다. 이 장에서는 미국과 캐나다를 중심으로 외국의 가족자원봉사 사례를 살펴보고자 한다. 미국은 가족자원봉사를 하나의 영역으로 발전시켜 가장 적극적인 활동을 보이고 있는 나라이다. 특히 가족봉사활동을 위해 고안된 '패밀리 매터스(Family Matters)' 라는 전문 프로그램이 있으며, 참가 가족, 수요처, 자원봉사기관 등의 연계 시스템이 잘 마련되어 있고, 이를 통해서 가족의 기능을 강화하면서 지역사회문제를 해결하는 두 마리 토끼를 잡으려 하고 있다. 캐나다는 국가적으로 자원봉사의 필요성을 인식하고 이를 장려하기 위해 중요한 자원봉사활동기관을 연계하고 지원하는 시스템을 갖추고 있으며, 가족자원봉사활동을 위해서는 몇 기관이 주도적으로 관련 프로그램을 조직하고 선도해 나가고 있다. 이와 같은 각국의 특징을 먼저 파악하고 두 국가의 전반적인 자원봉사의 배경, 가족자원봉사 현황과 특성, 가족봉사 참여 분야, 주요 프로그램이나 조직, 참석자들이 밝히는 가족자원봉사의 효과를 통해 각국의 특성을 좀더 자세히 알아보자.

05 . CHAPTER

# 외국의 가족자원봉사

## 1. 미국의 가족자원봉사

### 1) 전반적인 특징

미국의 자원봉사는 역사가 깊고 전국적인 조직을 갖추고 있으며 참여자의 수가 많은 것이 그 특징이다. 미국의 자원봉사는 청교도 문화의 영향으로 인해 강한 자조적인 정신의 전통을 가지고 발전해 오다가 1970년대 말부터 지금의 모습과 같은 자원봉사의 조직과 활동이 만들어졌다. 즉 1979년 전국 자원봉사활동정보센터와 전국 시민참여센터가 통합되어 볼런티어(VOLUNTEER)가 개편 설립되었고, 이것이 현대적인 의미를 갖는 자원봉사센터라고 할 수 있다. 볼런티어(VOLUNTEER)의 출범은 미국이 공공서비스 전달에 있어서 시민의 참여에 대한 책임성을 강조하기 시작했다는 것을 의미한다. 즉, 사회복지 분야에 대한 연방정부의 부담을 줄이면서 지방정부의 책임을 강화해 오던 차에 공공서비스 전달에 있어 민간부문의 책임성을 강조했던 것이다. 이후 정부의 관심과 참여로 조직적이고 다양한 분야에서 자원봉사활동이 활성화되어 발전해 왔다(최덕경 외, 2005).

### 2) 가족자원봉사활동의 시작

가족자원봉사활동에 있어서 미국 촛불재단의 설립은 매우 중요한 의미를 갖는다. 촛불재단(POLF: Point of Light Foundation)은 1990년에 부시 대통령의 선거 전략에 따라 설립되었다. 촛불재단은 대통령이 회장을 직접 임명하고 국회에서 독립적인 예산편성을 받는 정부출연기관으로 만들어져 국가의 전폭적인 지지를 받았고, 이후 앞서 설명한 미국 전역의 자원봉사센터 연합체인 볼런티어(VOLUNTEER)와 통합되어 민간 차원의 전국적인 조직으로 확대되었다. 이 촛불재단의 역할은 각 지역의 자원봉사를 위해 지역자원봉사센터 외에 더 필요한 기관을 설립하도록 지원하고 육성하며 각종 자원봉사활동 프로그램 개발과 자원봉사활동자들의 상담과 훈련, 자원봉사자대회 개최, 자원봉사자 주간 선정과 포상 및 해외 자원봉사사업을 지원하는 것이다(최덕경 외, 2005).

이 재단에서 주관하는 다양한 프로그램 중에서 봉사활동을 통해 가족들이 지역사회에 기여할 수 있도록 하고, 가족구성원은 통합과 친밀감 형성의 기회를 경험하며, 자녀들에게 긍정적인 삶의 모델을 만들어 줄 수 있는 등 건강한 가족을 강화하고자 하는 '패밀리 매터스(Family Matters)' 프로그램이다. 가족단위 자원봉사는 자원봉사활동이 활발한 미국에서도 새로운 자원봉사의 흐름이라고 할 수 있는데, 이러한 가족자원봉사 프로그램이 생기게 된 이유는 미국 내 사회 분위기와 관련이 있다. 1990년대에 들어서면서 미국에서는 이혼율이 증가하고 평균 결혼연령이 증가하는 등 가족이 쇠퇴하고 있다는 '가족위기론'이 대두되었고 이러한 가족의 붕괴와 사회의 문제들이 매우 밀접한 관계에 있다는 주장이 팽배하게 되었다. 그러한 분위기 속에서 가족자원봉사는 가족의 위기와 쇠퇴, 나아가서는 사회문제를 해결하는 효과적인 해결책으로 인식되고 제시되었다(이성록, 2005).

### 3) 가족자원봉사의 참여 현황

#### (1) 가족자원봉사 참가 비율

미국에서 가족자원봉사에 참여하는 가족의 수는 점점 증가하고 있는 추세이다. '독립섹터(Independent Sector)'가 1999년에 조사한 '미국의 기부와 자원봉사(Giving and Volunteering In the United States)' 설문조사에 의하면 '당신은 자원봉사활동을 할 때 다른 가족원들과 함께 한 적이 있습니까?'라는 질문에 약 28%가 그렇다고 대답했다([그림 5-1] 참조). 특히, 자원봉사자 경험자만을 대상으로 질문하였을 때 가족과 함께 자원봉사를 하는 비율은 51%까지 증가하며 이 수치는 1991년 43%에 비해 약 7%가 증가한 것이다.

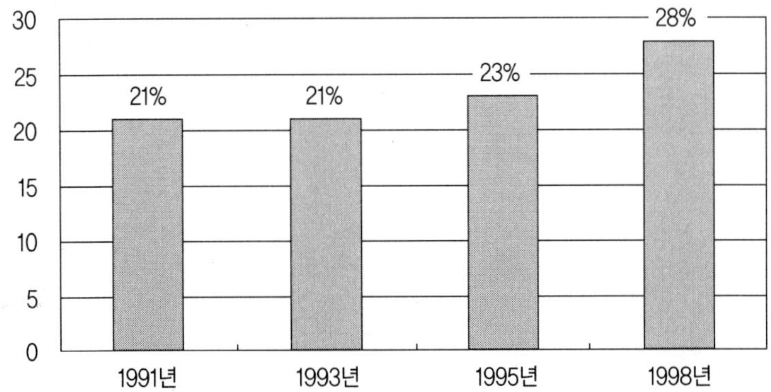


**그림 5-1 가족들과 자원봉사하는 미국인들의 비율**

원자료: Independent Sector, Giving and Volunteering in the US, 1999.
출처 : www.independentsector.org/PDFs/FamilyVols.pdf

### (2) 가족자원봉사 참가자의 유형

가족자원봉사 참가율은 가족 내 자녀 유무에 따라 차이가 있는 것으로 나타났다. 촛불재단이 미국 노동부에서 조사하는 노동통계의 일종인 '인구통계조사(Current Population Survey)' 자료에 있는 자원봉사 부분의 분석 결과에 따르면 부모가 모두 있는 양부모가족인지 한부모가족인지와는 상관없이 자녀들이 있는 가정은 그렇지 않은 가족에 비해서 가족단위 자원봉사에 참여하는 비율이 모두 높은 것으로 드러났다. 인종을 고려했을 때도 동일한 경향이 나타났는데, 흑인가족과 히스패닉가족에서도 자녀들의 존재는 가족자원봉사의 참여 여부를 가리는 중요한 요인이었다(POL, 2006a). 즉, 부모의 수에 따른 가족구조나 인종과는 상관없이 '자녀가 있는 가족' 의 가족자원봉사 참가가 가장 두드러졌다.

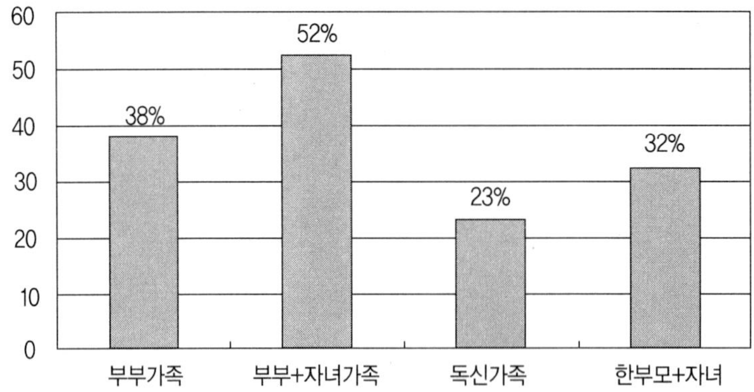


**그림 5-2 가족 형태에 따른 자원봉사 비율**

출처: www.pointsoflight.org/downloads/pdf/resources/research/Frontline_6Family_Volunteering.pdf

### (3) 가족자원봉사활동의 주요 영역

앞에서 제시한 독립섹터의 조사결과에 따르면 가족자원봉사활동은 다양한 분야에서 실시되고 있다. 50.2%의 응답자들이 '종교활동' 으로 가족들과 자원봉사를 하고 있는 것으로 나타났다. 또한 비슷한 비율(50.4%)의 응답자들은 집단이나 단체에서 자원봉사를 하는 것이 아니라 친구를 돕는거나 이웃을 도와주는 '비형식적인 방법' 으로 자원봉사를 하는 것으로 나타났다. 그다음으로 40.9%가 '청소년 관련 단체(Youth Development Organizations)' 인 보이스카우트, 걸스카우트 등을 통해서 가족자원봉사에 참여하고 있었다. 그외에 교육 관련 단체가 34.8%, 휴먼 서비스 분야가 30.4%, 건강 분야가 22.4%의 비율을 보였다(독립섹터, 1999).

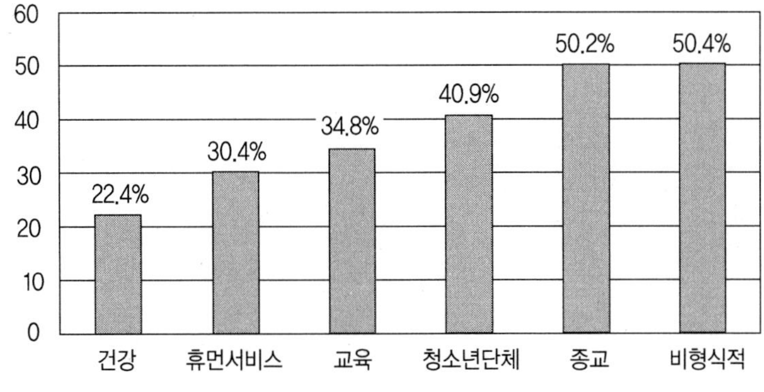


**그림 5-3 가족자원봉사활동 분야**

주 : 복수응답임. 활동 시점을 지정하지 않았음
원자료: Independent Sector, Giving and Volunteering in the US, 1999.
출처 : www.independentsector.org/PDFs/FamilyVols.pdf

## 가족자원봉사와 관련된 주요 통계결과

### ◉ 제이씨 페니 조사(1987)

- 자원봉사에 참여하지 않는 사람들의 55%는 가족들의 참여가 자원봉사를 시작하는데 중요한 요인이 될 수 있을 것이라고 말했다.

### ◉ 갤럽 조사(1994)

- 미국 가구의 36%는 가족자원봉사는 가정생활의 일부라고 말했다. 이러한 응답은 가구주의 나이에 상관없이 거의 일정한 비율로 나타났다. 18~34세의 경우 30%, 35~49세의 경우 39%, 50세 이상의 경우 31%가 이렇게 응답하였다.
- 자원봉사에 참여하는 가장 보편적인 가족은 핵가족으로 약 60%였다. 그다음으로는 자녀가 없는 가구가 25%로 높았고, 자녀가 있는 한부모가족의 경우는 9%였다. 자녀가 있고 부모는 아니지만 어른들과 같이 사는 가족의 경우는 5%였다.
- 가족자원봉사의 참석자 중 66%가 배우자나 파트너가 아닌 다른 가족들과 참석한다고 보고한 가운데 가장 보편적인 관계는 남편과 부인인 경우였다(60%). 다른 성인 가족들과 참석한 사람들은 18~24세의 젊은이들(약 75%)

에게서 많았다.

- 가족자원봉사를 일단 시작하면 봉사활동이 그 가족의 전통이 되는 경향이 있었다. 다른 가족원들과 자원봉사를 하고 있는 응답자 가운데 80% 이상이 3년 이상 해오고 있었다. 응답자의 절반수준인 46%가 일주일에 한 번 이상(일주일에 여러 번과 한 번을 합하여) 가족자원봉사를 한다고 응답하였다. 이것은 모든 연령 집단에서 비슷한 분포를 보였다.
- 가족자원봉사를 주관하는 기관들의 97.6%가 가족자원봉사가 매우 효과적이라고 응답하였다. 96.3%는 서비스를 제공하는 매우 독특한 방식이라고 응답했고, 98.3%는 단순한 자원봉사 이상의 이익을 가족들에게 제공한다고 응답하였다.

◉ Heart of America United Way Volunteer Center Survey(1995)

- 사회봉사단체를 대상으로 한 설문에서 76%는 가족자원봉사는 어른과 아이들 모두가 동일한 가치와 목표를 공유하는 기회라고 응답했고, 74%는 '가족'을 강하게 만들어 주며, 74%는 어린이 자원봉사자들이 어른 자원봉사자가 되는 것이라고 응답했고, 71%는 가족자원봉사는 공동체 의식을 심어 주고, 70%는 가족원들이 문화적, 경제적으로 다양한 사람과 상호작용할 수 있는 기회이며, 지역 비영리단체들의 75%는 현재의 자원봉사자들이 가족원들과 함께 자원봉사하는 것에 관심을 갖게 될 것이라고 전망했다.

◉ AAL Survey(1998)

- 미국 성인의 과반수(51.4%) 정도가 일 년에 몇 차례 이상 가족들과 자원봉사를 한다. 미국인들의 거의 1/5 정도(19.5%)는 일주일에 한 번 이상 가족들과 자원봉사를 한다.

출처: POL(2006c).
http://www.pointsoflight.org/networks/youthfamily/primers/primer_fam_statistics.cfm

### 4) 주요 프로그램: 패밀리 매터스(Family Matters)

미국에서 가족자원봉사활동은 패밀리 매터스(Family Matters)란 전국적 규모의 프로그램을 통해 다양하게 이루어지고 있다. 따라서 이 프로그램에 대해서 좀더 자세히 알아보자.

### (1) 개요

패밀리 매터스(Family Matters)는 가족자원봉사를 통하여 가족을 강하게 하고 지역사회의 심각한 문제들을 풀어보기 위해 고안된 전국적인 프로그램이다. 패밀리 매터스는 가족 형태와 상관없이 모든 가족들이 참여할 수 있는 자원봉사를 장려한다. 이 프로그램은 가족단위 자원봉사를 하는 가족이 늘어날 수 있도록 비영리단체나 교육기관, 종교단체나 기업이 지역사회의 요구를 반영하여 함께 일할 수 있도록 하는 방안들을 개발하고 지원하는데 초점을 맞추어 왔다. 이를 통해 궁극적 목적은 가족자원봉사활동을 하는 가족과 자원봉사하기를 원하는 가족들을 위한 기회, 그리고 가족자원봉사의 가치를 공유하는 전국의 지역사회를 늘리고 지원함을 통해서 가족자원봉사가 하나의 규범으로 자리 잡도록 하는 것이다. 이를 위해 연중행사로 '전국 가족자원봉사의 날' 행사를 열어 대중들에게 홍보하는 행사를 하고 있다.

### (2) 발생 역사와 주요 원리

1991년에 촛불재단은 캘로그재단과 함께 비영리단체들이 '가족' 단위의 자원봉사자들을 얼마나 인식하고 활용해 왔는가에 대한 합동연구를 실시하였다. 그 결과 가족들은 다양한 방법으로 자원봉사에 참여하고 있었지만 충분히 활용되지 못하고 있다는 것이 밝혀졌다. 이 연구결과를 바탕으로 촛불재단과 캘로그재단은 지역사회에서의 가족단위 자원봉사를 늘리고 강화하기 위한 모형을 개발하기 위한 파트너십 관계를 맺고 공동작업을 실시하였다. 그 결과 세 개의 핵심 프로그램으로 구성된 패밀리 매터스 프로그램의 모형이 고안되었다.

패밀리 매터스는 세 가지 중요한 요소에 기초하여 구성된다. 촛불재단과 캘로그재단은 20개 지역의 자원봉사센터에 이 프로그램을 운영할 수 있도록 재정을 지원하였는데 패밀리 매터스에 참여하는 이 20개 지역사회들 간에 네트워크(a network of Family Matters Replication Communities)가 바로 첫 번째 요소이다. 각 지역은 이웃과 주요 기초단체(grassroots organizations)들을 위해 봉사할 가족들을 모집하고 혁신적으로 참여할 수 있도록 하기 위해 이미 설립된 사회 서비스 기관들과 함께 일하게 된다. 이때 패밀리 매터스 프로그램을 통해 개발된 기술과 자원들을 활용한다.

두 번째 요소는 '비영리단체와 기업과의 파트너십(a partnership with national nonprofits and corporations)' 이다. 비영리단체들과 기업들은 각 단체의 후원자들에게 가족자원봉사활동을 소개하고 강조하는 역할을 맡고, 패밀리 매터스를 도입한 지역사회들과 시너지 효과를 낼 수 있도록 같이 일하는 것이다. 이러한 단체들과 협력하는 것은 가족자원봉사의 효과성을 증가시키고, 가족자원봉사가 반드시 지역사회 발전에 이바지해야 한다는 중요한 역할을 합리화시켜 주며, 점차 가족자원봉사의 확산을 지원하는데 필요한 자원들을 유인하는데 효과가 있다.

마지막 요소는 '가족자원봉사에 대한 홍보와 학습을 장려하기 위한 집중된 노력(a targeted effort to promote awareness and infuse learning)' 이다. 이 단계의 프로그램에서는 의사소통(Commonication)과 홍보확산(dissemination)이라는 두 가지 방식을 목표로 삼는다. 먼저 본 프로그램에 동참한 단체(replication site organizations)가 가족들을 대상으로 우리 가족이 아닌 다른 사람들을 위해 무엇인가를 할 수 있다는 시민의식을 고취시키는 활동을 하거나 다른 지역사회기관을 유인하기 위한 노력을 했을 때 이러한 행동을 격려하게 된다. 이것을 '공조(assistance)' 라 부르고 효과적인 봉사자 모집과 공공에게 정보를 알리는 활동들을 개발하기 위해 제공된다. 또 다른 방식은 가족자원봉사의 개념을 장려하고 대중화시키기 위한 전국적인 방송 매체와 함께 일하는 것이다. 대표적인 선전 문구로는 "해보세요, 좋아하게 될 거예요. 당신 가족의 누구라도 할 수 있는 역할이 있습니다(Try it, you' ll like it. There is a role for everyone in your family)." 가 있다(POL, 2006b).

### 5) 가족자원봉사활동의 결과

가족자원봉사가 어떻게 가족에게 영향을 미치는지를 알아보기 위한 실험적 연구(exploratory research)가 인디애나 대학의 '도시정책과 환경센터' 에서 실시되었다. 먼저 '전미가족봉사상(the National Family Volunteer Award)' 을 수상했던 세 명을 중심으로 가족자원봉사의 경험을 물어본 후 그 결과를 가지고 전화설문을 위한 질문지를 만들었다. 그후에 촛불재단의 협조로 우수 가족자원봉사가족의 연락처를 얻어 전화 인터뷰를 실시하였다.

참여자에게 '가족자원봉사의 경험이 당신에게 어떤 영향을 미쳤는지' 를 물어보았을 때 90%의 응답자들이 '나의 가치를 다른 가족원과 나누는 시간이었다.' 라고 응답하였다. 또한 "가족이 함께 할 수 있는 유익한 시간이었다."라는 응답이 89%로 가족 전체에 미치는 영향이 매우 큰 것을 알 수 있다. 뿐만 아니라 응답자들의 78%가 가족자원봉사활동을 통해 가족들의 대화가 더욱 활발해지고 있다고 보고하였다.

뿐만 아니라 개인적인 측면에서 자원봉사를 통해 "세상에 대해서 새로운 시각을 갖는 기회였다."라고 보고한 응답자가 86%였고, 청소년들의 경우 67%는 장래 희망을 결정하는데 도움을 받았다고 응답하여 참가자들은 다양한 측면에서 좋은 영향을 받고 있는 것으로 나타났다(Center for Urban Policy and the Environment, 2003).

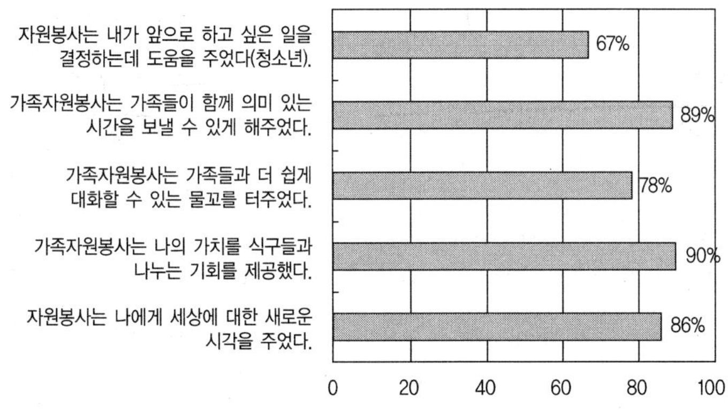


**그림 5-4 가족자원봉사가 참여자에게 미친 영향**

출처: http://www.pointsoflight.org/downloads/pdf/networks/business/membersonly/Benefits_of_Family_Volunteering_Impact_Study_Exe_Summary.pdf

## 2. 캐나다의 가족자원봉사

### 1) 전반적인 특징과 최근 동향

캐나다의 자원봉사활동은 최근까지만 해도 그다지 주목을 받지 못하였으나 시민사회 내 지역단체의 연대활동과 1998년 자원봉사 관련 국제회의 개최를 계기로 자원봉사에 대한 관심과 활동이 운동, 오락, 문화, 건강, 복지 그리고 종교 등 다양한 영역에 걸쳐 이루어지고 있다(최덕경 외, 2005). 1997년에는 캐나다 국민의 자원봉사와 기부활동 등의 실태를 정확하게 파악하기 위하여 전국조사를 실시하는 등 캐나다 정부가 국민의 자원봉사활동에 관심을 보이고 있다. 특히 최초로 조사가 실시되었던 1997년에 비해서 2000년의 자원봉사 참여자의 수와 참여시간이 줄어들었다는 실태가 보고되자 자원봉사활동의 참여를 늘리기 위한 다양한 지원들이 모색되고 있다.

캐나다 정부는 정부와 민간단체들의 활동을 연결시키기 위한 다양한 방법을 사용하고 있는데, 특히 2000년 이후부터 캐나다 정부와 캐나다의 자원봉사센터는 정부와 민간의 파트너십을 세우고, 자원봉사를 통해서 캐나다 국민들에 대한 서비스를 증가시키며, 자원봉사의 민간부문의 활동을 돕는 지원을 강화하기 위해 '자원봉사부문 구상(Voluntary Sector Initiative, 이하 VSI)' 을 만들었다. '자원봉사부문 포럼(Volunteer Sector Forum, 이하 VSF)' 을 만들어 '자원봉사부문 구상' 이 수행하는 일들을 감독하며 캐나다 전체의 자원봉사 조직들의 일반적인 관심이나 경험과 관련된 일들을 수행하도록 하고 있다.

다음의 [그림 5-5]는 '자원봉사부문 포럼' 의 조직과 구성을 나타내고 있다. 바깥의 작은 원들은 '자원봉사부문 구상' 을 위해 참여하고 있는 자원봉사단체들과 그 단체가 행하는 주요 업무를 나타내고 있다. 예를 들면, 즉 '공공정책이나 정부와의 관계(Public Policy/Gov' t Relations)' 는 '이메진 캐나다(Imagine Canada)' 가 주도권을 가지고 일을 추진하며, '인적자원개발(Human Resources)' 은 '인적자원개발부문 위원회(HR Sector Council)' '재정(Financing)' 은 '캐나다 사회개발위원회(Canadian Council on Social Development)' 가 맡고 있다. 이와 같이 캐나다의 자원봉사는 정부와 민간이 다양한 부분에서 협력관계를 가지고 일을 추진하고 있음을 알 수 있다.

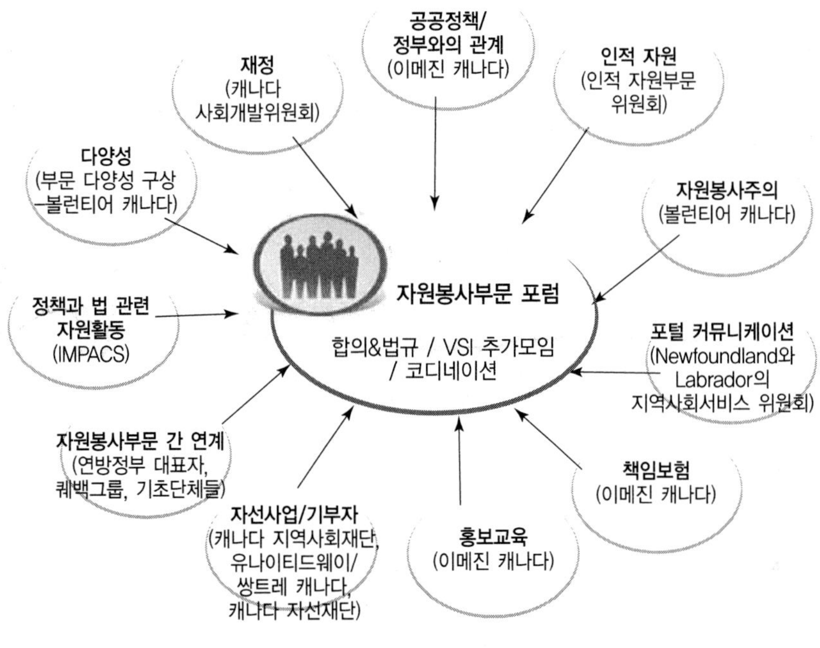


**그림 5-5 캐나다 자원봉사부문 포럼의 조직과 구성**

출처: http://www.voluntary-sector.ca/eng/about_us/index.cfm

2004년의 조사[2]결과에 따르면 약 1억 2천만 명의 캐나다인, 즉 15세 이상 전

---

2) 1997년에 중앙정부와 민간 비영리단체가 파트너십을 발휘하여 '기부 및 자원봉사 참여에 관한 전국실태조사(National Survey of Giving, Volunteering, and Participating)' 가 특별조사 형식이지만 최초로 실시되었다. 2000년에는 중앙정부의 '자원봉사부문 구상(Voluntary Sector Initiative)' 의 탄생으로 인해 그해에 다시 한 번 조사되었다. 그러던 것이 2001년부터 정부 통계에 기부금이나 자원봉사 참여에 대한 특별조사가 아닌 영구적인 설문조사 프로그램을 만들기 위한 기금을 조성하였고, 해당 조사는 '캐나다의 기부, 자원봉사와 참여를 위한 설문조사(CSGVP, Canada Survey of Giving, Volunteering and Participating)' 로 이름을 바꾸어 2004년에 처음으로 실시하게 되었다. 1997년과 2000년의 조사는 노동통계의 일부분으로 실시되었기 때문에 2004년의 결과와 직접적으로 비교할 수는 없다(Hall, Lasby, Cumulka, & Tryon, 2006).

인구의 45%가 조사 당시 지난 1년 동안 자원봉사활동에 경험이 있는 것으로 드러났다. 이것을 시간으로 따지면 2천만 시간이고 거의 백만 명이 전일제 직업(full-time jobs)에 종사한 것과 맞먹는 시간이라고 할 수 있다. 평균적으로는 약 168시간을 해당 연도의 자원봉사활동에 사용한 것이다(Hall, Lasby, Gumulka, & Tryon, 2006). 그러나 미국과는 달리 가족과 함께 자원봉사를 했는지에 대한 질문이 포함되지 않아 해당 사실에 대한 전국적인 자료는 없는 실정이다. 따라서 '자원봉사부문 포럼' 에서 지원한 연구를 통해서 가족자원봉사의 현황과 주요 프로그램을 알아보도록 하자.

## 2) 가족자원봉사 현황과 주요 모형

캐나다는 미국과 같이 가족자원봉사에 대한 이해와 관심이 높은 국가이다. 미국처럼 가족원의 감소, 이혼의 증가 등을 가족의 위기상황으로 보고 가족자원봉사활동을 강조하는 움직임도 있지만 자원봉사활동을 하는 사람들의 감소로 인해 '가족' 을 새롭게 개척해야 할 자원봉사자들로 인식하고 참여를 촉진하기 위해 자원봉사단체들을 조직하고 실태를 파악하는 노력을 하고 있다.

### (1) 자원봉사단체를 통해 본 현황

앞서 [그림 5-5]에서 볼 수 있듯이 '자원봉사부문 포럼' 에서 자원봉사주의(volunteerism)에 대한 일을 맡고 있는 '볼런티어 캐나다(Volunteer Canada)' 는 캐나다 인적자원부의 기금으로 자원봉사단체들이 얼마나 가족자원봉사 프로그램을 가지고 있는지에 대한 연구를 실시하였다. 740개의 단체가 참가했던 연구의 결과에 의하면 자원봉사단체에는 가족단위로 참가하는 가족자원봉사자가 있는 것은 물론이고 실제로 많은 활동을 하고 있는 것을 알 수 있다. 즉 응답 단체의 약 60%가 가족단위 자원봉사자들이 있다고 보고하였다. 가족자원봉사자들이 참여하는 프로그램은 주로 직접적인 봉사활동이 많지만(46%), 그외에도 기금조성이나, 특별행사와 특별행사 구성, 거버넌스 등에 참여하기도 한다. 그러나 가족자원봉사자들을 겨냥하고 구체적인 프로그램을 만들어서 운영하고 있는 단체들은 전체의 약 15% 선에 불과하였다. 주요 가족자원봉사용 프로그램으로는 기금 조성, 직접 서비스, 특별행사 등이 있다. 한편, 응답 단체의 66%는 현재 자신들의 단체에서 가족자원봉사에 대한 어떤 수요도 가지고 있지 않다고 밝히고 있다. 그러나 과반수의 자원봉사단체는 향후 2년 내에 가족자원봉사활동 프로그램에 참여할 의향이 있음을 밝혀서 향후 많은 가족자원봉사자들의 활동은 늘어날 것으로 전망된다(Hall, Kelly, Mirabelli, & Morocom, 2004).

### (2) 가족자원봉사와 시민의식

가족자원봉사가 주로 부모와 미성년 자녀들의 참여가 많은 만큼 그 교육적이고 여가적인 특성 때문에 자연환경보호단체(Environmental stewardship organizations)와 관련된 활동이 많은 편이라고 볼 수도 있다. '에버그린(Evergreen)' 이라는 단체는 '이메진 캐나다(Imagine Canada)' 가 실시하는 프로그램의 하나인 '책임주의 계획에서의 가족자원봉사를 위한 실제(the Best Practices for Family Volunteerism in Stewardship Initiatives project)' (2005)라는 프로젝트의 일환으로 자연환경 보존을 위한 자원봉사활동에 가족단위로 참석했던 42명에게 전화설문조사를 실시하였다. 여기서는 참여하게 된 동기, 가족자원봉사의 참여 촉진을 위한 방안을 중심으로 살펴보고자 한다.

먼저 가족자원봉사활동을 하게 되는 동기에 대해서 물어본 후 가장 높은 응답을 보인 상위 네 개의 이유를 살펴보면 '환경보호에 대한 열정' 에 응답한 비율이 64%였고, '지역사회에 대한 책임감' 이라고 응답한 사람이 41%였다. '자연과 친숙해지고 싶어서' 라는 응답에는 31%, '자녀들에 대한 교육적 목적' 이라고 응답한 사람이 17%였다([그림 5-6] 참조).

특히 총 응답자의 86%가 가족자원봉사를 하는 이유가 자녀들에게 환경에 대한 책임감을 길러 주고 지역사회를 위해 일하는 것의 중요성을 보여 주기 위한 것이라고 말했다. 또한, 45%는 가족자원봉사는 자녀들과 전체 가족에게 학습의 기회를 마련해 주고 자녀들을 보낼 교육기관을 알아보는 것보다 훨씬 간편하다는 점에서 자녀가족원들이 함께 유익한 시간(quality time)을 보낼 수 있는 좋은

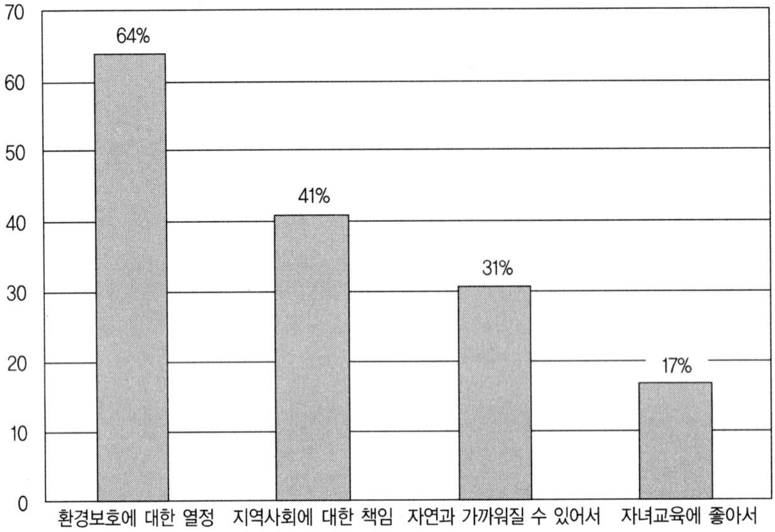


**그림 5-6 자원환경보호에 가족자원봉사를 하는 이유(상위 4개)**

주: 복수응답임
출처: http://www.kdc-cdc.ca/attachments/evergreen_family_volunteering.pdf

방법이라고 응답했다(Linsay, 2006). 이와 같이 자녀교육 측면의 중요성 인식이 자연보호와 같은 분야에서 가족자원봉사활동을 하는 주요 이유였다.

또한, 자연보호 자원봉사에서 가족자원봉사활동을 촉진시킬 수 있는 방법들에 대해서 물어보았을 때 가족들은 바쁜 가족들도 참여할 수 있도록 시간이나 일정 조정에 좀더 유연성이 있어야 한다는 응답이 가장 많았다(전체의 47%). 그다음으로 많은 비율의 응답을 보인 것은 같이 아이를 맡아 줄 수 있는 프로그램이 있어야 한다로 전체의 38%를 차지하였다. 그밖에 좀더 흥미있고 교제를 할 수 있는 프로그램이었으면 좋겠다는 응답과 나이나 능력에 맞는 적절한 활동이어야 한다는 의견에 각각 24%의 응답자가 선택하였다(Lindsay, 2006).

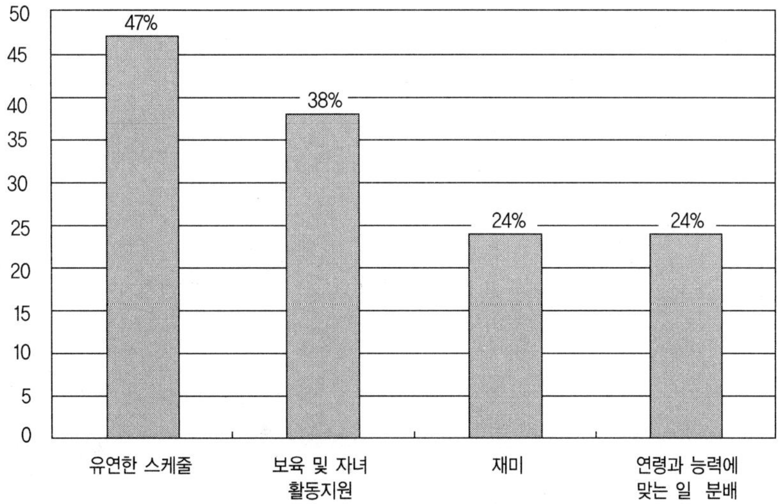


**그림 5-7 자원환경보호에 가족자원봉사를 촉진을 위한 방안(상위 4개)**

주: 제안점을 제시한 34명에 대한 결과임
출처: http://www.kdc-cdc.ca/attachments/evergreen_family_volunteering.pdf

### (3) 대표적인 가족자원봉사활동 모형

캐나다의 자원봉사단체 중 직접 가족자원봉사 프로그램을 개발하여 보급하는 단체들이 있다. 그중에서도 볼런티어 캘거리와 볼런티어 킹스턴은 가족자원봉사 프로그램에 있어서 앞서가고 있는 단체들이다. 볼런티어 캘거리의 경우는 '함께 하는 가족자원봉사(the Families Volunteering Together)' 프로그램을 1996년경부터 개발하였다. 이 프로그램은 점차 발전을 거듭하여 지금은 자원봉사센터의 봉사자 모집과 연계(recruitment and referral service)의 통합적인 요소가 되었다. 이와 비슷하게 볼런티어 킹스턴의 경우도 가족자원봉사 촉진계획을 모집과 연계 프로그램으로 결합시켜 운영하고 있다.

#### ① 볼런티어 캘거리(Volunteer Calgary)

볼런티어 캘거리가 개발한 프로그램은 크게 다음의 두 가지의 프로그램으로 나눌 수 있다.

● 가족자원봉사를 수행하는 단체들의 능력(capacity)을 향상시키는 프로그램
● 가족자원봉사자들의 참여증진 프로그램

단체들을 위해서는 온라인을 통해 '함께 하는 가족자원봉사(Families Volunteering Together, FVT)'의 자료들을 공개하고 이용할 수 있도록 하고 있다. 또한 두 개의 세미나를 실시하고 있는데 '가족자원봉사 입문(Introduction to Family Volunteering)'과 그보다는 더 상위단계라고 할 수 있는 '가족자원봉사 프로그램의 확장(Expanding Your Family Volunteering Program)'이 그것이다. 그밖에 개별적인 상담을 받고 있는데 가족자원봉사 기회들을 소개하여 홈페이지에 올려 놓음으로써 어디서 가족자원봉사활동을 할 수 있는지 관련 정보를 검색할 수 있도록 하고 있다. 또한 캘거리 지역에 살고 있는 가족들을 위해서 가족자원봉사의 유익과 어떻게 참여할 수 있는지에 대한 안내자료(informative brochure)를 만들어서 제공하고 있다. 또한 매달 올해의 가족자원봉사 기회를 특화해서 '함께 하는 자원봉사' 자료실에 공개하고 있다. 또한 '돌보는 아이들(Kids Who Cares)' 프로그램을 만들었는데 패트릭과 사라라는 자원봉사자를 주인공으로 한 동화 시리즈를 통해서 가족자원봉사에 대한 가치들을 홍보하고 있다(McClintock, 2004; Hall, Kelly, Mirabelli, & Morocom, 2004).

② 볼런티어 킹스턴(Volunteer Kingston)

볼런티어 킹스턴 가족자원봉사 프로그램(The Volunteer Kingston Family Volunteering Program)은 '온타리오 트릴리엄재단'의 기금으로 사업을 하고 있다. 이 프로그램의 목적은 위에서 살펴본 볼런티어 캘거리의 경우와 거의 흡사하다.

● 가족자원봉사자들을 확보하고 있고 있는 비영리단체들의 능력(capacity)증진
● 지역사회 가족자원봉사자 모집

이 계획을 통하여 볼런티어 킹스턴은 가족자원봉사 프로그램을 늘리고 가족자원봉사자들을 참여시키고 싶어하는 비영리단체들을 위한 매뉴얼을 만들게 되었다. 본 매뉴얼은 시범지구 지정사업이나 지역사회의 가족들을 대표하는 자문

기구의 운영을 통해서 가족자원봉사를 지원할 수 있는 시스템(예 정책, 과정, 형태 등)을 개발하는데 초점을 맞추게 되었다(Hall, Kelly, Mirabelli, & Morocom, 2004).

## 요 약

미국과 캐나다는 자원봉사에 대한 관심을 국가가 가지면서 그 조직을 체계화하여 발전시키고 있다. 미국은 1990년대 초부터 가족과 관련된 사회문제에 대한 해결방법으로 시작하여 미국 촛불재단을 중심으로 한 패밀리 매터스(Family Matters) 프로그램을 통해 전국적으로 이 운동을 확장시켰다. 캐나다도 자원봉사활동 시간의 축소를 통해 국가가 심각성을 인지하고 관련 조사 및 통계활동에 대한 지원을 아끼지 않고 있다. 미국과 같이 가족의 변화 현상을 감지하고 가족자원봉사활동을 계획하고 있지만 자연보호활동과 같은 공익적인 사업에 가족의 참여를 끌어내려고 하고 있으며 자원봉사단체의 프로그램 개발을 지원하고 있다.

## 생각해 보기 ▸▸▸▸▸▸▸

1. 미국과 캐나다의 가족자원봉사활동을 볼 때 우리나라에서 배워야 할 점은 무엇인지 알아보자.

2. 4장의 우리나라 가족자원봉사활동의 현황과 5장의 미국과 캐나다의 현황에서 큰 차이점은 무엇인지 이야기해 보자.

# 참 / 고 / 문 / 헌

이성록(2005). 자원봉사 욕구조사 및 프로그램 모형개발. 경기도 자원봉사센터. 경기도 자원봉사단협의회.

최덕경 · 강기정 · 박경애 · 박창우 · 배은숙 · 이명원 · 이혜자 · 정은미 · 정혜선(2006). 자원봉사론. 공동체.

Independent Sector(2001). America' s family volunteers revised April 13, 2006, from http://www.independentsector.org/PDFs/FamilyVols.pdf

Points of Light Foundation(2006a). Family Volunteering building strong connections. revised May 31, 2006, from http:// www.pointsoflight.org/downloads/pdf/resources/research/Frontline_6Family_Volunteering.pdf

Points of Light Foundation(2006b). Family Volunteering Primer revised October 9, 2006, from http://www.pointsoflight.org/networks/youthfamily/primers/primer_matters_back.cfm

Points of Light Foundation(2006c). Family Volunteering Statistics revised May 31, 2006, from http://www.pointsoflight.org/networks/youthfamily/primers/primer_fam_statistics.cfm

Center for Urban Policy and the Environment(2003). Family Volunteering : An exploratory study of the impact on families, revised May 31, 2006 from http://www.pointsoflight.org/downloads/pdf/FamilyVolunteering.pdf

Vountary Sector Forum. About the Voluntary Sector Forum revised October 9, 2006, from http://www.voluntary-sector.ca/eng/about_us/index.cfm

Lindsay, L. (2006). Family Volunteering in Environmental Stewardship Initiatives. Imagine Canada Revised October 9, 2006, from http://www.kdc-cdc.ca/attachments/evergreen_family_volunteering.pdf

Hall, M., Lasby, D., Gumulka, G., & Tryon, C. (2006). Caring Canadians, Involved Canadians: Highlights from the 2004 Canada Survey of Giving, Volunteering, and Participating. Minister of Industry revised October 9, 2006 from http://www.givingandvolunteering.ca/pdf/CSGVP_Highlights_2004_en.pdf

McClintock, N. (2004). Understanding Canadian Volunteers: Using the national survey of giving, volunteering and participating to build your volunteer program. Canadian Centre for Philanthropy Revised from October 9, 2006 from http://www.givingandvolunteering.ca/pdf/reports/Understanding_Volunteers.pdf

Hall, M., Kelly, K., Mirabelli, A., & Morcom, L. (2004). The Family Volunteering : The final report. Human Resources Development Canada revised from October 9, 2006 from http://www.volunteer.ca/volunteer/pdf/fvfr_eng.pdf

PART III

# 가족자원봉사의 대상과 분야

CHAPTER 06

# 가족단위의 자원봉사

1. 부부가 함께 하는 자원봉사
2. 자녀와 함께 하는 자원봉사
3. 기타 가족의 자원봉사

## 임직원 · 가족, 태안서 봉사

티맥스소프트(대표 박대연)는 임직원과 가족들이 23일 태안반도 지역에서 기름제거 자원봉사활동을 가졌다고 밝혔다. 이 회사는 사내에서 태안반도 살리기 운동 자원봉사자 모집을 실시해 1차로 임직원과 가족 400여 명이 지원활동에 참여했다. 티맥스소프트는 태안반도 재난과 관련해 지난해 12월부터 헌옷 모으기 운동을 해 수거된 옷을 태안반도에 전달했으며, 그간 사내 동호회나 개인별로 봉사활동을 진행해 오다가 이번에 전사 차원의 봉사활동을 시작했다.

출처: 디지털타임, 2008. 2. 25

06 . CHAPTER

# 가족단위의 자원봉사[1]

자원봉사는 일반적으로 개인을 단위로 진행되고 있으나 최근들어 주 5일제 근무의 확산과 초등학생의 격주 토요일 휴무 수업 등의 이유로 가족단위의 봉사활동에 대한 관심이 늘어나고 있다. 그러나 볼런티어21의 2005년 조사에 의하면 우리나라의 경우 자원봉사의 경험이 있는 사람 중에서도 가족과 함께 자원봉사의 경험이 있는 경우는 27.9%에 불과할 정도로 가족단위의 자원봉사 경험은 그리 많지 않다. 하지만 가족구성원이 함께 자원봉사활동에 참여하게 되면 자연스럽게 가족 간의 대화를 증가시키게 되고, 가족 간의 유대나 가족 갈등을 해소하는데 효과를 얻을 수 있고, 또한 가족 내에서 부모를 통한 긍정적 역할 모방은 자녀들이 정체감을 형성하는데 도움을 주고 더 나아가서는 시민으로서 공동체 문화를 창조할 수 있게 한다. 더군다나 최근의 자원봉사는 '볼런테인먼트'(자원봉사+즐거움)의 의미가 더해지면서 여가활동의 한 분야로 자리매김하는 현상도 나타나고 있다. 가족단위의 자원봉사라고 하면 일반적으로 부모와 자녀(혹은 부+자녀, 모+자녀), 부모와 조부모, 부부, 부모와 손자녀, 형제자매 등을 포함한다. 본 절에서는 부부를 중심으로 한 자원봉사와 부모-자녀가 함께 하는 자원봉사를 중심으로 살펴보고자 한다[2].

1) 가족단위의 자원봉사라 함은 최소한 2명 이상의 가족구성원이 참여하는 것을 대상으로 한다. 물론 1인 가족도 있을 수 있으나 이 책에서는 일반적으로 개인단위로 이루어지는 자원봉사와 구분하여 작성하고자 하는 목적으로 인하여 1인가족의 자원봉사는 제외하고자 한다.

2) 부모-자녀의 경우 가장 일반적으로 가족이 봉사하는 형태에 포함되기 때문에 선정하였고, 부부의 경우 현재 많은 비율이 하고 있는 형태는 아니나 앞으로 이러한 형태의 자원봉사를 권장하기 위해 포함시키고자 한다.

# 1. 부부가 함께 하는 자원봉사

## 1) 부부가 함께 하는 자원봉사가 왜 필요한가?

우리나라에서 부부가 자원봉사를 함께 하는 경험은 그리 일반적이지 않다. 결혼 후 자녀양육과 내 집 마련의 시기가 맞물리고, 아이들이 크게 되면 입시 위주의 교육에 시달려 부모들은 사교육비, 노후대비 등 지금의 가족들은 다른데 눈돌릴 겨를도 없이 바쁘게 살아가고 있기 때문이다. 특히 우리나라는 기혼 남성의 노동시간이 길고, 맞벌이가족의 경우도 여성의 취업노동과 가사노동시간이 여타 집단보다도 길기 때문에(한국여성개발원, 2005) 부부가 함께 자원봉사를 한다는 것이 쉽지 않은 실정이다. 실제로 한 연구에서 가족자원봉사 참여가족 중 부부는 1.6%에 불과하고 대부분은 부모와 자녀의 형태로 자원봉사에 참여하는 것으로 나타났다(이경은, 2003).

표 6-1 가족자원봉사 참여가족의 구성

| 구성 | 부모와 자녀 | 형제나 자매 | 부부 | 조부모와 손자녀 | 기타 | 합계 |
|---|---|---|---|---|---|---|
| 명(%) | 454(91.9) | 21(4.3) | 8(1.6) | 8(1.6) | 3(0.6) | 494(100.0) |

출처: 이경은, 2003.

## 2) 부부가 함께 하는 자원봉사의 사례

부부자원봉사라고 해서 특별한 영역이 존재하는 것은 아니다. 하지만 함께 함으로써 시너지 효과를 낼 수 있는 영역에 참여하는 것이 좋을 것이다. 흔히 가족들이 할 수 있는 봉사라고 하면 사회복지관에 가서 장애우나 노인, 아이들을 돌보는 일들만을 생각하지만 자원봉사자의 손길을 필요로 하는 곳은 생각보다 많다. 가족은 인정과 사랑으로 뭉친 공동체라는 특성을 갖고 있으므로 이러한 인정과 사랑을 필요로 하는 보육시설이나 지역 독거노인 등과 일대일로 결연을 하여 집에도 초대하고 늘 관심을 가지고 보살펴 줄 수도 있다.

원주 심향영육아원의 이인우 생활지도원은 "단체생활을 하는 시설 아동에게 개성에 맞춘 요구를 충족시켜 줄 수 없어 늘 안타깝다."며 "후원가족이 생기면 훨씬 교육적으로 바람직하다."고 말했다(경향신문, 2006. 1. 2). 또한 그밖에도 사랑의 집짓기, 사랑의 급식봉사활동, 지역사회 환경탐사, 불우이웃돕기 바자회, 소외 이웃을 위한 김장 담그기, 농촌봉사활동, 천재지변이나 재해지역에서의 봉사활동, 사회개혁을 위한 캠페인 참여, 환경보전을 위한 쓰레기 분리수거, 환경 캠페인 참여, 산불방지 및 예방활동 등 수없이 많은 종류의 봉사활동에 참여할 부분이 존재한다. 다음의 사례처럼 초년기 시절에 부부가 함께 자원봉사를 하는 경험은 두고두고 인생의 자산이 될 수 있고, 자녀가 태어난 후에도 봉사의 삶을 가르칠 수 있다.

**내전 중인 네팔로 떠난 봉사 '신혼여행'**

달콤한 허니문 대신 내전 중인 네팔로 4개월간 봉사활동을 떠난 부부가 있다. 이승복(29) 씨와 이정여(26) 씨는 지난 3월 초, 네팔 카트만두로 신혼여행을 떠났다. 봉사를 직업으로 삼겠다는 신랑과 그의 뜻을 따라 첫 해외여행 길에 오른 신부는 가난한 히말라야 땅에서 결혼생활을 시작한다. 힘들고 불편한 생활은 사랑도 거추장스럽게 만들고 인성도 시험에 들게 한다.

열두 살에 미국으로 이민을 가 버클리 대학 기계공학과를 졸업한 이승복 씨는 대학시절부터 무료급식을 돕는 등 자원봉사를 하다가 1999년 미국 평화봉사단에 지원해 2년간 네팔 오지에서 아이들에게 영어와 수학을 가르쳤다. 한국에 올 때마다 수해지역과 사회복지관 등에서도 봉사활동을 계속해 온 그는 피아노 레슨을 하는 이정여 씨와는 친구 소개로 만나 결혼했다. 네팔로 떠나는 신혼여행은 이승복 씨의 제안. 그에게 2년간 생활했던 네팔은 제3의 고향이었다. 그래서 결혼한 지 일주일 만에 배낭을 꾸리고 네팔 카트만두로 날아와 신혼방을 마련했다. 집주인이 붙여 준 '용감하고, 힘있는'이란 뜻인 빌바둘과 '봄'이란 뜻의 버선띠가 그들의 새 이름이 되었다.

출처: 한겨레신문, 2006. 8. 15

### 3) 부부가 함께 하기 위한 가족자원봉사의 수칙

#### (1) 부부 모두 즐거울 수 있는 분야를 택하는 것이 좋다

봉사활동의 영역은 무한하다 할 정도로 다양하다. 봉사 터전에 대한 선택은 먼저 즐거움이 뒤따르는 분야를 택하는 것이 중요하다. 열린이웃의 나성수 차장은 "자원봉사라고 하면 고아원이나 양로원을 찾아 궂은일을 해야 한다고 생각하는 사람이 많은데 처음엔 가족들이 관심을 갖고 있는 분야에서 쉽고 재미있는 일부터 시작해야 자원봉사에 대한 관심이 생기게 된다."고 조언했다(경향신문, 2006. 1. 2). 월 2회 '민들레가족 봉사단' 프로그램을 운영하고 있는 서울 YWCA의 천현주 간사는 '가족자원봉사활동은 가족문화와 사회문화를 함께 가꾸어 나갈 수 있는 가장 이상적인 자원봉사 형태'라며 "첫 가족봉사활동을 해보려 한다면 노인 대상 봉사가 적당하다."고 말했다.

#### (2) 봉사활동 날짜가 정해지면 반드시 시간과 약속을 엄수해야 한다

부부가 함께 하는 봉사활동은 혼자 하는 봉사활동보다 훨씬 더 어려울 수 있다. 왜냐하면 바쁜 현대사회를 살아가는 사람들이 일주일에 한 번 혹은 약속한 그 시간을 의무적이지 않은 활동에 우선순위를 두고 해나간다는 것이 쉬운 일이 아니기 때문이다. 더군다나 부부가 같이 한다는 것은 서로의 약속이지만 가까운 사이이다 보니 이러한 약속을 쉽게 어길 수도 있다. 그러나 부부자원봉사의 경우 부부간의 약속일 뿐 아니라 봉사자와 봉사대상자 간의 약속으로 이루어진다. 부부 두 사람 간의 약속이 원활히 이루어지지 않으면 봉사활동은 연속성을 갖기 어렵고 봉사활동을 시행하는 동안 오히려 갈등을 유발할 소지가 있다. 따라서 부부간의 약속을 철저히 지키고 봉사활동을 함께 함으로써 긍정적인 효과를 유발하는 것이 좋다. 또한 일주일에 3시간 정도 6개월 이상 꾸준히 할 마음가짐으로 하는 것이 대상자들에게 지속성을 줄 수 있어 좋다.

### (3) 부부의 직업적 특성을 살리는 것도 좋다

일반적으로 부부의 경우 직업을 갖고 있게 마련이며 이러한 직업을 활용해 전문적인 자원봉사를 하는 것도 좋은 방법이다. 가족단위 봉사자들은 현재 사회복지기관이나 건강가정지원센터에서 각종 돌봄봉사를 하거나 여름에 농촌봉사, 환경봉사를 하는 경우가 많다. 이와 함께 한국자원봉사센터협회 가족자원봉사단은 부부의 직업에 따라 의료봉사나 이미용봉사, 문화해설봉사 등을 하면서 나머지 가족들이 보조하는 봉사도 가족들이 하기에 유용하다고 한다. 또한 음악을 하는 가족원이 있다면 가족음악회를 열 수도 있다.

### (4) 자원봉사의 일반수칙을 준수한다

부부가 자원봉사를 한다 하더라도 개인이 자원봉사할 때 지켜야 하는 일반수칙은 준수해야 한다. 예를 들어 봉사를 하고자 하는 대상의 정보를 정확하게 파악하고 이들에게 실질적인 도움을 주고자 하는 마음을 갖는다거나 초창기에 대상자와 신뢰감을 형성할 수 있도록 라포를 형성하도록 해야 한다는 점, 봉사를 할 때 항상 한결같은 태도와 행동을 보이며 감정을 개입시키지 않아야 한다는 점 등이 그 예가 될 것이다.

### (5) 여가의 성격을 띨 수 있도록 즐겁게 한다

일반적으로 직장생활과 가정생활을 병행하는 부부에게 자원봉사 이외에 별도의 시간을 여가시간으로 마련한다는 것은 시간의 제약을 갖고 있는 사람에게 무척 어려운 일이다. 따라서 자원봉사하는 시간이 여가시간의 성격을 띠도록 하는 것도 좋은 방법이 될 것이다. 자원봉사의 여가적 성격을 강조한 말인 볼런테인먼트(Volunteer+Entertainment)의 활동을 지향하는 것도 한 방법이 될 것이다.

## 2. 자녀와 함께 하는 자원봉사

### 1) 자녀와 함께 하는 자원봉사가 왜 필요한가?

MBC 가족의식조사 결과에 의하면 청소년 중 아버지와의 대화는 일반적으로 어머니와의 대화보다 충분하지 않다고 생각한다(문화방송, 2004). 어머니와는 매우 충분하다가 37%에 이르는 반면, 아버지와는 12.4%의 청소년만이 매우 충분하다고 응답하고 있다. 같은 조사에서 이에 대해 부모의 인식은 더 낮은 것으로 나타나는데 자녀와의 대화가 아주 충분하다고 응답한 어머니는 19.7%, 아버지는 6.5%에 불과하다. 즉, 자녀세대나 부모세대 모두 부모-자녀 간의 대화가 부족하다고 인식하고 있다.

자녀와 부모가 함께 하는 자원봉사는 이러한 점에서 의미가 있다. 세대 갈등은 주로 일상생활 방식에서의 가치관의 차이나 가족 이념에 대한 태도 차이 등 상호 간의 이해 부족이 주요 요인인 것으로 설명하고 있다. 6개월 이상의 가족자원봉사 경험이 가족건강성의 모든 영역에서 유의미한 영향을 미쳤다는 연구결과(이경은, 2003)는 가족자원봉사를 통한 부모-자녀의 긍정적 상호작용이 부모-자녀의 의사소통의 개방성과 명료성을 높이고, 가족 간의 정서적 친밀감에 영향을 주며, 더 나아가 이웃에 관심과 필요한 도움을 주고, 부모가 자녀에게 공동체 규범을 잘 전달하고 있음을 시사하고 있다.

부모가 자원봉사를 할 경우는 자녀 또한 자원봉사를 하게 될 가능성이 높다. 이경은의 논문에서 비자원봉사자 집단에서 부모의 경험률이 17.8%이며, 자원봉사자 집단에서는 31.7%의 부모가 자원봉사의 경험이 있었다. 이는 1999년, 2002년 동일한 조사에서도 유사한 추세를 보였는데 비자원봉사자 집단보다는 자원봉사자 집단에서 부모의 자원봉사활동 경험률이 월등히 높아 부모의 자원봉사활동 경험은 자녀의 자원봉사활동에 영향을 미치는 것으로 보였다. 즉, 부모-자녀 간의 자원봉사는 상호 간의 영향을 주고받을 가능성이 높음을 말해 준다.

부모-자녀 자원봉사의 경우 세 가지로 나누어서 생각해 볼 수 있다. 부모가 자녀와 함께 하는 경우, 부 또는 모와 자녀가 함께 하는 경우로 나누어서 생각해 볼 수 있다. 일반적으로 상대적인 시간의 가용성이 높은 엄마와 자녀의 참여가 높은 편이다. 가족단위의 자원봉사활동은 자녀에게 다양한 일을 경험하게 하고, 새로운 기술들을 배울 수 있게 하는 기회를 제공하여 구성원의 잠재능력을 발견할 수 있도록 하는데 용이하며 이러한 잠재력을 신장시키는데 필요한 수단과 방법을 고려할 수 있도록 해준다고 하였다(박태영 외, 2004).

### 2) 자녀와 함께 하는 자원봉사 사례

다음은 부모가 자녀와 함께 여름휴가를 대신해 자원봉사를 한 사례이다. 이러한 사례를 통해 알 수 있는 점은 부모-자녀의 자원봉사는 가족 간의 역동성을 크게 증가시킬 수 있는 좋은 예라는 점이다. 가족자원봉사의 단점으로 생각될

**휴가내고 사랑의 집짓기 행사 참여**

같은 직장에 다니는 두 사람이 같은 날, 같은 장소로 가족과 함께 특별한 여름휴가를 떠나 화제가 되고 있다. 강원도 강릉에 소재한 ㈜라파즈한라시멘트에 근무하고 있는 윤기수 부장이사와 신동식 부장의 가족들이 화제의 주인공. 아내와 대학에 다니는 두 딸과 함께 한 윤 이사와 올해 고교에 진학한 아들과 아내를 동반한 신 부장 등 두 가족이 7월 31일부터 3일간 선택한 여름 휴가지는 다름 아닌 '한국사랑의 집짓기 운동연합회'에서 매년 주관하고 있는 '사랑의 집짓기 운동' 춘천지역 건축현장. 여기저기서 들려오는 망치 소리와 자재를 옮기느라 분주하게 움직이는 사람들로 북적대는 건축현장에서 이미 여러 차례 이런 현장에서 자원봉사활동을 경험한 두 가족의 아빠는 능숙한 솜씨로 건축 작업에 참여, 망치질 등 처음 해보는 낯선 작업에 무더운 여름 날씨로 진땀을 흘리는 가족들을 이끌고 있다. 남들은 계곡과 바다에서 시원한 피서를 즐기는 시간에 무더운 날씨와 싸우며 구슬땀을 흘리는 윤 이사의 딸 소담(24, 홍익대 4년) 씨는 "올해가 대학 마지막을 마감하는 시간으로 소중한 추억을 남기고 싶어 이곳에 참여하게 됐다."며 "매년 여름이면 가족들을 남겨 둔 채 아빠 홀로 참여한 '사랑의 집짓기 운동'에서 가족들과 함께 사랑의 땀을 흘리는 소중한 시간이 됐다."고 말했다.

출처: 연합뉴스, 2006. 8. 1

수 있으나 장점으로는 한 사람이 할 수 없게 되었을 때 다른 가족원이 대신할 수 있는 점이 개인적 자원봉사보다 장점으로 볼 수 있다.

### 3) 자녀와 함께 할 수 있는 자원봉사의 활동 유형과 내용

#### (1) 활동 유형

일반적으로 부모와 자녀가 함께 자원봉사를 할 경우 고려해야 할 사항은 다음과 같다.

- 활동적이고, 재미있고 그리고 실제적인 활동
- 경험과 재능, 힘의 범위 내의 활동
- 일을 나눌 수 있는 활동
- 가족에게 새로운 경험과 새로운 환경을 경험할 수 있는 활동
- 가족들이 자기들의 생각과 학습에 관해 반성할 수 있는 활동
- 활동 장소 및 스케줄에 있어 융통성 있는 활동
- 아동 · 청소년에게 교육적인 내용의 활동
- 활동의 영향을 직접 알 수 있는 활동
- 다른 가족들과 상호작용 할 수 있는 활동

또한, 자녀와 함께 하는 자원봉사는 아니나 교육부에서 지정한 학생자원봉사활동의 유형을 살펴보면 〈표 6-2〉와 같다. 이러한 자원봉사활동을 부모와 함께 할 수도 있을 것이다.

**표 6-2 교육부 지정 학생자원봉사활동 유형**

| 영 역 | 활동 내용 |
|---|---|
| 일손돕기활동 | 학교 내 일손돕기, 복지시설 일손돕기, 공공시설 일손돕기, 병원 일손돕기, 농어촌 일손돕기 등 |
| 위문활동 | 고아원 위문, 양로원 위문, 장애인 · 병약자 위문, 자매부대 위문 등 |
| 캠페인활동 | 공공질서 확립 캠페인, 교통안전 캠페인, 학교 주변 정화 캠페인, 환경보전 캠페인 등 |
| 자선구호활동 | 재해구호활동, 불우이웃돕기, 국제협력과 난민구호 등 |
| 환경시설보전활동 | 깨끗한 환경 만들기, 자연보호, 문화재 보호 등 |
| 지역사회개발활동 | 지역사회 문화재 보호활동, 지역사회 문화예술제 참여 등 |

출처: 이경은, 2003.

### (2) 연령대별 자원봉사활동의 내용

가족자원봉사의 경우 그 가족구성원의 연령은 굉장히 다양할 수 있으며 이에 따라 일을 할당할 필요가 있다. 부모인 어른들의 욕구와 아동 · 청소년의 욕구는 다를 수 있으며 서로 다른 일을 하기 원할 수도 있다. 참여가족이 많다면 연령으로 구분하여 팀을 구성하면 효율적인 관리가 되지만 그렇지 않은 경우 효율적으로 관리하기 위해서는 세심한 배려가 필요하다. 한 팀으로 구성하여 다양한 연령을 섞어 함께 활동하는 경우 흥미를 잃을 수 있으므로 이러한 부분을 고려하여 프로그램을 짜는 것이 좋다. 또한 다른 방법으로는 활동의 내용을 고려해서 일부를 아동 · 청소년에게 맡기거나 아니면 빨리 끝날 수 있는 부분은 그들에게 부분적으로 할당하는 것을 고려할 필요가 있다. 일반적인 경우 연령대별로 자원봉사의 내용이나 활동의 고려사항을 살펴보면 다음과 같다.

#### ① 7세 미만의 아동이 있는 가족의 경우

이 연령의 자녀가 있는 가족의 경우 자녀와 함께 자원봉사를 하기가 현실적으로 가장 어려운 시기일 것이다. 육아에 대한 부담으로 다른 사람을 돌아볼 여유가 적고, 아동이 걷기나 뛰기 등 적극적으로 활동하지 못할 경우도 있다. 적어도 아동의 연령이 자유롭게 활동 가능한 만 3세 이상이 되는 것이 좋다. 만 3~4세의 경우에 아직까지 자아 중심성이 남아 있는 시기로 자원봉사에 대한 개념을 알리기가 쉽지 않으므로 만 5세 이상이 적합할 것으로 판단된다. 그러나 이 시기 이전의 아동과 함께 자원봉사를 하려고 할 경우 아동들도 직접 참여하는 활동을 하게 하여 그림 그리기 및 시청각, 동화 이야기해 주기 등과 같은 시나리오 교습과 상호작용 형식으로 자원봉사활동의 기본개념 교육 및 현장에서 직접 보고 느낄 수 있는 봉사활동이 필요하다. 또한 봉사활동 중 칭찬과 격려가 필요하며 활동이 끝난 후 자기의 느낀 소감을 이야기해 보도록 하는 것도 좋다.

SK텔레콤 강원 C&A망 운용팀 박영주(35) 씨는 올 여름 색다른 휴가를 보냈다. 11일부터 2박 3일 동안 정신지체장애우시설인 경기도 강화 '우리 마을' 로 가족자원봉사 캠프를 떠났던 것. 출발 전 아내는 "아이들이 어린데 괜찮겠느냐?" 며 걱정스러워 했다. 하지만 막상 뚜껑을 열고 보니 일곱 살, 네 살 된 두 딸이 어른들보다 더 적극적이었다. 어른 장애우랑 손을 잡고 여기저기 뛰어다니는가 하면 황토염색 체험활동을 함께 하며 신이 났다. 박씨는 "회사일로 매일 집에 늦게 들어가다 보니 아이들이 엄마만 좋아했는데 캠프를 하면서 아빠와 친해졌다." 며 "아이들에게 봉사란 무엇인지 깨닫게 해주자는 생각에서 참가했는데 가족이 더욱 가까워지는 계기도 됐다." 고 말했다.

출처: 중앙일보, 2005. 8. 24

② 초등학생 자녀와의 자원봉사

이 시기에는 초등학생 자녀의 학업 부담이 중 · 고등학생 때보다 상대적으로 덜한 시기이기 때문에 가족자원봉사를 가장 많이 활용할 수 있는 시기라 볼 수 있다. 예를 들면, 게임놀이 및 체험실습, 시청각 교육 등과 같은 교습 형식으로 의사소통기술 학습과 자원봉사활동의 기본개념 교육이 반드시 필요하며, 봉사활동이 끝난 후 항상 평가서 또는 소감문을 작성하여 많은 가족 앞에서 발표함으로써 자신의 발표력을 향상시키거나 자기를 반성하는 계기를 마련하게 된다.

초등학교 6학년인 준기(13, 인후초)는 매월 넷째 주 토요일, 학교수업이 없는 날을 손꼽아 기다린다. 맘껏 늦잠을 잘 수 있어서가 아니다. 종일 컴퓨터 게임에 몰입할 수 있어서도 아니다. 엄마, 아빠 그리고 초등학교 3학년인 동생 현기와 함께 하는 자원봉사활동이 기다리고 있어서다. 준기네 가족이 가족자원봉사활동에 나선 것은 3년 전부터다. 예전에 은행에 근무했던 아빠 민병건 씨(44, (주)Next Asset 대표이사)는 회사 봉사단의 일원으로 틈틈이 소외 이웃과의 끈을 이어왔는데, 우연히 시청 홈페이지에 들어갔다 전주시 가족자원봉사단 배너를 노크한 게 계기가 돼 아예 가족이 함께 봉사활동에 나서기로 했다. 준기네 가족은 정기적으로 시설을 찾는 것 외에도 매월 넷째 주 토요일이면 건지산과 덕진체련공원을 누빈다. 시설을 찾아 목욕봉사와 빨래, 주방일, 농사일 등을 돕는 것 외에 틈틈이 자연정화활동을 함께 하는 것이다.

출처: 노컷뉴스, 2005. 12. 30

▶ 소외가족에 전할 쿠키 만드는 가족
(용산구 건강가정지원센터)

③ 중 · 고생 자녀와의 자원봉사

자원봉사가 활발해지는 시기이기도 하나 고등학생의 경우 입시교육으로 인해 이에 대한 부작용이 나타나는 경우도 있다. 부모가 대신 자원봉사를 하고 점수를 얻는 경우가 있기 때문이다. 중 · 고등학생들은 그들의 봉사 프로그램을 계획하고 독립적으로 실시해야 하지만 현실이 그렇지 못하기 때문에 프로그램 계획과 의사소통기술이 특별히 강조되고 자원봉사활동의 기본적 개념에 관한 교육이 필요하다. 가족원 간의 나눔과 교환을 자극하기 위해 활동 후 집단토의 및 사례발표 등의 교수방법이 권장되기도 한다.

**표 6-3 외국인 노동자에게 한글 및 한국 문화를 소개한 내용**

| 클럽 명칭 | 영어놀이반 | 운영 형태 | 매월 전일제 |
|---|---|---|---|
| 봉사활동명 | 외국인 노동자에게 한글 및 한국 문화 소개 | 활동 장소 및 지역 | 외국인 노동자의 집 |
| 현안 및 필요성 파악 | • 외국인 노동자에 대한 선입견은 자칫 우리 학생들의 국제적 협력 정신을 떨어뜨릴 수 있다.<br>• 영어를 실제 생활에서 익히는 여건 조성<br>• 한국 문화에 적응하지 못하는 외국인의 적응을 위하여 한국 사회에서 생활하기에 필요한 최소한의 언어교육 | | |
| 활동목표/ 기대성과 | • 우리나라에서 근무하는 외국인 노동자의 현실과 그들의 어려움을 이해한다.<br>• 외국인 노동자에게 자연스럽게 한국의 문화와 역사를 알게 하고 한국에서의 건전한 시민정신을 갖게 한다. | | |
| 활동 내용 | • 한글지도(쓰기, 말하기, 읽기, 듣기)<br>• 한국의 역사와 지리 지도<br>• 친교시간을 통한 한국의 문화 소개<br>• 직접 지도가 어려운 경우에 강사를 도울 수 있는 보조자의 역할 | | |
| 참가대상 | 중 2, 3학년 | 참가인원 | 10~20명 |
| 활동기간 | 연간 월 1회 | 활동일시 (소요시간) | 8회×4시간(32시간) |
| 필요한 지식 및 기술(준비물) | • 외국인을 위한 한국어 교재(초등학교 교재 포함)<br>• 한국의 역사책과 지도책<br>• 고유명절이나 민속놀이에 대한 설명과 그림, 한복 | | |

출처: 한국청소년개발원, 청소년 봉사활동 프로그램 내용을 일부 편집함.

**자원봉사의 영역**

고아원 방문 문화봉사활동, 이대병원 홀트 자원봉사, 정신지체장애인봉사활동, 외국인 노동자에게 한글 및 한국 문화 소개, 문화재 보호활동, 문화봉사활동, 위문 E-mail 보내기, 농촌 일손돕기활동, 종이접기 지도활동, 지역주민 문화봉사활동, 지역주민 방문봉사활동, 환경보존 감시활동, 지역주민 문화봉사활동, 장애인 어우러기 봉사활동, 병원 방문 위문활동, 푸른나눔, 이웃돕기활동, 학교 주변 정화활동, 지역청소년 문화봉사활동, 위문 일손돕기활동, 복지시설 내의 일손돕기, 환경시설 보전활동, 지역사회 체험봉사활동, 하천수질 정화활동, 노인정 방문 봉사활동, 지역문화 창달, 지역주민 문화봉사활동, 우리산 지킴이 연극으로 펼치는 사랑, 노인과 함께하는 전통놀이

### 4) 자녀와 함께 하기 위한 가족자원봉사 수칙[5)]

① 아동보육시설에 방문했을 경우 시설 아동 앞에서 엄마, 아빠라는 호칭을 되도록 쓰지 않도록 하고, 아이들 앞에서 응석부리지 않도록 주의를 주어야 한다.

② 어떻게 이 시설에 들어왔는지 엄마, 아빠나 가족들이 보고 싶은지에 대한 질문은 삼가야 한다.

③ 화려한 옷차림은 금물, 특이한 장신구나 게임기 등도 수혜자(수요자)에게 부담을 줄 수 있으므로 가져오지 않는다.

④ 우리 가족 봉사일지를 사전에 만들고 봉사활동 후에는 부모님과 자녀가 함께 봉사일지와 후기를 쓰는 것이 교육에 도움이 된다.

⑤ 봉사활동 날짜가 정해지면 반드시 시간을 엄수해야 한다. 학교 시험과 학원 수업, 개인 약속이 있다고 해서 봉사 일정을 지키지 못하면, 봉사활동이 해도 되고 안해도 되는 부가적인 것으로 인식된다.

5) 출처: 경향신문(2006. 1. 2)

⑥ 엄마, 아빠, 자녀가 매회 봉사활동을 할 때마다 우리 가족봉사 대표를 정하는 것도 자발성과 리더십을 향상시켜 줄 수 있는 방법이다.

## 3. 기타 가족의 자원봉사

부부와 부모-자녀 이외에 가족의 자원봉사로는 조부모세대와 손자녀세대가 함께 하는 자원봉사, 기타 가족원과의 자원봉사 등을 예로 들 수 있으나 부모-자녀 간 자원봉사를 제외하고는 아직까지 활발하게 진행되지 않고 있는 실정이다. 그러나 조부모와 손자녀세대가 함께 하는 세대 간 프로그램은 다른 세대가 함께 참여함으로써 관계 개선이 이루어진다. 즉, 세대 간 프로그램은 아동이나 청소년이 노인과 하나의 프로그램을 매개로 함께 활동할 수 있는 기회를 제공하므로 노인에 대한 태도 변화에 긍정적 영향을 줄 수 있다고 인식된다. 단절된 세대 간 관계에 있어서 상호 세대 간 이해에 도움을 주고, 노인자원봉사로 접촉을 많이 할수록 노인에 대해 긍정적인 이미지를 갖게 된다는 논문이 있다. 노인의 경우에는 개인적 측면에서 노년기 일상의 무료함 및 외로움을 해소하고, 자신이 아닌 남에게 도움을 준다는 마음을 갖는 것은 더 나은 삶을 영위하는 데 영향을 줄 수 있다.

우리 가족이 참가할 만한 프로그램은 어떤 게 있을까. 서울 자원봉사 홈페이지(www.volunpia.or.kr)나 인터넷 자원봉사은행(www.biv.or.kr) 등에 가면 자원봉사가 필요한 곳과 자원봉사 희망자를 적절히 연결해 준다. 구청 등 각 자치단체에서 운영하는 봉사 프로그램도 과거에는 중고생이나 주부들이 참여하는 봉사활동이 대부분이었지만 최근에는 가족과 함께 하는 프로그램이 점차 늘어나고 있다. 가족끼리 안 쓰는 물건을 갖고 나와 팔면서 수익금은 기부도 하는 '아름다운 나눔장터' (www.flea1004.com)나 '아름다운 가족 캠페인' (www.beautifulstore.org)도 요즘 인기를 끌고 있는 프로그램이다. 또 서울시는 가족단위로 주말이나 휴가 기간을 이용해 공원을 정비하는 '워킹 홀리데이' 프로그램을 운영 중이다.

참가 희망자는 전화를 이용하거나 서울시 공원 홈페이지(park.seoul.go.kr)로 신청하면 된다.

조희금은 "가족들이 모두 바빠 대화나 공동의 경험이 사라지고 사실상 가족생활 자체가 실종된 요즘, 가족봉사를 하며 다른 이들을 도운 게 우리 가정에 도움이 됐다는 소감이 많았다."며 "가족자원봉사가 사회적 운동으로 활성화되면 가족이 바뀌는 것은 물론 사회적 안전망 구축에도 큰 도움이 될 것이다."라고 강조했다. 가족단위의 자원봉사가 좋은 이유를 정리하면 다음과 같다.

**가족단위의 자원봉사가 좋은 열 가지 이유**

① 가족이 같이 지내는 질적인 시간이 많아진다.
② 가족에게 일체감, 소속감, 안정감을 준다.
③ 가족에게 의미 있는 추억거리를 제공하고 이를 통해 의사소통의 장을 마련해 준다.
④ 부부 혹은 부모-자녀 등 가족관계가 좋아질 수 있다.
⑤ 아동이 조기에 자원봉사를 체험함으로써 자연스럽게 인성교육을 할 수 있다.
⑥ 아동에게 책임감, 남에 대한 배려 그리고 올바른 가치를 가르칠 수 있다.
⑦ 가족문제 해결능력을 증진시켜 준다.
⑧ 다른 가족 및 지역사회를 생각해 봄으로써 사회적 책임을 자녀에게 전달할 수 있다
⑨ 지역사회의 문제를 인식하고 문제해결의 주체로서 활동할 수 있다.
⑩ 가족원이 함께 민주시민의 삶을 훈련할 수 있다.

## 요 약

가족단위 자원봉사의 유형과 유형별 자원봉사의 사례, 또 유형별 가족자원봉사의 수칙을 살펴보았다. 가족단위 자원봉사의 유형에는 부부가 함께 하는 자원봉사, 자녀와 함께 하는 자원봉사(7세 미만의 아동, 초등학생, 중고생 자녀), 기타 가족의 자원봉사로 나누었다. 실제적으로 대부분은 부모-자녀 그중 어머니와 자녀의 자원봉사 유형이 가장 많은 비율을 차지하지만 앞으로 부부가 함께 할 수 있는 가족자원봉사도 권장할 만한 유형이다.

먼저 부부가 함께 하는 자원봉사의 경우는 함께 봉사활동을 함으로써 시너지 효과를 낼 수 있는 영역에 참여하는 것이 좋다. 흔히 가족들이 할 수 있는 봉사라고 하면 사회복지관에 가서 장애우나 노인, 아이들을 돌보는 일들만을 생각하지만 자원봉사자의 손길을 필요로 하는 곳은 생각보다 많다. 가족은 인정과 사랑으로 뭉친 공동체라는 특성을 갖고 있으므로 이러한 인정과 사랑을 필요로 하는 보육시설이나 지역 독거노인 등과 일대일 결연을 맺어 집에도 초대하고 늘 관심을 가지고 보살펴 줄 수도 있다. 부부가 함께 하기 위한 가족자원봉사의 수칙은 다음과 같다. 첫째, 부부 모두 즐거울 수 있는 분야를 택하는 것이 좋다. 둘째, 봉사활동 날짜가 정해지면 반드시 시간과 약속을 엄수해야 한다. 셋째, 부부의 직업적 특성을 살리는 것도 좋다. 넷째, 자원봉사의 일반수칙을 준수한다. 다섯째, 여가의 성격을 띨 수 있도록 즐겁게 한다.

자녀와 함께 하는 자원봉사는 여러 의미가 있는데 가족자원봉사 경험이 가족건강성에 영향을 미칠 수 있고, 부모가 자원봉사를 할 경우 자녀 또한 자원봉사를 하게 될 가능성이 높으므로 긍정적인 영향을 미칠 수 있다. 일반적으로 부모와 자녀가 함께 자원봉사를 할 경우 고려해야 할 사항은 다음과 같다. 활동적이고, 재미있고 그리고 실제적인 활동, 경험과 재능, 힘의 범위 내의 활동, 일을 나눌 수 있는 활동, 가족에게 새로운 경험과 새로운 환경을 경험할 수 있는 활동, 가족들이 자기들의 생각과 학습에 관해 반성할 수 있는 활동, 활동 장소 및 스케줄에 있어 융통성 있는 활동, 아동 · 청소년에게 교육적인 내용의 활동, 활동의 영향을 직접 알 수 있는 활동, 다른 가족들과 상호작용 할 수 있는 활동, 자녀와 함께 하는 경우는 자녀의 연령에 따라 다양한 요구가 있을 수 있으므로 이에 대한 배려가 필요하다.

## 생각해 보기

1. 각 가족생활주기별로 할 수 있는 가족자원봉사를 열거해 보자.

2. 주변에서 가족이 함께 자원봉사를 하고 있는 가족의 긍정적 사례를 발굴해 보자.

3. 가족이 함께 자원봉사를 할 경우 어떤 좋은 점이 있는지 말해 보도록 하자.

## 가족자원봉사 평가

**가족 이름:**
**단체 이름:**

1. 가족이 어떤 활동을 하였는가?

2. 활동을 시작하기 전에 할 일에 관해 적절한 오리엔테이션과 교육 · 훈련을 받았습니까? (예/아니오)
   의견:

3. 활동에 있어 어떤 일이 즐겁지 않았습니까?

4. 자원봉사에 있어 가족원에게 어떤 점이 가장 도움이 되었다고 생각하십니까?

5. 자원봉사 경험이 가족에게 어떤 의미가 있다고 생각하십니까?

6. 처음 기대와 다른 점이 있다면 그것은 무엇입니까?

7. 전체적으로 가족이 자원봉사자로서 시간을 잘 보냈다고 생각하십니까? (예/아니오)
   의견:

8. 앞으로도 가족 자원봉사를 계속하실 것입니까? (예/아니오)
   의견:

출처: 안승화, 가족봉사단 활성화 방안.

## 참가하는 아동들을 위한 자기사정 체크리스트

보다 나은 자원봉사를 위해 자신이 이 체크리스트를 사용하여 사정해 봅시다. 1항목 10점 총 100점 중 자신은 몇 점입니까? 부족한 점을 채워 나가는데 필요합니다.

1. 자원봉사 요구가 있을 때 스스로 참가하십니까? (예/아니오)

2. 남의 의견이나 비평을 감정적으로 흥분하지 않고 받아들입니까? (예/아니오)

3. 무엇을 해야 할지 잘 모를 때 자세하게 알기 위해 다시 물어 보십니까? (예/아니오)

4. 직원, 다른 자원봉사자, 가족 그리고 대상자에게 인사하고 친절하게 대하십니까? (예/아니오)

5. 자신을 믿을 수 있는 사람이라고 생각하십니까?
   활동 날짜, 시간 그리고 장소에 어김없이 출석하십니까? (예/아니오)

6. 부득이 활동을 할 수 없을 때는 책임자에게 사전에 전화로 연락하십니까? (예/아니오)

7. 내가 돕는 사람의 말을 잘 들어주십니까? (예/아니오)

8. 할 수 있는 일에 최선을 다하고 그리고 그에 대한 책임을 질 수 있습니까? (예/아니오)

9. 자원봉사 대상자가 좋아하는 것, 싫어하는 것, 반감 등이 무엇인지 알려고 노력 하십니까? (예/아니오)

10. 어떤 대가(확인증, 점수 기타) 없이도 참가할 수 있다고 생각하십니까? (예/아니오)

출처: 안승화, 가족봉사단 활성화 방안.

## 부모 동의서

형제자매만 참가하는 경우

귀하의 아동/청소년이 가족자원봉사에 참가하는데 있어 그들에게 생산적인 경험을 할 수 있도록 돕는데 부모님의 동의가 필요합니다.

단체 이름: ______________________________

참가하는 아동/청소년:
1. 이름: __________(남/여) 나이: ________학년: ________
2. ______________________________
3. ______________________________

참가하게 될 활동의 종류:
주당 활동시간:
요구되는 활동기간:

위의 아동이 귀 단체의 자원봉사에 참가하고자 합니다. 우리들은 그들에 대한 부모(혹은 보호자)로서의 책임이 있다는 것을 알며 위의 자원봉사활동 참가를 허락합니다.

참가 시에는 귀 단체로부터 필요한 오리엔테이션과 활동 관련 안전에 대한 교육 · 훈련이 제공되고 아동이 귀 단체가 요구하는 모든 절차와 규칙을 준수할 책임이 있다는 것을 알고 있습니다. 그리고 그들은 자원봉사 대가로 어떤 금전적 보상을 받지 않는다는 것을 알고 있습니다.

날짜:
부모 · 보호자 이름: (서명)
자원봉사자와의 관계:

단체명:
직책:
대표자 이름: 귀하

출처: 안승화, 가족봉사단 활성화 방안.

# 참 / 고 / 문 / 헌

문화방송(2004). MBC 가족백서. MBC.
박태영 · 이경은 · 장덕희 · 채현탁(2004). 자원봉사론. 백산출판사.
볼런티어21(2005). 2005년 자원봉사 기부현황 비교. 볼런티어21.
안승화. 가족봉사단 활성화 방안.
이강현 · 김성경 · 박윤애 · 이성록(2005). 한국인의 자원봉사기부현황 조사연구.
이경은(2003). 가족자원봉사 경험과 가족의 건강성에 관한 연구. 한국사회복지학, 제52호, 63-87.
한국여성개발원(2005). 가족친화적 근로시간제도 마련을 위한 정책 방안. 한국여성개발원.

〈신문 자료〉
경향신문(2006. 1. 2)
연합뉴스(2006. 8. 1)
중앙일보(2005. 8. 24)
노컷뉴스(2005. 12. 30)
한겨레신문(2006. 8. 15)

CHAPTER 07

# 가족자원봉사의 대상

1. 아동 및 청소년 대상 가족자원봉사
2. 노인 대상 가족자원봉사
3. 장애인 대상 가족자원봉사
4. 지역사회에서의 자원봉사

07 CHAPTER

# 가족자원봉사의 대상

가족단위의 자원봉사 대상이 개인이 하는 자원봉사 대상과 크게 다른 점은 없다. 그러나 가족은 상호작용하는 개인의 모임으로서 각 개인의 연령 및 구성이 상이하므로 이들이 개인으로서의 자원봉사와 가족으로서의 자원봉사는 그 대상이 약간 상이할 수 있다. MBC 가족백서에 의하면 후원을 하고자 하는 대상으로 소년/소녀가장 가족과 고아원/보육원 아동, 결식아동, 무의탁 노인의 순으로 응답 비율이 높았는데(〈표 7-1〉 참조), 아동을 대상으로 하는 자원봉사로는 소년소녀가장이나 보육시설아동, 결식아동을 대상으로 하는 자원봉사의 비율이 높았다. 이에 대한 후원방법으로는 자선/기부를 통한 재정적인 지원이 자녀세대 47.1%, 부모세대는 56.4%이었으며, 정기적인 방문을 통한 봉사활동이 자녀세대 59.5%, 부모세대 49.6%로 약간씩 차이가 났으나 비슷한 비율로 후원하고 있다.

**표 7-1 세대별 원하는 후원대상**

| | 소년소녀 가장 | 고아원/ 보육원 아동 | 결식아동 | 무의탁 노인 | 장애인 | 노숙자 등 빈민 | 외국인 노동자 | 북한동포 | 기타 |
|---|---|---|---|---|---|---|---|---|---|
| 자녀 | 72.5 | 67.6 | 62.4 | 37.1 | 34.9 | 11.3 | 9.8 | 2.4 | 0.0 |
| 부모 | 79.5 | 53.8 | 60.6 | 53.8 | 37.9 | 5.9 | 3.2 | 2.0 | 0.2 |
| 조부모 | 71.9 | 57.2 | 54.2 | 59.4 | 41.1 | 4.9 | 1.9 | 2.9 | 0.0 |

출처: 문화방송, 2004.

# 1. 아동 및 청소년 대상 가족자원봉사

## 1) 아동 및 청소년의 특성

아동과 청소년은 우리나라 법상으로는 구분이 상당히 어려운 단계이다. 즉 아동복지법에서의 아동은 '18세 미만의 자' 라고 구분하고 있고 청소년기본법에서는 청소년을 9~24세로 규정하고 있어 9~18세의 경우 아동이면서 청소년이기도 하다. 또한 청소년보호법에서는 '만 19세 미만의 자' 라고 하고 있고, 근로기준법에서는 '13세 미만인 자' 를 소년으로 규정하고, 미성년자의 경우 '만 20세에 이르지 않은 자' 로 규정하는 등 이들을 어느 연령으로 볼 것인가는 어느 관점으로 보느냐에 따라 다르게 볼 수 있다. 여기에서는 여러 학자들마다 의견이 다르나 최근 초등학교 저학년과 고학년을 기준으로 10세 이하의 경우를 아동으로, 11세 이상 20세 미만인 경우를 청소년으로 보고자 한다.

### (1) 아동의 특성

아동이란 일반적으로 청소년기의 전 단계이자 성인이나 노인과 대비되는 용어로 심신이 미성숙 상태에 있다. 이때 초기에는 가정에서의 사회화 비중이 높다가 점차적으로 유치원이나 학교 등 기관에서의 사회화 비중이 높아지게 된다. 아동기 초기의 경우 부모와의 애착관계가 중요하며 인간의 전 생애 중에서 여러 가지의 발달단계에 걸쳐 성숙한다는 특징이 있다. 예를 들어 여러 발달 이론이 있지만 피아제의 인지발달 이론의 경우 감각운동기의 경우 출생에서 2세 미만, 전조작기(2~7세), 구체적 조작기(7~12세)로 구분하여 인지의 중요한 발달이 아동기와 청소년기 여러 단계에 걸쳐 이루어지는 것을 설명하고 있다. 따라서 이들에게는 인지발달뿐 아니라 사회성 발달, 도덕성 발달, 신체적 발달 등 달성해야 할 과업들이 많으며, 각 단계마다 아동의 발달과업이 잘 달성되지 않을 경우에는 다음 단계에서 문제를 야기할 수 있으므로 이들의 발달에 세심한 주의가 필요한 단계이기도 하다. 또한 인지발달과 사회성 발달, 도덕성 발달, 신체발달 등이 균형적으로 발달하는 것이 중요한 단계이므로 이들이 조화로운 발달을 이루어 가는지에 대한 관심도 가져야 하는 시기로 볼 수 있다. 아동의 특징은 다음과 같이 정리할 수 있다.

- 아동이란 인간의 전 생애 중에서 여러 성장 · 발달단계에 거쳐서 성숙한다.
- 아동은 매우 민감하여 가정을 기초로 점차 사회화되어 간다.
- 아동은 생리적 욕구와 인격적 욕구가 함께 충족되어야 한다.
- 아동도 사회적 인간으로 성장하기 위해 사회환경에 적응할 수 있는 능력을 학습해야 한다.
- 아동의 신체적 · 정신적 · 사회적 발달은 주위 사람들의 사랑과 관심 또는 보호에 의존하게 된다.

### (2) 청소년의 특성

청소년기는 아동기와 성인기의 중간단계로 신체적 · 성적 발달에 비해 심리적 · 정신적 · 사회적 발달은 미성숙한 특성을 가진다. 또한 이 시기는 자아정체감을 형성하는 시기로 다양한 새로운 활동과 역할을 시도하려 하고, 가정과 학교, 사회에 대한 불만이 크며, 같은 나이에 대한 강한 소속감을 나타낸다(김상균 외, 2002). 청소년이 겪을 수 있는 문제로는 비행이나 학교에서의 집단 따돌림 문제, 이성교제로 인한 문제, 임신으로 인한 미혼모 문제, 학업 문제 등의 다양한 문제를 가질 수 있으며, 아동기 때와 마찬가지로 이러한 문제를 어떻게 대처해 나가는지에 대해 에릭슨의 심리사회적 발달에서는 잘 설명해 주고 있다. 청소년기의 특징을 살펴보면, 에릭슨은 인간의 발달단계를 8단계로 나누고 각 단계에서 발달과업이 달성되는지의 여부에 따라 긍정적인 영향과 부정적인 영향을 받을 수 있다고 하였다. 이 중 청소년기의 경우는 5단계로 자아정체성 대 역할 혼미(identity vs role diffusion)가 중점 발달과업이며, 이 시기에 자아정체감의 혼돈과 여러 다양한 역할의 혼돈을 어떻게 극복하는가가 이들의 주요과업임을 설명해 준다.

## 2) 아동 및 청소년 대상 가족자원봉사의 종류와 내용[1)]

### (1) 아동 대상 가족자원봉사의 종류와 내용

아동에게 필요한 활동 내용은 또래와 함께 놀이를 통해 아이다움을 회복하고 원만한 인간관계를 갖는 능력을 길러 주는 활동, 어려움을 참아내고 의존심을 없애는 활동, 안정된 정서로 회복시켜 주는 활동, 수동적인 태도에서 벗어나 적응적이고 응용력을 길러 주는 활동, 학습 의욕과 건강증진 및 체력을 길러 주는 활동 등이 필요하다.

이런 활동의 경우 자녀양육의 경험을 갖고 아동의 특성을 이해하는 부모와 봉사 대상 아동과 또래를 이루는 자녀로 구성된 자원봉사자들이 적합할 수도 있으나 오히려 대상 아동들이 심리적으로 거부감을 가질 수도 있으므로 주의하고 이를 배려한 활동이 필요할 것이다.

방임아동을 위한 방과후 공부방 아동보호 및 학습지도, 등하교길 교통안전지도, 학교 부적응아동 상담지도, 문제행동아동 상담지도, 요보호아동 결연, 실직가정아동 심리 · 정서지도, 취미교육(미술, 음악, 종이접기, 무용 등)지도, 독서지도, 전통문화지도(사물놀이, 탈춤, 판소리, 서예, 고전무용 등), 결식아동을 위한 식사지원, 저소득가정 아동의 학비지원을 위한 바자회, 아동학대 예방 및 신고 캠페인 등이 있다.

### (2) 청소년 대상 자원봉사의 종류와 내용

청소년을 위한 가족자원봉사활동은 청소년이 당면한 문제나 어려움을 극복할 수 있도록 돕는 것에서부터 청소년의 성장가능성을 최대한 발현할 수 있도록 돕는 것까지 포함된다. 청소년들에게 산적되어 있는 가출, 퇴학, 중도 탈락, 폭력 및 절도, 약물 의존, 윤락 등의 문제에 대처해야 하며, 보호를 요하는 청소년에게는 물리적인 지원뿐 아니라 심리적이고 정서적인 측면까지 포함되어야 한다.

소년소녀가정 학비 · 생활비지원 및 학습지도, 청소년 상담, 결손가정 · 비행

1) 최경애(2006)에서 정리

청소년 개별 결연, 전통문화지도, 직업훈련, 직업알선 및 사회적응훈련, 결식청소년 무료급식 및 밑반찬 배달, 청소년 유해환경 추방운동, 동아리 활동지도, 근로청소년을 위한 음악회 개최, 저소득가정 청소년 학비지원을 위한 바자회 등의 모금활동이 있다.

### 3) 아동 및 청소년 대상 가족자원봉사자의 자세 및 유의사항

#### (1) 아동 대상 가족자원봉사자의 자세 및 유의사항

##### ① 지속적인 관심과 이해

인간은 누구나 사랑받고자 하는 욕구가 있다. 그러나 아동에게 이러한 욕구는 생존과도 다름없는 중요한 욕구이다. 어린 시절 부모와 애착관계를 형성하지 못하면 이러한 문제가 평생을 가듯이 이들이 갖고 있는 욕구를 어떻게 충족시켜 주느냐는 상당히 오랫동안 이들에게 영향을 미칠 수 있다. 따라서 이들이 소외감을 느끼지 않고 사랑받고 있다는 느낌을 줄 수 있도록 이들에게 지속적인 관심과 이해를 갖는 것이 중요하다.

##### ② 아동의 솔직한 감정표현 유도

아동기에는 다양하고 강한 욕구를 갖게 되고 이러한 욕구의 표현을 통해 이들은 건강한 자아개념을 발달시킬 수 있다. 하지만 이들은 자신의 감정을 솔직하고 정확하게 표현하는데 서투를 수 있기 때문에 이들의 감정을 솔직하게 표현하도록 도와줄 수 있어야 한다. 그것이 강요에 의해서 이루어지는 것이 아니라 가족자원봉사자와 대상 아동 간의 신뢰감이 쌓이고 이들에 대한 이해가 높아졌을 때 자연스럽게 이루어질 수 있도록 유도하는 것이 좋다.

##### ③ 원만한 대인관계 기술지도

아동기의 상당 기간은 자아중심적이다. 성장하면서 자연스럽게 사회와의 상호작용을 통해 대인관계 기술을 습득하게 되고 그러는 동안 이러한 문제가 원만하게 해결되는 경우도 있지만 그렇지 못하고 문제를 낳게 될 경우도 있다. 따라서 아동의 사회적인 활동이 점점 늘어날수록 다른 아동이나 선생님, 사회복지사,

자원봉사자와의 관계가 원만할 수 있도록 이끌어 주는 것도 가족자원봉사자의 하나의 역할이 될 것이다.

④ 아동의 수준에 맞는 자원봉사

아동의 경우 아직 성인에 이르지 않은 아동만의 독특한 특징이 있다. 어느 대상이나 대상에 대한 이해는 기본이지만 아동의 수준을 이해하는 것은 성인이나 비성인이 자원봉사할 경우 모두 중요하게 생각해야 한다. 아무리 좋은 자원봉사라 할지라도 이들의 수준에 맞지 않는다면 이들의 욕구는 전혀 충족되지 않을 것이고 가족자원봉사는 겉돌게 될 것이다.

⑤ 아동의 심리 · 사회적 상황에 대한 세심한 주의

시설에서 생활하거나 가정폭력을 피해 일시적으로 생활하는 경우의 아동과 지역아동센터에서 생활하는 저소득층 아동의 경우 일반아동과는 다른 환경을 접해 왔고 또 생활하고 있다. 이들 가족의 경우 구조적으로 결손가정인 경우가 많은 것이 사실이고 직원의 입장에서는 한 명씩 소중하게 대하고 있지만 모두를 개별적으로 부모처럼 대하기는 어려운 현실이다. 이때 가족자원봉사자의 경우 가족을 이루어 아동에게 다가갔을 때 이들이 자기 원가족에 대한 그리움이나 자원봉사자 가족관계에 부러움을 가질 수 있으므로 주의하는 것이 좋다. 따라서 직원들은 이러한 점을 고려하여 아동에 대한 가족자원봉사자의 경우 특히 세심한 주의가 필요하다.

### (2) 청소년 대상 가족자원봉사자의 자세 및 유의사항

① 대상 청소년이 처해 있는 상황과 욕구에 대한 이해

앞에서 말한 청소년의 특성을 이해하고 이들이 처해 있는 상황에 맞게 욕구를 충족시켜 주는 것이 중요하다. 긍정적인 자아정체감이 형성되도록 도우며, 급속히 이루어지는 신체적 성숙과 정신적 · 사회적 성숙 간의 균형이 이루어지도록 하는 것도 좋다. 가족자원봉사자들은 이러한 청소년의 특성을 이해하고 이들에게 맞게 자원봉사를 하도록 주의한다.

② 공동의 목표 선정 및 대안 선택

이들 자원봉사 수요자가 되는 청소년의 경우 비행이나 조기임신, 가족문제, 근로문제 등을 겪고 있는 청소년일 가능성이 많다. 가족자원봉사자의 경우 성인으로 구성된 가족(예 부부)이거나 성인과 자녀세대가 함께 구성된 가족, 자녀세대만으로 구성된 가족(예 형제자매)일 수 있다. 이때 수요자와 서비스 제공자가 모두 미성숙한 상태에서는 문제가 발생할 수 있으므로 성인이 중재 역할을 하고 조정할 수 있도록 성인이 개입하는 것이 바람직하다. 이때 가족자원봉사자와 대상 청소년이 함께 공동의 목표를 선정하고 이를 달성해감으로써 보람을 느낄 수 있도록 여러 대안을 마련하고 선택해 가는 과정도 이들에게는 도움이 될 수 있다.

③ 활동과정에서의 교육적 요소 중시

청소년이란 시기는 아동과 성인의 중간단계로 이제 사회인 혹은 반사회인으로서 생활하게 되고 일정 정도는 공교육이 완료되는 단계에 있다. 따라서 이들이 사회에 나가 생활하게 되었을 때를 대비하여 이들의 활동과정에는 교육적 요소를 가미하는 것이 좋다. 이들은 아동과는 달리 충분한 지적 성숙이 이루어져 있으므로 교육적 활동에 대해서도 이해도가 높으며 그 효과가 극대화될 수 있는 시기이기 때문이다.

④ 청소년의 안전문제

신체적으로는 이미 성인과 다름없으나 정신적으로는 아직까지 미숙한 상태에 있다. 질풍노도의 시기에 있는 이들의 판단은 때로는 한쪽으로 치우칠 수 있어 가출이나 약물, 학교 폭력 등의 문제에 휘말릴 수 있다. 따라서 이러한 문제에 노출되지 않도록 안전문제에 신경 쓰는 것이 좋다.

⑤ 청소년과의 공감대 형성

어느 세대에나 세대의 차이는 있다고 하나 농경사회를 거쳐 산업사회에 젊은 시절을 보낸 사람들과 정보화 사회에 젊은 시절을 보내고 있는 사람들 간에는 세대의 차이가 나지 않은 수 없다. 자신이 살아온 배경을 생각하며 청소년들이 살아가고 있는 환경을 고려하여 이들이 관심 있는 주제가 무엇이며 이들에게 어떻게 접근하는 것이 효과적일지 고민하는 것이 좋다.

**"애걔, 성(性)교육이 성에 안 차요"**

요즘엔 초등학생도 맘만 먹으면 음란물을 쉽게 접할 수 있을 정도로 각종 성 정보가 난무하고 있습니다. 그런데도 학교 성교육은 정자와 난자가 결합해 아기가 태어난다는 식으로 가르칩니다. 선생님께 여쭤 보면 "너희들 다 알고 있잖아."라는 답변이 돌아옵니다. 이렇게 소극적인 성교육, 본론은 가르쳐 주지 않는 성교육 때문에 원치 않는 임신과 성범죄 등의 문제가 생기는 게 아닐까요? (중략)

요즘 아이들은 조숙하다. 보통 14세를 넘으면 육체적으로 성숙단계라는 게 의료 전문가들의 일치된 의견이다. 물론 정신적으로는 육체적 충동을 조절할 만큼 성숙하지는 못한 상태이다. 학교 성교육이 중요한 이유가 여기에 있다. 하지만 학교 성교육은 '난자와 정자의 수정' 만을 외치는 1970~1980년대식 구태에서 벗어나지 못하고 있다.

출처: 주간한국, 2006. 11. 20

## 2. 노인 대상 가족자원봉사

### 1) 노인의 특성

노인이란 일반적으로 '노화과정에 있는 사람' 이라고 정의할 수 있다. 노화(aging)란 시간의 흐름에 따라 늙어가는 현상(on going process)을 의미한다[2]. 여기에서 노화는 신체적 · 정신적 · 사회적 노화로 나누어 생각해 볼 수 있는데 이러한 영역의 노화가 한 개인이라 할지라도 동일하게 진행되는 것은 아니다. 사

2) 노화란 노년기에 도달하면 누구에게나 보편적으로 나타나는 생리적 변화와 일반적 연령에 훨씬 앞서 현저하게 진행되어 일상생활에 지장을 초래하는 병적인 변화로 나눌 수 있다. 예를 들어 건망증이나 물건을 놓고 찾는 따위의 단순한 기억장애의 경우를 생리적 변화라고 한다면 치매처럼 동거하는 가족을 몰라보거나 자기가 있는 장소를 모르는 따위의 현저한 기능장애를 병적인 변화라고 한다.

람에 따라 신체적으로는 젊으나 사회적 은퇴를 빨리 한 경우도 있고, 어떤 사람은 60세부터 노인이라고 생각하지만 또 다른 사람은 70세부터 노인이라고 생각하는 등 여러 경우가 있을 수 있다. 따라서 일반적으로 역연령(曆年齡)을 가지고 노인인가 아닌가 구분하는 것이 대부분이다(〈표 7-2〉 참조).

**표 7-2 역연령에 의한 노인 구분**

| | 55세 | 60세 | 65세 | 70세 |
|---|---|---|---|---|
| 중요 구분 | • 고령자고용촉진법에 의한 고령근로자<br>• 평균적 은퇴(정년) 연령<br>• 조부모가 되기 시작하는 연령 | • 회갑(환갑)<br>• 노인복지법의 유료 노인복지시설 이용<br>• 국민기초생활보장법의 노령연금 수령 | • 경제활동의 관점에서의 비생산인구(15~64세 생산인구와 대비되는 개념)<br>• 무료, 실비노인복지시설 이용 | • 기초노령연금법의 연금 지급 연령 |

역연령으로 구분할 때 뉴가르텐(Neugarten)은 55~64세를 연소노인(young-old), 65~74세를 중고령노인(middle-old), 75세 이상을 연로노인(old-old)이라고 나누어서 보았다. 특정 연령을 기준으로 하여 그 이상의 역연령 집단을 노인이라 본다 하더라도 그 집단은 무척 다양한 특징을 갖게 된다. 즉, 한 세대 내의 노인 간에도 이질적이지만(개인 간 차이), 한 개인을 놓고 보더라도 그 사람의 생물학적 · 사회적 · 심리적 노화의 정도가 일률적으로 이루어지지 않아 이질적이다(개인 내 차이). 또한 노인의 개념 및 특성은 시대에 따라서도 변화하기 때문에 세대 간에도 차이를 보인다. 노인의 특성을 정리해 보면 다음과 같다.

① 노화과정이 현저히 진행(만성질환 출현, 주름살, 백발, 허리 굽음, 검버섯 등)
② 신체적으로 약해짐
③ 환경의 변화에 약해짐
④ 의존적임
⑤ 신체적 · 심리적 · 사회적 기능이 점차적으로 감퇴
⑥ 지나온 생에 대한 회상의 경향
⑦ 신체적 변화에 의한 정신적 변화
⑧ 인생의 마지막 단계

⑨ 사회적으로 얻는 것보다는 잃는 것이 많은 시기

⑩ 새로운 역할을 획득하는 시기에 있는 사람

### 2) 노인 대상 가족자원봉사의 종류와 내용

노인은 단어 자체에 의존적이라는 뜻이 내포되어 있다. 특히 우리나라 노인들은 소득, 건강, 주거, 역할 등의 부재나 상실로 어려움을 겪고 있는 경우가 많고 이를 노인의 4고(4苦)라고 한다. 이와 같은 노인들에게는 개인자원봉사에 비해 가족이 함께 하는 자원봉사가 보다 더 효과적이라고 볼 수 있다.

자원봉사를 하는 가족은 다음과 같은 도움을 줄 수 있다. 독거노인의 가정이나 노인복지관, 양로원 등을 찾아가 각종 물리치료를 도와주는 일에서부터 노인

**표 7-3 노인을 위한 가족자원봉사의 영역과 활동**

| 영역 | 구체적인 활동 | |
|---|---|---|
| 삶의 보람을 증진시키기 위한 활동 | • 노인대학 운영 보조<br>• 노인자서전 쓰기<br>• 노인 체육지도<br>• 노인 특기 개발지도<br>• 노인 취업 알선 | • 문맹노인 학습지도<br>• 독거노인 모임<br>• 노인 취미활동 그룹지도<br>• 노인 관련 출판물 제작 |
| 간호 및 재활을 위한 활동 | • 치매노인 사회적응지도<br>• 작업요법지도<br>• 회상치료지도<br>• 노인진료<br>• 이미용 보조 | • 욕창관리지도<br>• 인지치료<br>• 노인 건강강좌<br>• 목욕 보조 |
| 재가노인을 위한 활동 | • 가정방문봉사<br>• 단기보호<br>• 노인 안부 전화 | • 주간보호<br>• 임종간호 |
| 시설노인을 위한 활동 | • 시설환경 관리<br>• 노인급식 | • 노인시설 위문공연 |
| 독거노인을 위한 활동 | • 도시락 배달<br>• 외출동행<br>• 무의탁 노인 가정방문 | • 세탁물 배달<br>• 독거노인 가정결연<br>• 노인가정 환경미화 |

들의 의복 및 침구세탁, 목욕 도와주기, 숙소 정리하기 등을 들 수 있다. 그러나 실제적으로 거동이 가능한 노인의 경우 말벗이 필요한 경우가 많으므로 가족이 함께 찾아가 따뜻한 모습을 보여 준다면 더욱 좋을 것이다[3].

일상생활 수행능력이 부족한 노인을 위해 잔심부름 돕기, 시장보기, 취사 돕기, 함께 외출하기 등이 가능하다. 또한 건강한 노인의 경우 자원봉사활동을 하는 시간에 가족자원봉사자의 자녀를 돌보아 주거나 함께 놀이를 함으로써 노인에게 역할을 부여해 주는 것도 좋은 방법이다. 그밖에도 한글교실, 심리적 지지를 위한 말벗, 무의탁 노인가정 가사지원, 여가활동지도, 노인 자서전 쓰기지도, 장애인 및 허약노인 외출도우미, 치매노인 사회적응지도, 무료 이미용 서비스, 도시락 밑반찬 세탁물 배달, 임종간호(호스피스), 무료진료활동, 취업지도, 취업알선 등이 있다[4].

### 3) 노인 대상 가족자원봉사 시 유의할 점

노인을 대상으로 한 가족자원봉사를 할 경우 유의할 점은 다음과 같다.

#### (1) 단정한 외모와 겸손한 태도

노인에 대한 존경의 마음을 가진다. 노인들은 아무래도 오랜 세월을 살아오신 분들이기 때문에 예절과 생활태도에 대한 부분을 주의해서 볼 때가 있다. 이러한 경우 너무 어긋나는 옷차림이나 말투 등을 사용하게 될 때에는 노인을 대상으로 한 자원봉사 시 어려움을 겪을 수 있다.

#### (2) 노인에 대한 애정 어린 마음

노인은 다른 대상과 다른 독특한 특징이 있다. 혼자 사는 할아버지의 경우 가정봉사원이 방문했을 때 방 안에서 냄새가 나기도 하고, 말벗이 되려고 할 때 남

3) 최덕경 외(2006)에서 정리
4) 최덕경 외(2006)에서 정리

의 말에 귀를 잘 기울이지 않는다든지 과거의 자기 이력에 대한 이야기를 한참 하는 등 비노인의 입장에서는 이해하기 어려울 때가 있다. 이런 때에 가족자원봉사자는 노인에 대한 애정 어린 마음이 있어야 계속적인 봉사가 가능하며, 가능한 노인의 욕구와 요구를 고려하여 활동하는 것이 좋다.

### (3) 합의에 의한 봉사활동 계획 및 실천

봉사활동의 내용을 정할 때는 가능한 피봉사자인 노인과 함께 의논하는 것이 좋다. 노인 수요자가 기대하는 것이 가족자원봉사자가 기대하는 것과 다를 수도 있기 때문이다. 또한 아동이나 청소년과는 다르게 이들은 가족자원봉사의 수요자가 성인이기 때문에 이들의 의견에 대해 주의 깊게 들어야 할 필요가 있으며 이러한 대화를 통해 서로 관계를 발전시키게 되는 계기가 되기도 한다.

### (4) 노인복지에 관한 전문적인 지식과 기술의 습득

노년기에 들어선 노인들은 신체적, 사회적, 가족적으로 많은 변화를 겪는 시기이다. 특히 몸이 불편한 노인들의 경우 이들에 대한 지식과 기술을 습득하지 않고 이들을 대할 경우 몸의 불편함으로 인해 마음이 불편한 일이 생길 수 있다. 따라서 중풍이나 치매 노인들에 대한 기초적인 지식이나 노년기에 들어선 노인들의 기본적인 내용에 대해서 자원봉사자 교육을 통한 재교육을 받는 것이 필요하다.

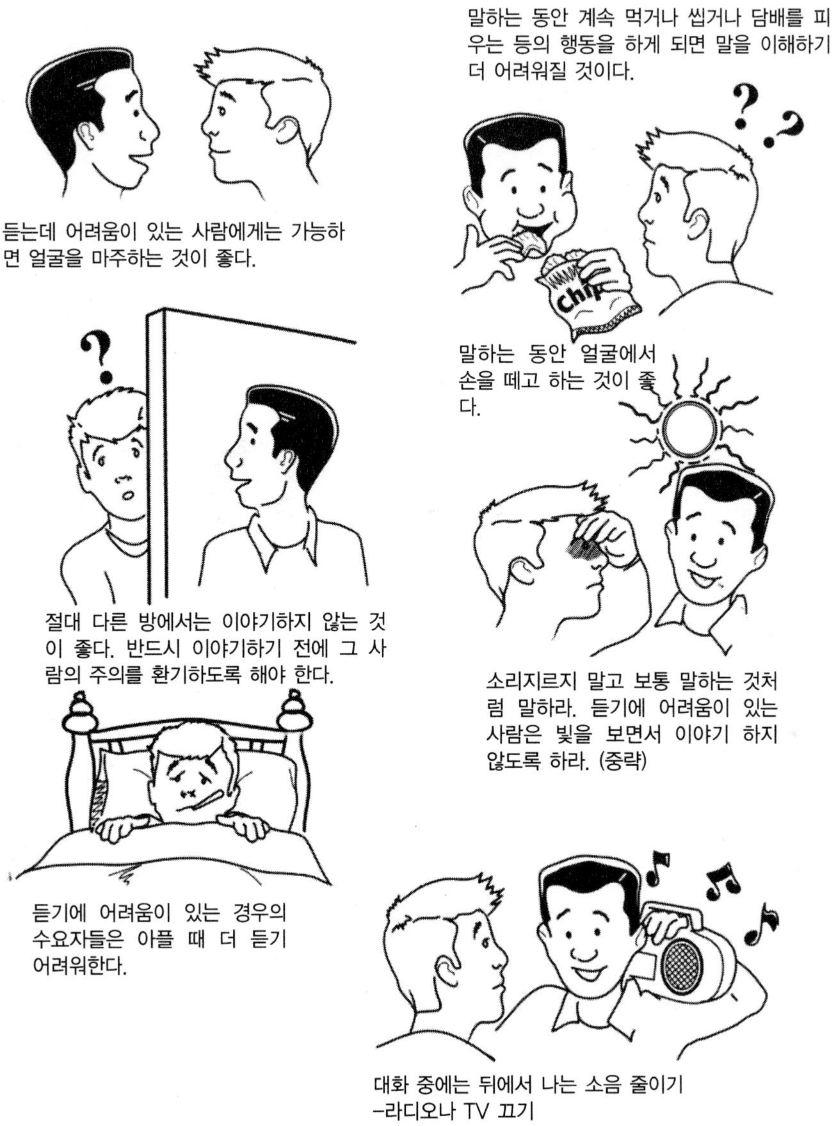


**그림 7–1 듣기에 어려움이 있는 수요자와 대화하기**

출처: Schneider, R. L. & Kropf N.P.(2000). Gerontological Social Work, 2nd Ed. Brooks/Cole

#### (5) 일반적인 자원봉사의 수칙 지키기

노인을 대상으로 한 자원봉사도 일반자원봉사의 수칙을 지켜야 한다. 대표적으로 약속을 엄수하는 것과 분명한 한계를 설정하고 무리한 행동을 자제하는 것이다. 항상 약속을 잘 지켜야 하겠지만 피치 못할 사정으로 약속을 어기게 될 때는 가능한 사전에 통지하여 상호 신뢰를 유지토록 한다. 또한 자원봉사라는 것은 봉사를 하는 사람과 수요자가 모두 즐거워야 하고, 아무래도 그 분야에 관한 전문가가 아니기 때문에 자신이 할 수 있는 영역과 부분에 대해서 한계를 짓고 있어야 한다.

#### (6) 노인의 자존심을 상하지 않도록 각별히 유의하여야 한다

노인들의 경우 특히 양로시설에 거주하시는 분은 가족관계나 경제적인 문제가 어렵고, 요양시설이나 전문요양시설 같은 곳은 육체적인 면에서 어려움을 겪고 있는 경우가 많다. 물론 유료양로시설인 실버타운이나 유료요양시설의 경우는 이러한 문제가 덜 할 수 있겠지만 일반적으로 무료시설을 이용하는 노인의 경우 마음에 상처가 될만한 언행은 하지 않도록 주의해야 한다. 젊은 사람들은 모르지만 나이가 들면 작은 것에도 서운하고 섭섭한 마음이 들 수 있기 때문이다.

## 3. 장애인 대상 가족자원봉사

### 1) 장애인의 특성

일반적으로 비장애인에 비해 여러 특성 때문에 일상생활을 영위해 나가는데 어려움을 많이 갖고 있다. 기본적으로 건강을 유지하는 것이 어려우며 일상생활상의 동작에 어려움이 있어 가족생활과 사회생활을 원활히 하는데 다른 대상보다 어려움이 많이 있으므로 가족자원봉사자가 할 수 있는 영역이 더 많다고 볼 수 있다. 그런데 자원봉사 수요자로서 장애인의 특성은 앞 절의 대상들처럼 일률적으로 말할 수가 없을 정도로 다양하다. 따라서 가족자원봉사 시 알아야 할 기본적인 장애인의 특성을 장애의 유형에 따라 간단히 살펴보면 다음과 같다[5].

### (1) 지체장애인

지체장애란 사지와 몸통의 중추신경계, 근육, 뼈, 관절 등의 운동기능 장애를 말한다. 대다수의 지체장애인들은 이동이나 운동의 불편 때문에 보행이나 외출하는데 제약이 따르거나 생활상 신체를 사용하는 일에 있어 다른 사람의 도움을 필요로 하며, 하고 싶은 경험이나 일을 다하지 못하며 생활하는 경우가 많다. 특히 이들 중에는 언어나 정신지체를 중복으로 가지고 있는 사람도 있는데, 이들은 의사소통이나 적응에서 어려움을 겪고 있다.

### (2) 시각장애인

시각장애는 눈의 기능상 장애로 최소한 나쁜 눈의 교정시력이 0.02 이하에 해당한다. 시각장애의 종류로는 전맹, 준맹, 약시(저시력)로 구분된다. 전맹인 경우는 눈으로 보아야 할 것을 촉각이나 청각에 의지해서 식별해야 하는 경우가 대부분이므로 정보의 습득 · 이동을 비롯한 일상생활에서 어려움을 경험하게 된다. 시각장애인이 필요로 하는 도움은 일상생활과 관련된 동작상의 지원 외에도 시각적인 정보를 소리와 같은 청각이나 점자와 같은 촉각으로 전환시켜 주는 도움을 필요로 한다. 그러나 다른 사람의 도움 없이 생활하고 싶어하기 때문에 그들에게 도움을 주되 그들의 요구가 있을 때까지 기다린 후에 도움을 주는 것이 좋다.

### (3) 청각 · 언어장애인

소리를 듣는 구조와 들은 소리를 의미 있는 소리로 인지하여 구별하는 중추기

5) 김범수 외(2007)에서 정리

능에 결함이 있어 소리를 듣지 못할 때 이를 청각장애라 한다. 최소한 한 귀가 40dB 이상, 다른 귀가 80dB 이상의 청력 손실이 있으면 청각장애인에 해당되며, 장애 정도에 따라 농과 난청으로 나눌 수 있다. 청각장애인은 의사소통에 있어서 어려움이 가장 크기 때문에 청각적인 정보를 수화나 문자 안내와 같은 시각적 정보로 전환시켜 주는 도움이 필요하다.

#### (4) 정신지체인

정신발육이 항구적으로 지체되어 지적 능력의 발달이 불충분하거나 불완전하고 자신의 일을 처리하는 것과 사회생활 적응이 현저히 곤란한 자를 말한다.

#### (5) 발달장애인

발달장애에는 소아기 자폐증, 비전형적 자폐증에 의한 기능 및 능력장애로 인하여 일상생활 혹은 사회생활을 영위하기 위한 기능 수행에 제한을 받아 도움이 필요한 사람이다.

#### (6) 정신장애인

지속적 정신분열병, 분열형 정동장애, 양극성 정동장애 및 반복성 우울장애에 의한 기능 및 능력장애로 인하여 일상생활 혹은 사회생활을 영위하기 위한 기능 수행에 현저한 제한을 받아 도움이 필요한 사람이다. 이들을 위해서는 칭찬이 중요하며 행동, 언어, 대소변 가리기 등이 원활하지 못하므로 그 실수를 책망하기보다는 잘하는 것을 칭찬해 주고 반복시킨다. 또한 외부 세계, 즉 친구들과도 자연스럽게 만날 수 있는 기회를 자주 가지도록 하는 것이 좋다.

### 2) 장애인을 위한 가족자원봉사의 종류와 내용

재활상담, 식사보조, 이빨 닦아주기, 화장실 같이 가기, 학습지도, 말벗 해주기, 나들이 보조, 시각장애인을 위한 책 읽어주기(녹음봉사), 장애인 권익옹호(이동권 보장 등)를 위한 캠페인, 직업재활지도, 무료순회진료, 후원자 개발 관리 보조, 장애인 관련 조사연구사업 보조 등이 포함될 수 있다[6].

그러나 현실적으로 건강가정지원센터에서 중증 장애가 있는 사람을 대상으로 서비스를 제공하기란 어려운 일이라고 판단된다. 현재 장애인을 위한 기관인 장애인복지관이나 재활기관이 존재하므로 건강가정지원센터에서는 아직 장애 판정을 받지 않았으나 요구가 있는 가정을 대상으로 이들을 상담하고 전문센터로 위탁하는 과정을 담당하는 것도 한 방법이라고 본다.

**표 7-4 장애인을 위한 가족자원봉사의 영역과 활동**

| 영역 | 구체적인 활동 |
|---|---|
| 장애아동의 보호 및 교육과 관련한 활동 | • 장애아동 돌보기<br>• 통학 보조<br>• 학습보조<br>• 학습지도<br>• 장애아동 발달을 위한 학예활동<br>• 학습 증진을 위한 학습자료 제작 보조<br>• 컴퓨터 교육 |
| 발달장애인과 관련한 활동 | • 발달장애인 친구되기<br>• 대중교통 이용지도 및 보조<br>• 지역사회시설 이용지도 및 보조 |
| 시각장애인과 관련한 활동 | • 시각장애인 이동 훈련 보조<br>• 시각장애인을 위한 녹음서 제작 보조<br>• 시각장애인을 위한 도서 전산화 |
| 언어소통을 위한 활동 | • 언어소통을 위한 수화통역<br>• 언어치료 보조 |
| 직업재활을 위한 활동 | • 구인 · 구직 개척<br>• 구직장애인을 위한 직업상담<br>• 작업지도 및 보조<br>• 장애인 직업재활을 위한 욕구 분석 보조<br>• 취업 알선 및 사후 지원<br>• 고용홍보 보조 |

6) 최덕경 외(2006)에서 정리

| | |
|---|---|
| 장애인시설 및 단체를 위한 활동 | • 관련 시설 단체업무 보조<br>• 후원자 개발 관리 보조<br>• 설비 장비 보수 및 환경관리<br>• 장애인 관련 각종 행사 |
| 여가생활 및 체육활동과 관련한 활동 | • 중증 장애인 나들이 보조<br>• 체육활동지도<br>• 장애인 체육대회 보조<br>• 여가선용 보조 |
| 재가 및 지역사회생활을 돕기 위한 활동 | • 외출동행<br>• 차량 지원<br>• 목욕 보조<br>• 반찬 지원<br>• 이미용지원<br>• 가사활동 지원 |

출처: 류시형 외(2004).

### 3) 장애인을 위한 가족자원봉사 시 유의할 점

#### (1) 장애인과 공감대 형성

장애인을 대상으로 자원봉사를 하는 것은 그들이 과거에 걸어온 좌절감이나 절망감, 상실감 등으로부터 고통받지 않도록 배려할 필요가 있으며, 단순히 필요한 최소한의 동작을 대행하는 것이 아니라 장애를 가진 사람의 마음과 공감할 수 있는 자세가 필요하다고 하였다(류기형 외, 2002). 특히 가족과 함께 자원봉사를 할 경우 가족원 모두 장애인 대상에 대한 이해와 같이 하려는 마음이 있을 때에 진정한 자원봉사가 함께 이루어질 것이다.

#### (2) 개별화된 자원봉사

앞서 살펴본 대로 장애의 유형에 따라 종류가 같다 하더라도 장애의 정도에 따라 장애인의 욕구는 굉장히 차이가 난다. 따라서 장애인의 개별화된 욕구를 평소 생활에서 장애인을 담당하고 있거나 돕고 있는 사람으로부터 이들의 특성이나 욕구에 대해 자세히 듣고 숙지할 필요가 있다.

### (3) 성취감과 안정감을 경험

장애인은 어떤 측면에서든 사회에서의 좌절감을 경험하게 되고 이에 대한 열등감을 가지고 있을 수 있다. 이러한 감정을 자극하지 않도록 작은 일에서부터 배려하도록 하고 이들이 사회에서도 도움이 되는 일원으로 생활할 수 있다는 성취감과 더불어 지속적으로 이들에게 도움을 제공할 수 있는 자원봉사자가 됨으로써 안정감을 경험하도록 하는 것이 도움이 될 것이다.

### (4) 장애인에 관한 전문적인 지식 및 기술

앞에서 노인을 대상으로 설명하였던 것처럼 장애인 대상 역시 이에 대한 어느 정도의 전문적인 지식과 기술에 대한 이해와 습득이 필요하다. 이러한 이해 없이 신체적 · 정신적으로 불편함에 처해 있는 사람을 돕게 될 경우 노인의 경우에서처

**[동대문구청] 부모님과 함께 장애인시설 자원봉사**

동대문구에서는 청소년의 건전한 인성 형성에 도움을 주고 지역사회 참여와 공동체 의식을 함양시키고자 겨울방학을 맞은 관내 청소년을 대상으로 각종 자원봉사 프로그램을 운영하고 있다.

이번 봉사활동은 2월 1일과 2일 전일중학교와 성일중학교 학생들이 부모님과 함께 장애우시설 '라파엘의 집'과 '꽃동네'를 방문하여 시설의 청소를 하고 장애우들의 식사와 운동을 도와주는 봉사활동으로 여느 봉사활동보다도 의미가 큰 봉사활동이다.

이번 겨울방학 동안 동대문구 관내 270여 명의 청소년은 6회로 나누어 장애우시설을 방문, 매서운 추위에도 불구하고 시설의 청소와 식사 보조 등 봉사활동을 펼침으로써 보람된 방학생활을 보내고 있다.

출처: 연합뉴스 보도자료, 2005. 2. 2

럼 불편한 일이 생길 수 있고 신체를 다치게 할 수도 있다. 따라서 장애 유형과 그 특성에 대한 기초적인 지식이나 이들을 대상으로 어떠한 형태의 자원봉사가 가능한지에 대해서 자원봉사자 교육을 통한 재교육을 받는 것이 필요하다.

## 4. 지역사회에서의 자원봉사

가족의 자원봉사는 지역사회 내에서 이루어지는 것이 일반적이므로 지역사회와 가족자원봉사는 밀접한 관련을 갖고 있다. 지방자치가 실시되면서 지역사회를 중심으로 한 지역사회복지에 관심이 증가하였다. 예전의 지역사회는 행정적인 단위로서의 의미로 보는 시각이 있었지만 현대에 와서는 행정적인 의미와 더불어 기능적인 의미, 사회적인 의미를 강하게 띤다. 최근의 자원봉사는 단순히 남을 돕는 이타행동이 아니라 지역문제를 해결하고 지역복지를 달성하려는 지역복지공동체를 위한 집합적 노력으로 이해되기도 한다. 이는 지방자치의 중심이념이 주민참여를 통한 지역복지 실현에 있으므로 지역사회를 기반으로 한 자원봉사는 이러한 이념에 부합한다고 볼 수 있다. 또한 이는 궁극적으로 지역사

▶결혼이민자가족과 송편만들기 가족봉사
(용산구 건강가정지원센터)

회의 삶의 질을 증진시키는 역할을 함으로써 자원봉사를 하는 이는 복지의 공급자이자 수혜자가 되기도 한다.

최근 들어 좋은 지역사회를 만들기 위해 다양한 노력들이 이루어지고 있다. 지역사회에는 지역만이 갖고 있는 특성이 있으므로 지역과 관련한 다양한 문제가 있고, 그러한 문제를 갖고 있는 대상들이 존재하기 때문에 이러한 문제와 지역주민에 대한 관심과 책임의식을 가지고 자원봉사에 임하는 것이 좋다. 지역사회에서 할 수 있는 분야는 전체 자원봉사의 분야와 비슷하다. 그러나 지역사회를 대상으로 한 자원봉사는 지역사회 개발이나 지역주민의 조직 및 역량 강화 등의 내용을 포함할 수 있다는 점에서 일반자원봉사와 내용을 달리할 수 있다. 일

**표 7-5 지역사회를 중심으로 한 가족자원봉사활동**

| 구분 | 내용 |
|---|---|
| 기금 마련 | • 벼룩시장(노인 생신상 차림)<br>• 사랑의 빨래터<br>• 불우이웃돕기 모금 |
| 지역사회운동 | • 이웃사랑실천운동<br>• 공원 놀이터 가꾸기 |
| 환경 | • 자연보호활동(청소)<br>• 녹색휴가 보내기 캠페인<br>• 환경지도 만들기<br>• 새집 달아주기<br>• 생태환경 탐사, 쓰레기 집하장, 재활용매장 방문 |
| 문화 · 예술 | • 지역사회문화 탐방<br>• 옛 이름 찾기 |
| 홍보 | • 가족자원봉사 알림도우미 활동(언론방영) |
| 교육 | • 가족단위의 자원봉사<br>• 사회복지교육 참가 |
| 교통 | • 우리 동네 교통환경 탐사<br>• 10부제 운행에 대한 의식조사, 표어 · 포스터 제작 |
| 공공기관 | • 우체국의 우편물 분류작업 |
| 홈스테이 | • 해외입양아 고국 방문<br>• 월드컵대회 시 방문자 유치 |

반적으로 지역사회를 대상으로 자원봉사를 할 수 있는 기관은 기본적으로 지역을 중심으로 하는 사회복지관과 재가복지센터를 들 수 있고 주민자치센터, 지역아동센터, 지역을 기반으로 하고 있는 NGO 단체(예 관악사회복지) 등과 같은 단체에서도 가능하다. 자원봉사의 영역으로는 환경이나 교통문제에 대한 자원봉사, 정치 및 경제발전을 위한 자원봉사, 교육영역의 자원봉사, 여가활용을 위한 자원봉사, 아파트를 단위로 한 지역공동체 강화를 위한 자원봉사 등을 들 수 있다.

김영호(2003)는 지역사회복지적 시각에서 자원봉사의 실천적 방안으로 다음과 같이 제안하였다.

① 그 역할은 전문지역사회복지기관 및 자원복지센터가 담당한다. 주민들로 하여금 현실적 지역사회복지 문제에 관심을 가지고 그 해결과 예방을 위하여 자발적으로 참여할 수 있는 동기를 부여하고 실천할 수 있는 계기를 마련한다.

② 지역사회복지의 실천과정에서 클라이언트를 포함한 그 가정(client systems)을 참여시켜야 한다는 것이다.

③ 지역사회를 구성하는 각종 집단, 즉 정치, 경제, 사회, 문화, 교육, 의료, 종교 등이 지역공동체의 필요성을 자각함으로써 집단 이기주의적 태도를 지양하고 이해를 초월하여 지역사회복지 실천과정에 더불어 참여할 수 있는 계기를 마련한다.

④ 중앙정부와 지방자치단체 및 관련 혹은 부속기관 등이 지역사회복지를 위해 더불어 관심을 갖고 통합적 노력을 함으로써 전 주민과 공사의 모든 조직들의 참여를 촉진시킬 수 있는 구체적인 전략을 수립하고 계획적이고 체계적으로 실천하는 노력이 필요하다(김영호, 2003).

## 요약

가족자원봉사의 대상 중 가장 많은 비율을 차지하는 아동 및 청소년, 노인, 장애인과 지역사회에서의 자원봉사에 대한 내용을 다루었다. 가족자원봉사의 대상이 개인이 하는 자원봉사의 대상과 크게 다를 수는 없다. 그러나 가족은 상호작용하는 개인의 모임으로 각 개인의 연령과 구성이 다르므로 그 대상에 대한 접근도 약간씩 차이가 날 수 있다. 이 장에서는 기본적으로 이러한 대상으로서의 공통점과 다르게 접근해야 하는 점이 대하여 부분적으로 다루었다.

아동을 대상으로 하는 가족자원봉사의 경우 방임아동을 위한 방과후 공부방 아동보호 및 학습지도, 학교 부적응아동 상담지도, 문제행동아동 상담지도, 요보호아동 결연, 실직가정 아동 심리 · 정서지도, 독서지도, 전통문화지도, 결식아동을 위한 식사지원, 저소득가정 아동의 학비지원을 위한 바자회, 아동학대 예방 및 신고 캠페인 등이 있다. 청소년 상담, 결손가정 비행청소년 개별 결연, 전통문화지도, 직업훈련, 직업알선 및 사회적응훈련, 결식청소년 무료급식 및 밑반찬 배달, 청소년 유해환경 추방운동, 동아리 활동지도, 근로청소년을 위한 음악회 개최 등의 모금활동이 있다.

노인을 대상으로 하는 자원봉사의 경우, 독거노인의 가정이나 노인복지관, 양로원 등을 찾아가 각종 물리치료를 도우는 일에서부터 노인들의 의복 및 침구세탁, 목욕 도와드리기, 숙소 정리하기, 일상생활 수행능력이 부족한 노인을 위해 잔심부름 돕기, 함께 외출하기 등이 가능하다. 또한 건강한 노인의 경우 자원봉사활동을 하는 시간에 가족자원봉사자의 자녀를 돌보아 주거나 함께 놀이를 함으로써 노인에게 역할을 부여해 주는 것도 좋은 방법이다. 그밖에도 한글교실, 무의탁 노인가정 가사지원, 노인 자서전 쓰기지도, 장애인 및 허약노인 외출도우미, 치매노인 사회적응지도, 무료 이미용 서비스, 임종간호(호스피스), 무료진료활동, 취업지도 취업 알선 등이 있다. 시각장애인을 위한 책 읽어 주기(녹음봉사), 장애인 권익옹호(이동권 보장 등)를 위한 캠페인, 직업재활지도, 무료순회진료, 후원자 개발 관리 보조, 장애인 관련 조사연구사업 보조 등이 포함될 수 있다.

일반적으로 지역사회를 대상으로 자원봉사를 할 수 있는 기관은 지역을 중심으로 하는 사회복지관과 재가복지센터를 들 수 있고 주민자치센터, 지역아동센터, 지역을 기반으로 하고 있는 NGO 단체(예 관악사회복지) 등과 같은 단체에서도 할 수 있다. 그 영역으로는 환경이나 교통문제에 대한 자원봉사, 정치 및 경제발전을 위한 자원봉사, 교육영역의 자원봉사, 여가활용을 위한 자원봉사, 아파트를 단위로 한 지역공동체 강화를 위한 자원봉사 등을 들 수 있다.

## 생각해 보기 ▸▸▸▸▸▸▸▸

1. 아동을 대상으로 한 가족자원봉사의 사례를 들어보자.

2. 노인의 특성을 고려한 가족자원봉사는 무엇이 있을지 생각해 보도록 하자.

3. 장애인을 위한 가족자원봉사의 유의점이 무엇인지 고려해 보자.

# 참 / 고 / 문 / 헌

김범수 외(2007). 자원봉론. 학지사.

김영호(2003). 자원복지의 이론과 실천. 학현사.

문화방송(2004). MBC 가족백서. MBC.

류기형 외(2004). 자원봉사론. 양서원.

정민자 외(2005). 자원봉사활동을 위한 자원봉사 실무와 프로그램. 대왕사.

최덕경 외(2006). 자원봉사론. 공동체.

〈신문자료〉

주간한국(2006. 11. 20) 애개, 성(性)교육이 성에 안 차요

연합뉴스 보도자료(2005, 2. 2) [동대문구청] 부모님과 함께 장애인시설 자원봉사

Schneider, R. L. & Kropf, N. P.(2000). Gerontological Social Work, 2nd ed. Brooks/Cole.

PART IV

# 가족자원봉사자의 관리와 프로그램 개발

CHAPTER 08

# 가족자원봉사활동 관리

1. 가족자원봉사자의 기본자세와 역할
2. 가족자원봉사활동의 관리
3. 가족봉사단의 관리과정

## 주 5일제 이후 늘어나는 가족자원봉사

우리나라 국민이 사회참여나 봉사활동에 쓰는 시간은 고작 하루에 5분, 미국(27분)이나 독일(21분)에 비해 매우 낮은 수준이다(2004, 생활시간조사). 전문가들은 '봉사를 나중에 돈 많이 벌면, 시간 나면 하는 거창한 것으로 생각하지 말고 생활의 한 부분으로 인식하는 것이 선진국형 봉사'라며 '어려서부터 생활 속에서 보고 배워야 봉사가 활성화된다.'고 입을 모은다.

주 5일 근무제와 맞물리며 실제로 가족자원봉사에 대한 관심도 늘어나고 있다. 가족 간 결속을 다지고, 아이들에게도 자기가 누군가에게 필요한 사람이 된다는 책임감도 심어 줄 수 있다는 장점이 알려지면서 여가활동의 하나로 자리 잡아가고 있는 것. 자원봉사 전문단체인 '볼런티어 21'이 행자부의 용역을 받아 조사한 자원봉사 참여실태를 보면, 자원봉사활동 참여인구는 1999년 14.0%에서 2005년 20.5%로 늘어났다. 또한 주변 권유에서 시작했던 자원봉사 동기가 '볼런테인먼트'(자원봉사 즐거움)로 가면서 점차 여가활동의 한 분야로 자리매김하는 현상도 나타났다.

회사 차원에서도 가족들끼리 자원봉사할 수 있는 장을 마련해 주기도 한다. 삼성화재는 지난해 6월부터 8월까지 매달 서울맹학교나 교통사고 유자녀단체 등 결연단체들을 초청해 농촌 견학과 타조 타기 등 행사를 가졌다. 올해에는 각 지방 사업부까지 결연단체 초청행사를 확대할 계획이다. 대웅제약 직원들은 지난해 여름 장애우들과 회사 직원 가족들이 함께 등산하는 한 텔레비전 프로그램에 출연했던 것을 계기로 그 시설을 꾸준히 찾고 있다.

중앙건강가정지원센터 조희금 소장(2005, 현 대구대 교수)은 가족들이 모두 바빠 대화나 공동의 경험이 사라지고 사실상 가족생활 자체가 실종된 요즘, 가족봉사를 하며 다른 이들을 도운 게 우리 가정에 도움이 됐다는 소감이 많았다며 '가족자원봉사가 사회적 운동으로 활성화되면 가족이 바뀌는 것은 물론 사회적 안전망 구축에도 큰 도움이 될 것'이라고 강조했다.

출처: 경향신문, 2006. 1. 2

주 5일제 시행으로 점차 가족 여가시간이 증가함에 따라 자아개발, 가족관계 향상 및 봉사활동 등으로 의미 있게 주말을 보내는 가정이 늘어나고 있다. 그러므로 가족자원봉사활동 목표에 맞게 건강가정지원센터, 복지관 및 종교기관이나 기업 등의 자원봉사단체에서는 가족자원봉사자에 대한 교육 · 훈련 및 가족자원봉사자 관리자의 자원봉사활동 관리가 점차 중요하게 대두되고 있다.

08. CHAPTER

# 가족자원봉사활동 관리

## 1. 가족자원봉사자의 기본자세와 역할

### 1) 자원봉사자와 가족자원봉사자의 자세

자원봉사자는 도움을 필요로 하는 사람이나 기관·시설·단체에서 필요로 하는 일을 아무런 대가 없이 직·간접적으로 자신의 시간, 재능, 에너지를 자발적으로 제공하는 사람을 말한다. 가족자원봉사활동(Family Volunteering)은 최소한 2명 이상의 가족구성원이 함께 봉사활동에 참여하여 이웃과 지역사회에서 필요로 하는 일에 자발적으로 참여하는 활동이다(이승미·정민자, 2006). 최근 우리는 자원봉사활동과 가족자원봉사활동에 대하여 많은 관심을 갖고 기존의 행정자치부, 사회복지단체, 기업, 그리고 건강가정지원센터 등을 중심으로 가족자원봉사단 발대가 늘어나고 있으며 점차 증가 추세이다. 이러한 가족자원봉사활동은 가족의 결속을 강화하는 방법을 배울 뿐 아니라 친절, 공감, 존경 등의 긍정적인 가치를 배우는 기회가 된다. 따라서 부모는 자녀와 함께 자원봉사활동에 참여함으로써 가족 간의 유대나 여러 가지 자녀문제들을 해소할 수 있는 계기가 된다는 점에서 가족자원봉사의 의의가 있다(강기정·정천석, 2006).

그러나 자원봉사자들은 자신이 어떠한 동기에 의해서 봉사활동에 참여하였다 하더라도 자원봉사자로서의 기본자세나 역할을 인지하지 못하고 참여한다면, 여러 가지 문제를 유발하게 되어 지속적으로 봉사활동을 할 수 없게 된다.

자원봉사자와 참여 가족봉사자 중심적인 행동이 아니라 당사자의 요구에 귀 기울이고, 문제의 실상을 규명하고, 문제해결을 도와주고, 잠재력을 발휘할 수 있도록 해주는 활동이 되도록 하고, 일방적인 활동이 아닌 쌍방성을 갖는 활동이 되어야 한다. 그리고 눈높이에 맞는 자원봉사자, 수혜자에게 정말 도움이 되는 것인지 살펴보고 상대의 의지를 약하게 만들지 않도록 미완성의 자원봉사가 되어서는 안 되며, 교육과 훈련 그리고 경험을 통하여 체계적이고 전문적인 자원봉사자, 계획된 과정 내에서 지속적인 자원봉사를 하는 자원봉사자로서 활동을 해야 한다(이성록, 2005). 따라서 개인자원봉사자와 가족자원봉사자들은 자원봉사 활동의 목표를 이루기 위해 역할을 제대로 수행하려면 다음의 자원봉사 자세를 갖추고 실천해야 할 것이다.

- 가족자원봉사자는 자신의 이익이나 자녀의 봉사활동 점수 등을 넘어 다른 사람이나 사회, 국가를 위한다는 차원에서 시작하여 개인과 가족이 함께 봉사자로서의 기본자세를 갖추도록 한다. 자원봉사는 그 자체가 목적이지 특정 종교의 전파 수단, 기업이나 단체의 홍보, 취업이나 학교의 봉사활동 점수를 취득하기 위한 수단으로 이용하지 않도록 한다.
- 자원봉사자는 자신에 대한 확신과 함께 다른 사람이나 사건에 대하여 포용하며 이해하려는 마음으로 인간에 대한 애정을 갖고 참여하도록 한다.
- 자발적으로 하는 활동이지만 자신과 가족이 관심 있는 주변의 일이나 주변 사람을 대상으로 시작하며 정성과 신의를 다하고 책임감을 갖고 주어진 일에 최선을 다하도록 한다.
- 가족자원봉사자는 자신과 가족이 하고 있는 봉사활동에 대하여 효과적인 활동결과를 가져오도록 점검하고 열심히 참여하여야 한다. 그리고 활동을 기록 평가함을 물론, 봉사활동 중에 발생하는 어려움, 문제점, 궁금한 사항 등은 기관이나 단체의 관리자, 회장 등과 상의하여 처리하여야 한다. 또한 가족자원봉사자는 가족자원봉사자 대상 교육, 봉사활동 자조모임 등에 적극 참여하도록 한다.
- 가족자원봉사자는 자원봉사자 관리기관(건강가정지원센터, 지역 자원봉사센터 등), 자원봉사 이용자(클라이언트) 등과의 약속을 지켜야 한다.
- 가족자원봉사자는 인간을 평등하게 대하여야 한다. 성별, 지역, 가족구성원 형태, 연령, 종교, 가치이념 등이 다르다는 이유로 봉사활동을 거부할 것이

아니라 긍정적이며 협력적인 태도로 가족자원봉사활동을 하도록 한다.

- 가족자원봉사자와 이용기관의 담당자, 활동대상자, 자원봉사자와의 관계에서 일의 한계를 분명히 한다. 활동하는 기관의 안내에 따라 활동하되, 활동대상자와 기관이 요구하는 바와 그 가운데 자신이 할 수 있는 것이 무엇인지 적절한 조율을 거쳐 활동한다. 또한 봉사활동을 할 때에는 편안하고 수수한 옷차림으로 하고 가능한 자원봉사단체 조끼 등 유니폼이나 명찰을 달고 활동하도록 한다. 그리고 봉사자는 봉사활동 시작 전에 도착하여 활동사항을 점검하고 가능하면 약속한 봉사활동을 종료시간까지 마치도록 최선을 다한다.
- 가족자원봉사자는 봉사활동을 통하여 활동하는 기관이나 대상자에 대한 비밀은 반드시 지켜야 한다.
- 가족자원봉사자는 가족과 함께 지속적인 봉사활동을 하기 위해서는 교육, 세미나, 연구 등에도 참여하여 자원봉사 관련 지식과 기술을 습득하여 다음 가족자원봉사활동에 효과적으로 활용하도록 노력한다.
- 가족이 함께 하는 자원봉사활동 시 기관이나 단체의 자원봉사 관리자나 직원과 좋은 관계 유지에 있어 자원봉사 관리자나 상담가와 갈등이나 오해가 있을 때에는 나 전달법(I-Message)을 이용하여 상호 대립적인 관계가 되지 않도록 솔직한 대화를 통해 해결해 나가도록 한다.
- 가족자원봉사에 참여할 때 부모는 어린 자녀나 처음 참여하는 다른 가족에게는 자원봉사기관 방문이나 수혜자를 만나기 전에 기본수칙이나 주의사항을 알려 주어 봉사수혜자를 불쾌하게 하는 실례를 하지 않도록 지도하여야 한다(김영호 · 오정옥 · 전형미, 2003; 김의영, 2006; 김익균 외, 2005; 조휘일, 2002).

부모가 자녀의 봉사활동 점수를 위해 부모만이 참여하여 봉사활동 시간을 달라고 하는 태도는 바람직한 태도가 아니다. 또한 가정 내에서 부모나 친지와 가족행사 시 또는 도움이 필요한 가까운 이웃에게는 정서적 지원이나 직접적 봉사활동을 하지 않고 공인하는 기관에서의 가족봉사활동, 자녀의 점수를 위한 가족봉사활동에만 참여하는 것은 가족자원봉사자로서의 기본자세가 아니고 미래사회의 주역이 될 자녀에게도 교육적이지 못한 태도라 할 수 있다.

그러므로 가족자원봉사단의 경우 가족은 봉사단체의 규칙을 준수하고, 관리자의 안내를 잘 따르되, 부모나 가족의 대표는 봉사에 참여하는 가족원을 잘 이끌며 봉사활동에 참여하여야 한다.

**자원봉사활동기관에서 불편해 하는 자원봉사자**

- 책임감이 부족해서 일을 맡길 수가 없다.
- 시간관념이 없고 결석할 때에도 전화연락조차 없으며, 늦게 도착해도 미안해 하지 않는다.
- 기관의 지도를 받으려 하지 않으며, 기관의 운영체제를 무시하고 행동한다.
- 공과 사를 구별하지 못하고 봉사활동시간에 사적인 전화나 다른 가족과 이야기를 한다.
- 봉사활동기간 및 시간이 너무 적고 일을 할만 하면 그만두게 된다.
- 자원봉사 모집 및 훈련에 투입되는 모든 비용을 감안할 때 자원봉사자가 큰 도움이 되지 않는다.
- 자신의 명예와 사리사욕을 위해서 자원봉사활동을 하는 것처럼 보인다.
- 자원봉사 수혜자(클라이언트)를 대하는 기본자세에 문제가 있다.

출처: www.volunteer.or.kr

이외에도 가족자원봉사자는 부부나 부모-자녀가 함께 지속적으로 참여하여야 하고, 긍적적 사고와 유머를 지니며 다른 가족봉사자와 기관 담당자에게도 공손하고 바른 언어예절, 밝은 얼굴로 대하여야 한다.

### 2) 가족자원봉사자의 역할

자원봉사의 유형은 사회가 변함에 따라 새로운 영역이 추가되기도 하여 다양하게 변화, 확대되어 왔는데 이러한 활동 영역의 변화에 따라 자원봉사자의 역할도 변화하고 있다.

### (1) 자원봉사자의 역할

자원봉사자는 사회문제 및 욕구의 발견과 더불어 사회를 예방, 통제, 치료하는 사회복지기관의 방침을 결정하거나 직접 서비스를 제공하는 활동(공적인 제도나 서비스로는 충족되지 않는 부분)에 참여하도록 한다. 그리고 도움을 필요로 하는 개인, 집단, 지역사회의 문제를 알리는 대변인으로서의 역할과 활동대상자, 사회복지기관, 지역사회 간의 중간 매개자 역할을 한다. 또한 바람직한 사회 변화와 적절한 사회적 서비스를 지원할 수 있도록 발전시키며 인간존중의 정신을 실현하기 위한 제도적 · 구조적 개혁을 주장하고 변화시키는 역할을 한다. 이외에도 복지 서비스의 질적 효과를 측정 · 평가하는 평가자로서 평가를 통한 서비스의 개선을 제안하며, 나아가 부족한 제도나 시책을 개선하도록 추진하는 역할이 있다.

한편 자원봉사자의 역할을 개인적 역할과 사회적 역할로 구분하기도 한다(한국여성개발원, 1994; 박태영, 2004 재인용; 김의영, 2006). 우선 개인적 역할로는 직접 서비스 제공, 기관의 사무, 행정업무 지원, 섭외, 홍보활동 또는 모금활동 참여, 기관의 정책 결정에 참여하거나 자문 역할 등이다.

사회적 역할로는 직접적 · 보완적 서비스 활동에 참여하여 사회문제를 예방하고 치료 해결, 봉사수혜자(클라이언트)에 대한 대변자 및 해설자 또는 협력자로서의 역할, 기관과 지역사회와의 협조를 위한 매개 역할, 인간성 회복을 실현할 수 있도록 돕는 역할, 숨겨진 사회문제의 발견과 해결에 도전하는 선구적 역할 등으로 구분하기도 한다.

### (2) 가족자원봉사자의 역할

가족자원봉사자의 역할은 위의 모든 역할이 다 포함되지만 개인이 아닌 가족을 단위로 하여 위의 역할에 해당되는 사항을 담당하고 있다. 또한 가족자원봉사자는 기관이나 수혜자에게 봉사활동을 제공하지만 함께 참여하는 가족원(배우자, 자녀, 부모, 형제자매, 친지 등)에게도 긍정적인 영향을 주고받는 역할을 한다. 즉, 가족자원봉사자들은 개인이나 단체의 회원으로 활동하며, 개인이나 기관에 가서 청소나 식사준비 등 일상생활지원 서비스, 정서적 지원, 각종 편의 제공 및 상담 등의 역할을 하기도 한다. 또한 관공서, 병원, 건강가정지원센터나 사회복지기관 등 각 기관이나 단체의 업무나 행정, 바자회 등 행사지원, 모금활동 및 각종 캠페인 활동에 참여 등의 역할도 있다. 그리고 개인, 단체, 지역사회를 위해 대변하거나 협력하고, 정부나 지역단체의 정책 결정이나 설문조사에도 참여하며, 우리 사회의 문화시민의식, 환경문제 등에 대한 캠페인 활동을 통해 기관과 지역사회와의 매개적 역할을 하고 있다.

가족자원봉사활동은 공식적인 직접적 · 사회적 역할도 있지만 가족이나 친지, 가까운 이웃을 돕는 등의 비공식적인 역할도 의미가 있는 일이다. 즉, 가족자원봉사자는 가족이 함께 하는 봉사활동을 통해서 가족에 대한 소중함을 깨달아 의사소통을 원활하게 한다. 또한 타인에 대한 배려와 더불어 가는 사회 변화의 바탕을 만들며, 부모가 지도자가 되어 자녀를 봉사하는 어른, 문화시민으로 성장하도록 지도함에 그 목적이 있다.

이를 위해 가족자원봉사자는 사회복지기관이나 건강가정지원센터와 수혜자 사이를 연결해 주는 중매자로서 촉매 역할을 하며, 부모와 자녀의 역할분담으로 직접 수혜자와 만나 봉사하는 역할을 하기도 한다. 가족구성원 중 자원봉사지도

▶ 가족표 쿠키 만들어 시설에 보내려는 가족봉사자

▶ 무료혼례식에서 문화봉사

▶ 서울시 가정의 달 행사 시 문화봉사

▶ 결혼이민자가족과 함께 하는 가족봉사활동

자(상담가) 자격증 소지자의 참여는 전문가, 준전문가 수준에 이르는 변화와 자녀의 재능에 따라 일을 분담하여 적절한 역할을 하도록 한다(김종태 외, 2006).

가족자원봉사자들은 가족봉사활동에 참여도 중요하지만 자원봉사자로서의 기본자세와 역할을 잘 알고 실천함으로써 가족사랑 이웃사랑을 실천하는 행복한 가족자원봉사활동을 지속적이고 체계적으로 하여야 한다.

**표 8-1 가족자원봉사활동의 효과**

| 구분 | 내용 | 비고 |
|---|---|---|
| 가족 측면 | 〈가족이 함께하는 건전한 여가문화〉<br>• 자녀와 함께 봉사활동을 통해 건전한 여가문화를 경험, 다양한 일 경험, 새로운 기술 습득 기회, 구성원들의 잠재능력을 발견하게 함<br>• 가족자원봉사활동을 통해 긍정적인 부모역할 모델 제공<br>〈가족이해 및 가족관계 강화〉<br>• 가족과 함께하는 시간 증가로 가족 간 이해에 도움<br>• 가족 간 다양한 화제로 대화에 도움<br>• 이를 통해 가족문제 해결능력 강화, 구성원 간의 돈독한 가족애<br>• 실천적 체험을 통해 감사하는 마음을 갖게 하고, 기쁨 및 보람을 체험함으로써 긍정적이고 밝은 마음으로 가족을 대함<br>• 가까운 부모, 친척을 방문하여 가족봉사활동을 통해 가족 간 친밀감 강화 및 어른세대와 자녀 등 세대공감 계기 | 가족 친밀감 강화 |

| | | |
|---|---|---|
| 가족 측면 | 〈자녀교육〉<br>• 가족자원봉사를 통해 개인 그리고 한 가족으로서 지역사회문제의 해결에 동참했다는 긍정적 경험 갖게 함<br>• 다세대 가족에게는 가족자원봉사활동을 통해 젊은 세대에게 바람직한 가치관을 전달하는 방법<br>• 가족자원봉사활동을 통해 자녀에게는 일찍부터 자원봉사 경험을 하게 하여 민주시민으로 성장할 수 있는 교육의 장 마련 | |
| 기관·단체 측면 | 〈자원봉사활동 활성화〉<br>• 자원봉사자의 참여 확대<br>• 다양한 계층, 성별, 연령의 자원봉사자 확보<br>〈자원봉사의식 확산〉<br>• 어릴 때부터 자원봉사활동을 체험함으로써 자원봉사에 대한 의식을 확산할 수 있는 계기<br>〈지역사회 연대의식 강화〉<br>• 기관과 지역사회와의 관계를 더욱 의미 있게 만들고 인식도 높일 수 있음<br>• 지역주민의 고통을 분담하여 사회문제 해결에 동참하도록 도움<br>〈기관의 후원자 확대〉<br>• 가족자원봉사자가 기관 후원자가 됨 | 공동체 의식 함양 |
| 지역사회 측면 | 〈공동체 의식 향상〉<br>• 자원봉사 저변 확대 계기 마련<br>• 청소년문제, 환경문제 및 제반 사회문제 해결 및 예방 효과<br>• 지역사회를 개선하는 힘은 가족의 힘도 크다는 인식 확산<br>• 가족자원봉사 동아리, 자조집단, 소모임을 통해 이웃 간의 화합을 도모하여 공동체 의식 함양 | |

출처: 정민자 외, 2006. 일부 수정.

## 2. 가족자원봉사활동의 관리

### 1) 가족자원봉사활동 관리의 중요성

관리(management)란 자원을 활용하여 원하는 목표와 목적을 달성하고 창조적인 생활을 하는 데 필요한 기본 수단(Deacon & Firebaugh, 가정관리연구회 옮김, 1991)으로 관리는 여러 과정으로 정의할 수 있다. 루이스(Lewis & Lewis, 2001)에

의하면 관리는 어떤 목표를 달성하기 위해 계획을 세우는 과정, 그 계획을 실행하기 위해 요구되는 인력과 자원을 조직화하는 과정, 여러 가지 구성 업무들을 수행하기 위해 필요한 지원 인력을 격려하는 과정, 그리고 그 결과를 평가하는 과정 등을 포괄한다고 하였다.

가족자원봉사활동을 관리한다는 것은 기관이나 단체가 지역사회의 가족자원봉사 참여자 집단의 자원과 기관이나 단체의 지원을 활용하여 가족자원봉사단 활동의 목표에 맞게 효과적으로 수행하도록 하는 일련의 활동을 의미한다. 오늘날 자원봉사활동이 지속적이거나 체계적이지 못하다는 견해와 함께 자원봉사자 관리의 중요성이 부각되고 있다. 또한 아직 초창기인 가족자원봉사활동의 관리를 잘못하면 가족 여가문화와 봉사활동의 구분이 없거나 가족자원봉사 활동처나 대상과 가족자원봉사자를 잘못 연계한 경우, 그리고 교육과 봉사활동의 관리와 조정이 미흡한 경우에 사회적 관심에 비해 점차 참여율이 저조해지거나 일회성 또는 행사 위주의 봉사활동이 되기 쉽다. 즉, 가족자원봉사자 관리는 가족자원봉사활동을 원하는 측의 욕구와 가족자원봉사활동의 수혜를 받는 측의 욕구를 연계하여 효과적인 가족자원봉사활동이 되도록 하는 일련의 절차와 방법을 모색하는 과정이다.

일반적인 자원봉사활동의 운영은 관리체계와 지원체계의 역할, 활동, 기능에 의해 그 성격이 규정된다고 볼 수 있다. 자원봉사활동 관리체계란 자원봉사자를 모집, 홍보, 교육, 배치, 평가, 인정과 승인 등의 관리행정과 관리과정을 모두 포함한다. 또한 지원체계란 자원봉사활동을 둘러싼 외부환경 즉 물리적 · 재정적 · 인적 지원을 행하는 기관이나 단체를 의미한다(김정배 외, 2000).

자원봉사 관리자는 프로그램 기획과 조직, 직원 배치와 감독, 통제, 기관, 지역사회, 전문인과의 관계, 예산과 기금 모금(유성호 역, 1997 재인용)을 잘 해야 한다. 또한 가족자원봉사활동을 위해 운영체계, 즉 가족자원봉사단 모집 → 교육 · 오리엔테이션 후 발대식 → 활동 → 평가회 → 프로그램 개발 → 중간 평가회 → 가족 간 정보 교환, 가족 간 우의 다짐 → 최종 평가회, 피드백 → 평가보고서 작성을 포함하는 관리행정과 관리과정을 원활하게 관리해 나가야 한다.

가족자원봉사 활성화를 위해서 자원봉사기관의 담당자는 가족자원봉사 인력관리, 행정적 · 재정적 지원체계의 강화와 함께 지원체계의 매뉴얼, 지역과 단체의 성격과 활동목표에 적절하게 관리를 해야 한다.

## 2) 가족자원봉사활동 관리자의 역할

가족자원봉사 관리자(조정자)는 기관이나 단체 조직의 서비스를 수행하기 위해 가족자원봉사자들을 관리하는 실무 책임자로 과거에는 자원봉사활동 직원이나 담당자라는 용어를 사용하였으나 오늘날에는 관리자, 조정자(coordinator)라고 부르고 있으며 새로운 전문직으로 등장하고 있다. 이러한 자원봉사 관리자(volunteer administrator)는 그 서비스를 수행하기 위해 자원봉사자와 가족자원봉사자를 활용하는 기관이나 조직의 최고 실무 감독자라고 할 수 있고, 자원봉사 감독자는 조직 내에서 자원봉사 프로그램을 책임지고 있는 중간 관리자라고 할 수 있다(류기형 외, 2006). 사회복지 영역의 관리자(조정자)는 1978년부터 1980년대에 만들어진 한국사회복지협의회 부설 사회봉사안내소 담당직원이 처음으로 역할을 수행했고, 그후 사회복지관이나 단체의 직원이 겸무의 형태로 조정자의 역할을 수행해 오고 있다. 그러나 아직은 자원봉사 조정자나 상담가 등의 역할에 대한 이해가 부족한 실정이다(김성이 · 박영희, 2005).

일반적으로는 가족자원봉사 관리자는 그 전문성의 정도에 따라 전문가, 준전문가, 리더 등으로 분류되기도 하고, 가족자원봉사활동과 욕구(needs)를 조정하는 조정자(coordinator), 직무활동의 지휘 · 통제하는 감독자(director), 과정 수행을 지도 · 평가하고 조언하는 슈퍼바이저(supervisor), 훈련을 담당하는 훈련자(trainer) 등으로 분류하기도 한다. 또한 이들 가족자원봉사 관리자는 업무와 함께 프로그램을 개발하고 기획하는 기획가, 또는 가족봉사활동의 문제점을 진단하고 대안을 마련하는 평가자로서의 역할을 하기도 한다.

가족자원봉사 관리자는 자원봉사활동을 촉진하고 효과적으로 활동할 수 있도록 돕는 역할을 하는 사람이다. 관리자는 행정관리, 자원봉사 수급 조절, 가족자원봉사자에게 자원봉사와 봉사 관련 기술교육과 훈련 담당, 직무활동을 평가하는 지도감독자의 역할, 자원봉사자의 자유로운 활동 촉진, 가족자원봉사자 역량 강화를 위한 다양한 교육 등을 관리하는 전문가이어야 한다.

가족자원봉사 관리자는 인격적으로 성숙해야 하며, 자원봉사 관련 교육과 훈련을 거친 전문인으로서 능력을 갖추어야 한다. 자원봉사 관리자(이성록, 2005)는 포용력과 리더십, 인간에 대한 이해와 지식, 행복에 대한 직관력, 사업추진력과 함께 자원봉사자의 적정 배치와 서비스의 문제점을 타개하고, 여러 가지 상황에 직면할 때 적절하게 대처해 나가도록 통찰력을 갖춰야 한다.

가족자원봉사활동 관리자는 다양한 사람, 문화, 단체를 이해하고 협력하며 형평에 맞게 대하여야 한다. 또한 사람, 단체, 인적 · 물적 자원과 네트워크를 가지며 관리자로서 역할을 잘 수행해야 한다.

### 3) 가족자원봉사 운영관리

가족자원봉사 관리자의 운영관리는 기관의 크기, 목적, 환경 등에 따라 다르며, 여러 가지로 분류되고 있다. 준비단계, 실행단계, 평가단계로 구분하기도 하고 모집, 신청 · 면접 및 심사과정, 오리엔테이션 및 훈련, 자원봉사자 배치, 슈퍼비전 및 평가, 인정, 유지존속, 기록유지, 프로그램 평가, 권익옹호 및 교육 등으로 영역을 구분하기도 한다. 즉 가족자원봉사 관리자의 운영관리는 자원봉사자를 모집하기 위한 사전 준비단계에서부터 자원봉사활동을 원활하게 진행되도록 하는 관리와 평가과정, 가족자원봉사자들이 계속 봉사활동을 유지할 수 있도록 인정과 보상 및 환류 등 사후 관리에 이르기까지 모든 것을 포함한다.

모든 기관이나 시 · 군 · 구의 자원봉사센터나 자원봉사은행, 건강가정지원센터 가정문화팀의 가족봉사단 운영관리자는 가족봉사활동의 목적을 이루기 위해 각 기관의 운영 매뉴얼을 참조하여 관리를 해 나가야 한다.

다음은 현재 2004년부터 건강가정지원센터에서 운영하고 있는 가족봉사단 관리자를 위한 운영 매뉴얼이다(이승미 · 정민자, 2006). 2008년 1월 현재 국가 각 부처와 기관(업), 종교단체, 학교 등에서 모집하여 운영하고 있는 가족봉사단이 증가하고 있다. 그중에서 가족정책을 담당하고 있는 여성가족부 지원 전국 66여개 이상의 건강가정지원센터 사업 중 가족문화사업의 공통사업으로 가족봉사단을 운영하고 있어 중앙건강가정지원센터 가족봉사단 관리자 운영 매뉴얼을 중심으로 살펴보고자 한다. 각 지자체, 사회복지단체, 기업 등의 가족자원봉사 관리자는 각 기관의 가족봉사활동 내용, 장소, 목적 등에 따라 관리하여도 된다.

(1) 운영목적

가족자원봉사는 가족이 함께 봉사에 참여함으로써 가족 간의 대화를 늘리고, 세대 간의 문화 및 정보 전승을 도우며, 지역사회에 대한 이해와 사랑의 증진을 그 목적으로 한다. 따라서 시·군·구 건강가정지원센터의 가족자원봉사 관리 운영 매뉴얼을 통하여 보다 효과적인 관리가 이루어지도록 한다(중앙건강가정지원센터 가족자원봉사 관리자 운영 매뉴얼, 이승미·정민자, 2006).

(2) 가족자원봉사 운영근거

건강가정기본법(2005년 1월 1일 시행)에 근거하여 다음과 같다.

- 제27조(가족단위의 시민적 역할증진) 2항 국가 및 지방자치단체는 가족단위의 자원봉사 참여가 확대되도록 노력하여야 한다.
- 제28조(가정생활문화의 발전) 2항 국가 및 지방자치단체가 지원하여야 하는 건강가정의 생활문화는 다음 각 호의 사항을 포함한다.
  3. 가족단위 자원봉사활동
- 제33조(자원봉사활동의 지원) 국가 및 지방자치단체는 건강가정과 관련되는 자원봉사활동사업을 육성하고 장려하여야 한다.

## 3. 가족봉사단의 관리과정

### 1) 준비단계

(1) 기획

① 실태 파악

지역 현황 및 가족의 특성을 파악하고, 자원봉사 관리자가 자료조사를 통해 계획한 프로그램이 있다면 전문가 등의 자문을 받거나 표본집단을 이용하여 가족자원봉사 및 프로그램에 대한 요구도조사를 실시한다.

② 수요처 및 수혜자 확인 및 개발

지역의 가족단위 자원봉사를 필요로 하는 곳을 확인하고, 가족단위 자원봉사가 가능한 곳을 개발한다. 현재 개인자원봉사 수요처는 많지만 가족자원봉사자가 교육 없이 배치되는 것은 어려우므로 수요처에 적합한 가족봉사자를 모집하여 교육 · 배치하는 것이 중요하다.

③ 대상 및 규모

가족봉사자의 대상은 2인 이상으로 이루어진 가족으로 부모와 자녀, 한부모와 자녀, 조부모와 손자녀, 부부, 성인 형제자매 등 다양한 가족으로 구성될 수 있다. 그 규모는 봉사활동 수요처의 일의 내용에 따라 1가족(소규모 봉사) 이상 50가족(대규모 봉사) 이하가 되도록 하는 것이 적합하다. 그러나 현재 대부분 자원봉사관리기관의 여건이나 담당관리자가 다른 업무와 함께 관리하고 있는 점을 감안한다면 10~15가족 규모로 지속적인 가족봉사활동이 되도록 유지 · 관리하는 것도 바람직하다.

④ 기간 및 일정

중앙건강가정지원센터에서는 가족자원봉사의 운영기간은 4개월~1년으로 권장하고 있으나 이들 단체가 지속적인 가족봉사활동을 원한다면 가족자원봉사단 리더를 통해 운영하거나 봉사활동의 영역을 달리해서 지속적으로 할 수도 있다. 일정은 가족이 함께 하는 활동이므로 월 1~2회로 기획하되 토요 휴무제를 고려하여 토요일이나 일요일로 정하여 기획하면 많은 맞벌이 부모의 참여율도 높일 수 있다.

⑤ 가족봉사단 이름짓기

가족자원봉사를 기억할 수 있도록 이름을 짓는다. 예를 들면 민족사관학교 가족봉사단은 '민사고 러브이즈(KMLA Love is)' 용산구 건강가정지원센터 가족봉사단은 '용산행복도우미 가족봉사단' 하남시 자원봉사단체협의회는 '사랑나눔 가족봉사단' 등과 같이 별칭을 지어 활동하고 있다.

⑥ 가족자원봉사단 배치

가족자원봉사자가 단체를 통하여 운영되는 경우 지정된 시설이나 독거노인 가족봉사 등을 지속적으로 하는 방법이 있고, 매회 다른 기관이나 시설, 수혜자 가족을 봉사하는 방법이 있다. 1년을 나누어 상반기, 하반기로 나누어 봉사활동 내용을 다르게 할 수도 있다. 그러나 아직 단체에서는 가족자원봉사자들이 함께 모여 쿠키나 음식, 빵 등을 만들어 시설이나 기관에 보내는 봉사활동, 주말농장, 건강가정, 환경문제 등을 주제로 한 거리 캠페인, 공원청소 및 지자체나 소속 단체의 행사도우미 등의 활동을 하는 경우가 많은데 단체의 특성과 수요처의 욕구를 잘 고려하여 배치한다.

⑦ 위험관리

가족자원봉사활동 시 일어날 수 있는 위험요소를 계속적으로 확인하고 차량이동이나 위험요소가 있는 자원봉사활동을 대비하여 필요한 경우 보험에 가입하고 마스크, 장갑, 약품 등 물품을 준비한다. 그리고 자원봉사 관리자는 세밀한 기획과 함께 안전에 대한 주의사항을 참여 가족에게 알리고, 회장 등 자원봉사자 대표, 부모나 보호자는 자신뿐만 아니라 참가 가족의 청소년이나 아동의 안전을 위해 지도해야 한다. 특히 가족봉사활동을 하면서 어린이들은 친하게 지내면서 장난을 하다가도 다투며 밀치는 사고가 발생하는 경우가 있어 봉사활동 전에는 반드시 주의를 주도록 하고 봉사활동 중에도 늘 주시해야 한다.

### (2) 홍보

가족자원봉사에서 홍보는 자원봉사자가 적극적으로 활동할 수 있게 하며 일반인에게 가족자원봉사활동을 알려 주는 역할을 한다.

홍보수단은 다음과 같은 것 중 시기, 비용 등을 고려하여 다양한 방법으로 적절하게 하는 것이 중요하다(볼런티어21 자원봉사 운영 매뉴얼, 2006; 이승미 · 정민자, 2006).

① 신문과 방송 등 인쇄매체

가족자원봉사는 지역신문, 사회복지기관이나 건강가정지원센터 등의 뉴스레터나 프로그램 안내지, 각 종교기관에서 발행하는 주보나 월보, 소식지, 온라인 신문 등을 활용할 수 있다. 방송은 자막 광고나 라디오 광고, 전광판 광고 등이 있고 많은 사람에게 홍보 효과가 있지만 지역주민 대상 가족봉사활동의 경우는 비용문제가 있고 많은 가족을 모집하는 것이 아니므로 지자체의 반상회보나 지역신눈이 더욱 적합할 것이다. 그러나 이는 석어도 50~60일 전부터 홍보가 되도록 한다

② 인터넷 홍보

인터넷은 이용자가 많아 비용은 저렴하면서도 그 효과가 높은 편이므로 효과적인 홍보수단으로 이용할 수 있다. 가족자원봉사를 홍보하기 위해서는 우선 지자체 홈페이지, 각 학교 및 기관, 단체 등의 사이트의 게시판, 배너 등을 활용하고 카페, 인터넷에서 도메인 등록을 하는 것도 좋은 방법이다. 그러나 각 지자체, 사회복지시설, 건강가정지원센터 등에서 가족봉사단 관리자가 다른 일을 겸임하고 있어 10~15가족 정도로 관리하고 모집을 위한 홍보는 지자체 홈페이지 등을 연계하는 것이 바람직하다.

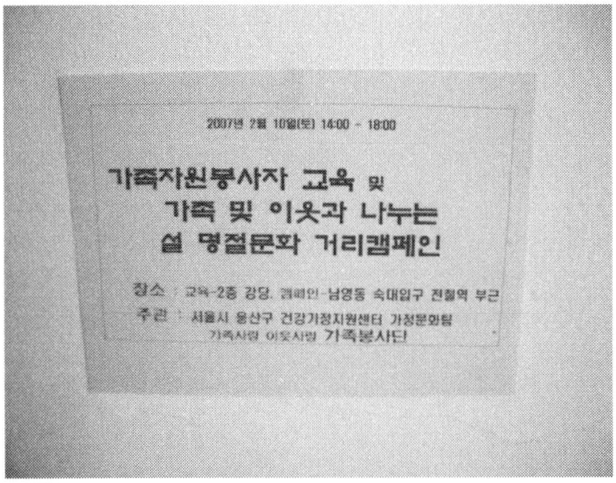


▶ 가족봉사활동 포스터

▶ 안내 표지판과 배너 현수막

③ DM발송

구청이나 각 단체에서는 학교, 기관 및 단체 담당자 등에게 우편물을 발송하여 홍보를 협조하거나 이용자 중 정보 제공 등 허락을 받은 지역주민들에게 우편물을 발송하는 것도 지역주민 대상 가족봉사단의 홍보에 도움이 된다.

④ 기관, 사회복지시설, 건강가정지원센터 등 자체 홍보매체 이용

포스터, 현수막, 리플릿 제작, 전단지, 소식지, 기념품 제작 · 배포, 다른 사업이나 교육홍보지 홍보 시 게재, 자원봉사활동 사례 모음집, 사진자료집 등을 제작 · 배포하여 홍보한다. 각 가족봉사단 관리자는 홍보지를 만들 때 전화번호, 약도, 봉사내용 및 자격기준 및 인정 및 보상 등의 내용을 담아 제공하는 것도 홍보효과가 긍정적일 수 있다. 이외에도 다른 프로그램 참여 가족 및 아파트나 지역주민 모임 등에 참여하여 홍보하거나 거리 캠페인 등을 이용할 수도 있다. 건강가정지원센터의 경우 청소년이나 어린이를 둔 부모대상 대규모 특강을 한다거나 가족이 함께 하는 문화 프로그램 등을 할 때 가족자원봉사활동에 대한 안내나 전단지 등을 배포하는 방법도 참여율을 높일 수 있다.

### (3) 신청 및 모집

① 가족자원봉사자 신청

가족 중 부모나 보호자가 직접 방문하여 신청서를 작성하면 접수하고 자원봉사 관리자가 면접 상담을 하는 경우도 있고, 우편, 전화, 팩스, 메일 등으로 접수를 한 후 나중에 면접을 하는 경우도 있다.

② 면접

접수는 가족자원봉사자를 전화나 대면, 일대일 면접 등의 방법을 통해 적어도 사전에 면접하여 가족에 대한 간단한 정보를 수집하고 가족자원봉사활동에 대한 참여 동기를 확인하여야 한다. 가족봉사단 발대를 하지 않은 단체라면 발대식에 참여하도록 하고, 이미 가족자원봉사활동이 진행 중인 단체에서는 다가올 가족자원봉사활동 일정과 내용을 알려 주어 가족자원봉사활동에 참여하도록 한다.

**표 8-2 가족자원봉사활동 참가 신청서의 예①–중앙건강가정지원센터 매뉴얼**

# 가족자원봉사 신청서

<table>
<tr><td rowspan="6">신<br>청<br>인</td><td rowspan="2">성 명</td><td colspan="3" rowspan="2"></td><td colspan="2">주민등록번호</td><td></td></tr>
<tr><td colspan="2">□남 □여</td><td>만 세</td></tr>
<tr><td>주 소</td><td colspan="6"></td></tr>
<tr><td rowspan="2">전화번호</td><td>자 택</td><td colspan="5"></td></tr>
<tr><td>핸드폰</td><td colspan="5"></td></tr>
<tr><td>이메일</td><td colspan="6"></td></tr>
<tr><td rowspan="6">가<br>족<br>사<br>항</td><td>성 명</td><td>관 계</td><td colspan="2">주민등록번호</td><td colspan="2">직 업<br>(학교명/학년 - 반)</td><td>비고<br>(전화번호)</td></tr>
<tr><td></td><td></td><td colspan="2"></td><td colspan="2"></td><td></td></tr>
<tr><td></td><td></td><td colspan="2"></td><td colspan="2"></td><td></td></tr>
<tr><td></td><td></td><td colspan="2"></td><td colspan="2"></td><td></td></tr>
<tr><td></td><td></td><td colspan="2"></td><td colspan="2"></td><td></td></tr>
<tr><td></td><td></td><td colspan="2"></td><td colspan="2"></td><td></td></tr>
<tr><td>희망<br>활동</td><td colspan="7"></td></tr>
<tr><td>가족봉<br>사활동<br>경험</td><td colspan="7">□1 없다 □2. 있다 ( )<br>어디에서( ) 기간( ) 내용( )</td></tr>
<tr><td>활동가<br>능시간</td><td colspan="7">월 회 요일 시 ~ 시까지</td></tr>
<tr><td>참여<br>경로</td><td colspan="7">□1. 중앙지 및 방송 □5. 현수막 □9. 본인 스스로<br>□2. 지역신문 및 방송 □6. 가족자원봉사 선참여자 □10. 기타<br>□3. 포스터 □7. 주변 사람 및 이웃<br>□4. 안내서(리플릿) □8. 인터넷 홈페이지</td></tr>
<tr><td>참여<br>동기</td><td colspan="7"></td></tr>
</table>

○○○건강가정지원센터의 가족자원봉사활동에 신청합니다.

년 월 일

성명 (인)

**○○○ 건강가정지원센터장 귀하**

출처: 이승미 · 정민자, 2006. 일부 수정. 각 기관, 단체의 사정에 따라 수정하여 사용.

**표 8-3 가족자원봉사활동 참가 신청서의 예②**

# 용산행복도우미 가족봉사단 신청서

| 주소 | 우편번호: | | | | | |
|---|---|---|---|---|---|---|
| 대표 E-mail | 의 이메일 : / 의 이메일 : | | | | | |
| 관계 | 이 름 | 주민등록번호 | 소속 (직업/ 직장 직위 학교 학년) | 연락처 (핸드폰) | 자원봉사 경력 | 비 고 (특기사항) |
| | | | | | 기관:<br>기간:<br>내용: | |
| | | | | | 기관:<br>기간:<br>내용: | |
| | | | | | 기관:<br>기간:<br>내용: | |
| | | | | | 기관:<br>기간:<br>내용: | |
| | | | | | 기관:<br>기간:<br>내용: | |
| | | | | | 기관:<br>기간:<br>내용: | |
| | | | | | 기관:<br>기간:<br>내용: | |
| 참여 경로 | □ 1. 중앙지 및 방송<br>□ 2. 지역신문 및 방송<br>□ 3. 포스터<br>□ 4. 안내서(리플릿) | | □ 5. 현수막<br>□ 6. 가족자원봉사 선참여자<br>□ 7. 주변 사람 및 이웃<br>□ 8. 인터넷 홈페이지 | | □ 9. 본인 스스로<br>□ 10. 기타 | |
| 참여 동기 | | | | | | |

상기 가족은 숙명여대와 함께 하는 용산구 건강가정지원센터에서 주관하는
2007년 〈용산행복도우미 가족봉사단〉에 참가하고자 이 신청서를 제출합니다.

2007년 월 일

성명 (인 또는 서명)

용산구 건강가정지원센터장 귀하

## 2) 실행단계: 초기

### (1) 오리엔테이션 · 교육 및 발대식

가족자원봉사활동에 앞서 첫 모임은 오리엔테이션과 자원봉사자 교육을 하고 가족자원봉사활동에 참여한 가족들이 시작을 다짐하는 의미로 발대식을 하는 것이 바람직하다. 이는 각 기관의 첫 이미지이므로 센터나 기관의 자원봉사 관리자는 세부 실행사업계획서를 예산에 맞추어 준비한다. 그리고 직원과 도우미의 업무를 분장하여 마이크, 빔, 냉난방 등을 점검하고, 안내 포스터나 현수막을 점검한 후 다과와 기구, 실내장식, 평가서, 활동일지와 필기도구, 카메라 또는 캠코더 등도 준비한다. 일정 시작 1시간 전에는 모든 준비를 완료하고 일찍 도착하는 참여자 가족을 안내하도록 한다.

시작 시간은 엄수하여 시작하고 식순은 센터장이나 단체장의 인사말과 관리자의 가족자원봉사활동 목표 및 규칙이나 센터의 요구사항 등을 간단하게 설명한다. 그리고 가족자원봉사활동 관련 교육(가족자원봉사자의 개념, 의미, 자원봉사자 기본자세와 역할 등)을 실시한 후 가족의 대표자로 이루어진 임원단을 구성하고 그중 가족자원봉사단 대표자(리더, 회장)를 선출한 후 가족봉사단 선서식을 하도록 한다.

이후 참여한 가족 간 친밀감 강화와 이웃 가족과도 라포 형성을 위한 가족 레크리에이션, 가족 소개, 가족봉사단 이름짓기 등을 할 수도 있고, 다음 봉사활동 시 이용할 수 있는 기술교육인 풍선 아트나 가족을 소개할 수 있도록 가족달력 만들기 등도 참여자의 만족도가 높은 프로그램이다.

가족자원봉사 관리자는 일정이 자연스럽게 진행되도록 하여야 하며 가족자원봉사자들과 의견을 조율할 것이 있으면 논의하고, 가족자원봉사자들에게 활동일지 작성을 설명한 후 활동일지와 프로그램 참여 만족도조사를 실시한다. 기념사진 등을 센터 사업에 이용해도 되는지 초상권 문제가 일어나지 않도록 미리 가족에게 양해를 구해야 하고 필요하면 서명으로 받는 것도 필요하다. 가족자원봉사 관리자는 종료 후 참여자 만족도조사와 프로그램 자체 평가를 한 후 상위 기관이나 중앙센터 등의 서식에 맞추어 실적보고서를 제출하고 사진이나 동영상 등도 초상권 문제가 되지 않는다면 홈페이지 커뮤니티에 올리거나 참여자 가족의 이메일로 보내 주도록 한다.

**가족자원봉사단 선서문**

- 우리 가족은 가족자원봉사활동에 자발적으로 참여하며, 겸손한 태도를 지니고 기쁜 마음으로 자원봉사활동을 하겠습니다.
- 우리 가족은 자원봉사활동을 통해서 가족 간에도 서로 도우며, 이웃과 더불어 살아가는 건강한 정신을 배우고 실천하겠습니다.
- 우리 가족은 공식적인 기관에서 봉사활동 외에도 늘 우리 가족과 친척, 가까운 이웃에도 관심 갖고 도우며 생활하는 가족봉사자가 되도록 하겠습니다.
- 우리 가족은 자원봉사활동을 통해서 서로 신뢰하며 존중하는 정이 넘치는 사회를 만들어 가기 위해 노력하겠습니다.
- 우리 가족은 자원봉사활동을 통해서 알게 된 개인이나 단체의 비밀은 절대로 지키며 다른 사람이나 단체에 폐가 되는 행동은 하지 않겠습니다.
- 우리 가족은 건강한 가정이 건강한 사회를 만든다는 신념으로 내 가정을 가꾸며, 이웃사랑을 성실하게 실천하겠습니다.

출처: 용산구 건강가정지원센터 가족봉사단 선서문(2006).

▶ 가족봉사단 선서

▶ 가족봉사단 오리엔테이션

**표 8-4 가족자원봉사 보고서 예**

# 가족자원봉사 보고서

• 기본 현황

<table>
<tr><td>기관명</td><td colspan="4">○○시 · 도 / ○○시 · 군 · 구 건강가정지원센터</td></tr>
<tr><td>기관 담당자</td><td colspan="4"></td></tr>
<tr><td>가족자원봉사(단) 명칭</td><td colspan="4"></td></tr>
<tr><td rowspan="3">대표자/임원단</td><td>직책</td><td>성 명</td><td>연 락 처</td><td>주 소</td></tr>
<tr><td>대표자</td><td></td><td></td><td></td></tr>
<tr><td>임원단</td><td></td><td></td><td></td></tr>
<tr><td>창단(시작)일</td><td colspan="4">년 월 일</td></tr>
<tr><td rowspan="2">가족자원 봉사자 수</td><td colspan="4">참여자 수: 명(가족)</td></tr>
<tr><td colspan="4">부모: 명 자녀: 명 기타: 명</td></tr>
<tr><td rowspan="3">활동 현황</td><td colspan="4">활동일시:</td></tr>
<tr><td colspan="4">활동내용:</td></tr>
<tr><td colspan="4">활동기간:</td></tr>
</table>

출처: 이승미 · 정민자, 2006. 가족봉사단. 일부 수정.

**표 8-5 가족자원봉사 활동보고서 예**

## 가족자원봉사 활동보고서

| 가족자원봉사(단)<br>명칭 | | 가족대표 성명<br>연락처 | 전 화:<br>핸드폰: |
|---|---|---|---|
| 활동명 | | | |
| 활동목표 | | | |
| 활동일시 | 년 월 일 요일 ~ 년 월 일 요일 (총 시간) | | |
| 활동기관 현황 | 기관명 | | |
| | 기관 대표자 | | |
| | 기관 담당자 | | |
| | 기관 구분/정원 | | |
| | 주 소 | | |
| | 연락처 | | |
| 가족자원봉사<br>세부 일정 | | | |
| 준비물 | | | |
| 참고사항 | | | |

출처: 이승미 · 정민자(2006). 가족봉사단 활동 운영 매뉴얼. 일부 수정.

### 3) 가족자원봉사자 배치

가족자원봉사자를 배치하는 경우에는 자원봉사 관리자가 처음에는 반드시 동행하여야 하며 다음부터는 동행하거나 전화통화를 하고 여러 가족자원봉사자를 분산 배치한 경우 순방하는 것도 필요하다. 그리고 전체 가족자원봉사자가 참여하는 주말농장에서 일하기, 빵 만들어 이웃에 전하기, 거리 캠페인, 안전관리 등에 있어 반드시 가족자원봉사 관리자가 함께 동행하도록 한다.

가족자원봉사단이 빵이나 쿠키를 만들어 시설이나 이웃에 전하는 경우 반죽을 하거나 오븐에서 빵을 꺼내는 일 등은 안전의 문제가 있으니 어른이 하고 그 옆에서 만들거나 포장하는 일, 옮기는 일 등은 부모와 자녀들이 하도록 배치하며 어렵고 힘든 일은 어른들이 교대로 참여하도록 배치하는 것이 좋다. 한편, 가족자원봉사자 자조모임이나 친목동아리에 관리자는 전체 모임 횟수의 50% 정도로 구성하여 참여자 가족 간 친밀감 강화와 발전적인 평가회의를 하도록 한다.

### 4) 실행단계: 중기

#### (1) 중간평가

가족자원봉사활동에 대한 중간평가를 실시한다. 관리자는 처음부터 중간점검하는 달까지 활동 일정과 사진 등을 보여 주고, 그동안의 여러 가지 봉사활동과 관련된 사항 평가와 함께 소감을 나누며 보상의 시간을 갖는다.

#### (2) 인정 및 보상

가족자원봉사자가 스스로 봉사활동에 대해 보람을 느끼고, 지속적인 참여를 유도하기 위해서는 인정 및 보상이 반드시 필요하다. 인정 및 보상은 가족자원봉사가 진행되는 모든 관리과정의 한 부분으로 1년에 한 번 주어지는 행사나 수료증, 봉사활동 확인증 등에 국한된 것은 아니다. 훌륭한 관리자는 사람들이 조직에서 일할 때 좋은 감정을 증진시킬 수 있어야 한다.

자원봉사 서비스 영역에 있어 '인정'은 시장에서의 '화폐'와 같은 역할을 한다. 만일 인정 보상이 지연되거나 미진하다면 자원봉사자는 심리적으로 계약파기를 느끼게 되고 활동을 중단하거나 적대적 태도를 보이게 될 수도 있다. 현재 기관이 보유한 사회적 자원은 제한되어 있고 어려운 난제이다. 그러나 가족자원봉사 관리자는 학습과 자기개발 등을 통해 자원봉사자의 암묵적 기대를 파악하고 지지할 수 있으며 효율적인 봉사단 관리를 할 수 있도록 높은 수준의 기술 습득과  전문적 기량이 요구된다. 인정 및 보상의 형태는 공식적 · 비공식적 인정과 보상체계가 있다(이성록, 2005; 이승미 · 정민자, 2006; 주성수, 2005).

공식적인 인정 및 보상체계는 연간(전국단위) 가족자원봉사 대회, 가족자원봉사 캠프, 식사 · 리셉션 · 다과회 초대, 증명서 및 상패 수여, 자원봉사자 티셔츠, 어깨띠, 모자, 조끼, 배지, 명찰 등 제공, 유급봉사료 지급 및 자원봉사활동에 대한 경비 지급, 가족자원봉사 시간관리 기념행사(자원봉사자의 날 캠프 등), 우수봉사자 게시, 사전교육 훈련, 미래의 고용 준비를 위한 업무 훈련의 기회, 특정한 기술을 사용할 수 있는 기회 제공, 그룹 토론회 추가 임무 제공, 언론에 특기 제보, 공식 리셉션, 타 봉사자교육 담당 요청, 자문 역할, 직원과 파트너 활동, 전문정책활동 제시(여성가족부 가족정책 모니터 요원 등), 우수업적 공식 축하, 후원기관 새 대표 축하행사 초청, 실질적 교육 훈련, 모임 평가회 마련, 이달의 가족봉사자 선정, 활동기간 · 시간 공식 인정, 특이업적에 특별시상, 세심한 오리엔테이션, 활동실행 세부지침 제공, 지역사회 특별행사 초청, 자원봉사활동 게시, 신문방송 홍보, 뉴스레터에 알림, 기관에 관한 공식 오리엔테이션, 국가 및 시 · 단체의 봉사상 후보로 추천, 세미나, 사례발표회, 간담회 등을 통해 가족자원봉사자의 발전과 질적 향상 도모, 지역신문, 학교회보, 센터나 기관 뉴스레터 등에 봉사활동 사진과 기사 실음, 센터의 모든 교육, 상담, 문화 프로그램 및 훈련에 참가할 수 있는 기회 및 정보 제공, 자원봉사자 활동결과와 사진을 붙이는 게시판 준비, 숙련된 고참 가족자원봉사자를 신입 가족자원봉사자교육에 활용하거나 가족자원봉사단 대표 이외에 소집단 리더를 선정하고 관리하여 소속감과 유대감을 갖게 함, 정기적인 가족봉사활동 이외에 자조모임이나 친목동아리 등 월례회를 통하여 그동안 봉사활동을 평가하는 기회 및 다음 봉사활동의 세부계획을 수립하는 장을 마련하여 소속감 증대와 참여자 간 친목도모 및 가족자원봉사활동의 발전계기 부여 등이 있다. 즉 공식적으로 자원봉사 관리자는 서류철과 파일 카드를 유지하는 것이다. 서류철에는 가족자원봉사자가 받은 모든 인정의 목록과 날짜, 봉사시간, 수, 추천서, 평가서, 사진 등을, 파일 카드에는 이름, 주소, 전화번호, 생년월일, 특기사항, 봉사활동 내용 등을 기록해 보관한다. 이는 각 기관의 사정에 따라 컴퓨터로 데이터베이스화되어 있다면 가족자원봉사자가 직접 자신의 활동내용을 원격으로 입력하고 관리해 나가도록 할 수도 있다.

비공식적인 인정 및 보상체계는 가족자원봉사자들을 위한 공간 및 모임 마련, 고용주에게 칭찬하는 서신, 가족자원봉사단 보호자를 위한 가족문화사지도사 과정 등 연계하여 추후 가족자원봉사 시 보조강사 및 봉사활동에 도움뿐 아니라 참여자의 자아계발, 부모-자녀 관계, 부부관계에 도움, 유급봉사 채용 시 우선 고려, 명절이나 기타 기념일에 축하카드 보내기, 비공식적인 인정 및 보상체계에는 센터나 기관의 직원이 가족자원봉사자의 활동에 대해 진심으로 감사를 표현하거나 가족자원봉사자의 관심사 및 최근 근황을 관리하고 기억해 주는 일 등이 있다(이성록, 2005; 이승미 · 정민자, 2006; 주성수, 2005).

인센티브는 활동비용 지급, 할인혜택 우선, 봉사자 수첩, 개인 애로사항 수용, 후원집단에 상패 증정, 고용기관에 추천, 자원봉사교육 참가 지원, 자원봉사자 감사장 시상, 일자리 알선, 활동에 필요한 용품 제공, 자기개발 지원 등이 있다(이승미 · 정민자, 2006; 주성수, 2005).

▶ 용산구 건강가정지원센터 가족봉사단 어머니 자원봉사교육 특강

▶ 가족봉사단 발대 3주년 기념 가족에듀투어를 겸한 농촌봉사활동

**표 8-6 김한국 씨 가족의 명찰의 예**

| ○○○가족봉사단<br>① **김한국** | ○○○가족봉사단<br>① **전세계** | ○○○가족봉사단<br>① **김서울** | ○○○가족봉사단<br>① **김용산** |
|---|---|---|---|

* 가족별로 번호를 만들어 명찰을 보관하면 관리하거나 배포 시 편리하다.

▶ 문화체험을 겸한 봉사활동

▶ 가족자원봉사단 자조모임

### 가족자원 봉사하다 복 터진 우리 가족

**단순 참여만이 아니라 이젠 일자리도 갖게 되었어요!**

우리 가족은 한마디로 '복(福) 터진 가족'이다. 몹시 속된 표현이긴 하지만 적당한 말을 찾자면 그 말이 제격이다.

우리 가족은 2004년 8월 이래 4년째 숙명여자대학교와 함께 하는 용산구 건강가정지원센터의 〈가족봉사단〉으로 활동하면서 참으로 얻은 것과 배운 것, 느낀 것이 많다. 그것도 공짜로 말이다. 우리 가족이 가족봉사단으로 활동하기 전의 여가생활을 보자면 자녀와 함께 박물관 견학, 영화감상, 공연관람, 놀이동산 가기, 등산, 매스컴에서 경치가 빼어나다고 보도된 곳을 찾아 여행을 하는 등의 향락적이고 즉흥적이고 소비적인 활동이 대부분이었다. 그러나 가족봉사단으로 활동을 하면서부터 우리 가족은 센터에서 실시하는 다양한 봉사활동에 참여함으로써 우리와 함께 사는 소외된 이웃과 다양한 형태의 가족에 대해 생각하게 되었고, 우리 가족의 소중함을 재인식하게 되었다. 이것은 궁극적으로 우리 가족의 삶에 대한 자세까지 경건하게 만들었다.

지난 7월에 가족에듀투어-외암리 민속마을 관람과 농촌봉사활동은 남편도 참여하여 가족문화체험과 농촌체험 봉사활동을 하여 우리 가족만이 아니라 참여자 가족 모두 소중한 추억과 봉사를 한 행복한 시간이었다. 또한 우리 가족은 가족봉사단 활동뿐만 아니라 센터에서 제공하고 있는 다양한 프로그램과 여러 가지 통합서비스를 이용하고 있다. 예를 들면 첫째로 가족상담팀에서 실시하고 있는 〈자녀상담〉을 통해 자녀와의 대화에 많은 도움을 얻을 수 있었다. 둘째로 가족교육팀에서 실시하고 있는 〈결혼이민자를 위한 한국어 교육〉시간에 보조 강사로 활동함으로써 내가 갖고 있는 자원을 활용할 기회를 갖기도 하였다. 셋째로 〈결혼이민자 자녀아동 양육지원 교육〉을 받음으로써 한국인 남자와 결혼한 다양한 국적을 가진 결혼이민자가족의 자녀양육지원 서비스 활동교사로 생활하고 있다.

출처: 정명임(2007). 용산구 건강가정지원센터 뉴스레터, 제3권 1호.

### 5) 실행단계: 종결 및 평가

#### (1) 활동보고 및 평가회

시기를 정하여 가족자원봉사 사례집을 발간하고 이 중 우수사례는 공모 선정하여 발표하고, 상위 기관에서 공모하는 가족자원봉사 수기공모 등에 추천하도록 한다. 또한 매회 가족자원봉사자에게 활동일지와 프로그램 평가서를 배포하여 작성하게도 하지만 연말이나 자원봉사활동 종료 시점에는 최종평가서를 작성하도록 하여 그동안 가족자원봉사활동을 점검하고 앞으로 가족자원봉사활동에서 보완될 점을 토의하도록 한다.

그러나 광역시나 지역 시 · 군 · 구에 가족자원봉사단이 여러 개 있는 경우 네트워크를 통해 연합 가족봉사활동, 가족봉사단 페스티벌이나 사업보고대회, 운영보고대회 등을 공동으로 진행하여도 가족봉사단의 소속감과 유대감을 강화하는데 도움이 되며 각 단체의 가족봉사단 활동 및 관리에 도움이 되도록 한다.

**표 8-7 가족자원봉사 활동일지–자원봉사자용**

## 가족자원봉사 활동일지

<table>
<tr><td>가족자원봉사(단)<br>명칭</td><td></td><td>가족대표 성명<br>연락처</td><td>집:<br>핸드폰:</td></tr>
<tr><td>활동일시</td><td colspan="3">년 월 일 요일 ~ 년 월 일 요일 (총 시간)</td></tr>
<tr><td rowspan="6">활동장소</td><td>기관명</td><td colspan="2"></td></tr>
<tr><td>기관 대표자</td><td colspan="2"></td></tr>
<tr><td>기관 담당자</td><td colspan="2"></td></tr>
<tr><td>기관구분/정원</td><td colspan="2"></td></tr>
<tr><td>주 소</td><td colspan="2"></td></tr>
<tr><td>연락처</td><td colspan="2"></td></tr>
<tr><td>가족자원봉사<br>활동내용<br>(구체적으로)</td><td colspan="3"></td></tr>
<tr><td>활동소감</td><td colspan="3"></td></tr>
<tr><td>문제점/제안사항</td><td colspan="3"></td></tr>
</table>

출처: 이승미 · 정민자(2006). 가족봉사활동 운영 매뉴얼. 일부 수정.

**표 8-8 가족자원봉사 프로그램 평가서(만족도) 조사–자원봉사자용**

# 만족도 조사

그동안 프로그램에 참여해 주신 여러분께 진심으로 감사드립니다.
여러분의 의견을 조사하여 더 나은 프로그램으로 발전시키기 위해 몇 가지 질문을 하오니 바쁘시더라도 성의껏 답변해 주시기를 부탁드립니다.

년 월 일

○○○ ○○○ 건강가정지원센터

⊙ 다음 문항을 읽고 자신의 생각과 가장 가까운 곳에 V표 해주세요.

| 문 항 | 전혀 그렇지 않다 | 그렇지 않다 | 그저 그렇다 | 그렇다 | 매우 그렇다 |
|---|---|---|---|---|---|
| 1. 가족자원봉사활동 내용은 유익하고 재미있었다. | | | | | |
| 2. 가족자원봉사는 나와 내 가족에게 도움이 되었다. | | | | | |
| 3. 관리자는 가족자원봉사를 잘 진행하였다. | | | | | |
| 4. 봉사 장소는 찾아가기 편리하였다. | | | | | |
| 5. 가족자원봉사 진행시간은 참여하기에 적절하였다. | | | | | |
| 6. 가족자원봉사 과정은 전반적으로 만족스러웠다. | | | | | |
| 7. 기회가 된다면 또 참여하고 싶다. | | | | | |
| 8. 다른 사람들에게 본 가족자원봉사 참여를 권하고 싶다. | | | | | |
| 9. 나는 가족자원봉사활동에 열심히 참여하였다 | | | | | |

⊙ 다음 난에 V표 하거나 여러분의 주관적 의견을 적어 주세요.

| 성별 | □여 □남 | 연령 | 만 ( )세 |
|---|---|---|---|
| 혼인 여부 | □미혼 □기혼 (자녀 수: 명) | | |
| 센터가 실시한 다른 프로그램의 참여 경험 | | | □있다 □없다 |
| 가장 기억에 남는 봉사활동 | | | |
| 개선점 | | | |
| 다음에 원하는 가족자원봉사활동 | | | |

끝까지 답변해 주셔서 진심으로 감사드립니다.

출처: 이승미 · 정민자(2006). 가족봉사활동 운영 매뉴얼. 일부 수정.

표 8-9 가족자원봉사 중간평가서-가족자원봉사자용

## 가족자원봉사 중간평가서

<table>
<tr><td>가족자원봉사(단)<br>명 칭</td><td colspan="3"></td><td colspan="2">가족대표 성명<br>연락처</td><td>집:<br>핸드폰:</td></tr>
<tr><td>활동일시</td><td colspan="6">년 월 일 요일 ~ 년 월 일 요일 (총 시간)</td></tr>
<tr><td rowspan="6">활동장소<br>(기관명)</td><td>월/일</td><td colspan="5">내 용</td></tr>
<tr><td></td><td colspan="5"></td></tr>
<tr><td></td><td colspan="5"></td></tr>
<tr><td></td><td colspan="5"></td></tr>
<tr><td></td><td colspan="5"></td></tr>
<tr><td></td><td colspan="5"></td></tr>
<tr><td rowspan="8">가족자원봉사<br>활동에 대한 평가</td><td>항목</td><td>매우<br>만족</td><td>만 족</td><td>보 통</td><td>불 만</td><td>매우<br>불만</td></tr>
<tr><td>봉사자교육</td><td></td><td></td><td></td><td></td><td></td></tr>
<tr><td>활동기간</td><td></td><td></td><td></td><td></td><td></td></tr>
<tr><td>활동내용 전체</td><td></td><td></td><td></td><td></td><td></td></tr>
<tr><td>활동장소 선정</td><td></td><td></td><td></td><td></td><td></td></tr>
<tr><td>봉사자들 간의 팀워크</td><td></td><td></td><td></td><td></td><td></td></tr>
<tr><td>건강가정지원센터<br>관리자</td><td></td><td></td><td></td><td></td><td></td></tr>
<tr><td>봉사기관관리자</td><td></td><td></td><td></td><td></td><td></td></tr>
<tr><td>활동소감</td><td colspan="6"></td></tr>
<tr><td>문제점/제안사항</td><td colspan="6"></td></tr>
</table>

출처: 이승미 · 정민자(2006). 가족봉사활동 운영 매뉴얼. 일부 수정.

**표 8-10 가족자원봉사 최종평가서-가족자원봉사자용**

# 가족자원봉사 최종평가서

<table>
<tr><td>가족자원봉사(단)<br>명 칭</td><td colspan="3"></td><td colspan="2">가족대표 성명<br>연락처</td><td>집:<br>핸드폰:</td></tr>
<tr><td>활동일시</td><td colspan="6">년 월 일 ~ 년 월 일 (총 시간)</td></tr>
<tr><td rowspan="6">활동장소<br>(기관명)</td><td>월/일</td><td colspan="5">내 용(장소)</td></tr>
<tr><td></td><td colspan="5"></td></tr>
<tr><td></td><td colspan="5"></td></tr>
<tr><td></td><td colspan="5"></td></tr>
<tr><td></td><td colspan="5"></td></tr>
<tr><td></td><td colspan="5"></td></tr>
<tr><td rowspan="8">가족자원봉사<br>활동에 대한 평가</td><td>항 목</td><td>매우<br>만족</td><td>만 족</td><td>보 통</td><td>불 만</td><td>매우<br>불만</td></tr>
<tr><td>봉사자교육</td><td></td><td></td><td></td><td></td><td></td></tr>
<tr><td>활동기간</td><td></td><td></td><td></td><td></td><td></td></tr>
<tr><td>활동내용 전체</td><td></td><td></td><td></td><td></td><td></td></tr>
<tr><td>활동장소 선정</td><td></td><td></td><td></td><td></td><td></td></tr>
<tr><td>봉사자들 간의 팀워크</td><td></td><td></td><td></td><td></td><td></td></tr>
<tr><td>건강가정지원센터<br>관리자</td><td></td><td></td><td></td><td></td><td></td></tr>
<tr><td>봉사기관 관리자</td><td></td><td></td><td></td><td></td><td></td></tr>
<tr><td>활동소감</td><td colspan="6"></td></tr>
<tr><td>문제점/제안사항</td><td colspan="6"></td></tr>
<tr><td>우수<br>봉사가족 추천</td><td colspan="6"></td></tr>
</table>

출처: 이승미 · 정민자(2006). 가족봉사활동 운영 매뉴얼. 일부 수정.

### 6) 사후 관리

가족자원봉사 관리자는 가족자원봉사자의 평가서를 분석하고 이를 다음 가족봉사활동이나 차년도 계획에 환류하여야 한다. 또한 자체 평가회의를 실시하여 자체 평가서를 작성한다. 그리고 가족자원봉사자를 지속적으로 유지할 수 있도록 연락하고 관리하여야 하며, 전국의 자원봉사 관리자와 자료와 정보를 공유하며, 필요하면 훈련이나 교육 및 회의 등에 참여하여 이를 가족자원봉사단 운영관리에 효과적으로 반영하도록 한다.

▶ 가족공원청소 및 거리캠페인

▶ 농촌봉사활동 후 가족봉사가족

**표 8-11 가족자원봉사센터 자체평가서-가족자원봉사 관리자용**

<table>
<tr><th colspan="5">가족자원봉사센터 자체평가서</th></tr>
<tr><td>관리자</td><td colspan="4"></td></tr>
<tr><td>가족자원봉사(단)<br>명 칭</td><td colspan="2"></td><td>가족대표 성명<br>연락처</td><td>집:<br>핸드폰:</td></tr>
<tr><td>활동일시</td><td colspan="4">년 월 일 요일 ~ 년 월 일 요일 (총 시간)</td></tr>
<tr><td rowspan="6">활동장소<br>(기관명 또는 장소)</td><td>월/일</td><td colspan="3">내 용(장소)</td></tr>
<tr><td></td><td colspan="3"></td></tr>
<tr><td></td><td colspan="3"></td></tr>
<tr><td></td><td colspan="3"></td></tr>
<tr><td></td><td colspan="3"></td></tr>
<tr><td></td><td colspan="3"></td></tr>
<tr><td rowspan="8">가족자원봉사<br>활동에 대한 최종평가<br>결과</td><td colspan="2">항 목</td><td colspan="2">결 과</td></tr>
<tr><td colspan="2">봉사자교육</td><td colspan="2"></td></tr>
<tr><td colspan="2">활동기간</td><td colspan="2"></td></tr>
<tr><td colspan="2">활동내용 전체</td><td colspan="2"></td></tr>
<tr><td colspan="2">활동장소 선정</td><td colspan="2"></td></tr>
<tr><td colspan="2">봉사자들 간의 팀워크</td><td colspan="2"></td></tr>
<tr><td colspan="2">건강가정지원센터 관리자</td><td colspan="2"></td></tr>
<tr><td colspan="2">봉사기관 관리자</td><td colspan="2"></td></tr>
<tr><td>우수봉사가족<br>선정결과</td><td colspan="4"></td></tr>
<tr><td>미흡했던 점</td><td colspan="4"></td></tr>
<tr><td>향후 개선사항<br>및<br>활동계획</td><td colspan="4"></td></tr>
<tr><td colspan="5">※ 기간(6개월 또는 1년) 활동가족 수:</td></tr>
</table>

출처: 이승미 · 정민자(2006). 가족봉사활동 운영 매뉴얼. 일부 수정.

**표 8-12 가족자원봉사 확인증**

제　　호

# 가족자원봉사 확인증

주소 :
소속 :
성명 :

위 가족(1인 확인증인 경우 위 사람)은
(○○○단체명)의 가족봉사단원으로
다음과 같이 봉사활동을 성실히 하였음을 확인합니다.

봉사활동내역
　기간/총 시수 :
　장소 :
　봉사내용 :

문의 :

**년　　　월　　　일**

**기관명 기관대표자명　(직인)**

## 요 약

주 5일제 시행으로 점차 가족 여가시간이 증가함에 따라 자아계발, 가족관계 향상 및 봉사활동 등으로 의미 있게 주말을 보내는 가정이 늘어나고 있다. 그러나 가족자원봉사의 신청은 증가하지만 이를 수혜처나 클라이언트(수혜자)에게 연계가 적절하지 못하고 진행상 아직 정착되지 못한 단계이므로 가족자원봉사자들이 체계적, 지속적으로 참여하는 데에는 여러 가지 어려움이 있다.

이에 활동 목표에 맞게 건강가정지원센터, 복지관 및 자원봉사단체에서는 가족자원봉사자에 대한 교육, 훈련 등을 하는 가족자원봉사자의 가족자원봉사활동 관리와 함께 프로그램 개발이 필요하다.

가족자원봉사 관리자는 가족자원봉사자의 기본자세와 역할 및 효과 등을 고려하여 기관이나 단체가 지역사회의 가족자원봉사단 활동목표에 맞춰 효과적으로 수행하도록 하는 일련의 활동이다. 그러나 가족자원봉사활동의 관리를 잘못하면 가족 여가문화활동과 봉사활동의 구분이 없을 수 있고, 활동처를 잘못 연계하거나 가족자원봉사교육과 봉사활동에 관리가 저조해지면 일회성 행사나 문화행사 위주의 가족봉사활동이 될 수 있다.

가족자원봉사 관리자는 관리자의 자질과 역할을 이해하고 가족자원봉사활동 활성화를 위해 가족자원봉사 인력관리, 재정적 · 행정적 지원체계의 강화와 함께 지역과 단체의 성격에 적절하게 가족자원봉사 지원체계의 매뉴얼에 따라 적절하게 관리가 이루어지도록 하여야 한다.

## 생각해 보기 ▸▸▸▸▸▸▸

1. 가족자원봉사자 가족 대표자로서의 역할과 책임에 대하여 생각해 보도록 하자.

2. 무급의 활동인 자원봉사자에 대한 가족자원봉사자 인정과 보상에 대하여 논의해 보자.

3. 가족자원봉사자에게 효과적인 교육과 재교육의 내용 및 방법에 대하여 살펴보자.

4. 가족자원봉사 관리자가 가족자원봉사단을 운영해 나갈 때 어려움은 무엇이며 지역사회 연계활동에 대해서도 생각해 보자.

# 참 / 고 / 문 / 헌

강기정 · 정천석(2006). 한국가족자원경영학회지, 제10권 4호.

김명자 · 계선자 · 박미석 · 장진경 · 김연화 · 한은주 · 류진아(2005). 건강가정지원센터 시범사업 현황 및 활성화 방안-2004년 서울시 용산구. 숙명여내 건강가정지원센터 가정문화프로그램을 중심으로. 한국가족자원경영학회지, 제9권 2호.

김성이 · 박영희 편저(2005). 자원봉사총론. 양서원.

김영호 · 오정옥 · 전형미(2006). 자원봉사의 이론과 실제. 창지사.

김의영(2006). 자원봉사론. 홍익출판사.

김익균 외(2005). 자원봉사론. 교문사.

김종태 외(2006). 가족자원봉사자의 역할과 책임. 서울시 용산구 건강가정지원센터 가족봉사단 발대 및 가족봉사단교육 자료집.

류기형 · 남미애 · 박경일 · 홍봉선 · 이경희 · 장충탁(2006). 자원봉사론. 양서원.

박태영 · 이경은 · 장덕희 · 채현탁(2004). 자원봉사론. 백산출판사.

성북구 건강가정지원센터(2007). 가족봉사단 사진.

용산구 건강가정지원센터 가정문화팀(2004~2007). 가족봉사단 운영 매뉴얼. 사진 자료집.

이성록(2005). 자원봉사 어드바이저-자원봉사 상담가 길라잡이. 미디어숲.

이승미 · 정민자(2006). 가족자원봉사 운영 매뉴얼. 중앙건강가정지원센터.

이해주 · 곽삼근 · 최유진(2002). 자원활동자 교육을 위한 자원봉사론. 한국방송통신대학교 출판부.

정명임(2007). 복 터진 우리가족. 용산구 건강가정지원센터 뉴스레터, 제3권 1호.

조휘일(2002). 자원봉사 프로그램 관리 이론과 실제. 학지사.

주성수(2005). 자원봉사-이론, 제도, 정책. 도서출판 아르케.

최덕경 외(2006). 자원봉사론. 공동체.

한국사회복지협의회(1988). 자원봉사활동 조직과 운영에 관한 연구. 한국사회복지협의회.

경향신문(2006. 1. 2). 늘어나는 주 5일제 가족봉사.

www.volunteer.or.kr

CHAPTER 09

# 가족자원봉사 프로그램 개발

1. 가족자원봉사 프로그램의 이해
2. 가족자원봉사 프로그램 개발과정

### 서울시내 건강가정지원센터 가족봉사단 태안 자원봉사 나서

**서울특별시 여성가족재단과 서울특별시 건강가정지원센터**
**가족봉사단 충남태안 기름방제활동 및 문화봉사**

서울특별시 건강가정지원센터는 오는 2월 29일 충남 태안 구름포 해수욕장을 방문해 기름띠 제거 등 방제작업에 나선다. 서울시내 자치구 건강가정지원센터 직원과 가족봉사단 등 180여 명이 참여하는 이번 봉사활동은 구름포 해수욕장 인근 방제작업과 동시에 인근 초등학교를 방문해 어린이들을 위한 문화봉사활동도 함께 진행할 예정이다.

서울특별시 여성가족재단과 서울특별시 건강가정지원센터가 공동주관하고 서울시내 자치구 건강가정지원센터가 함께 참여하여 진행되는 이번 자원봉사는 가족단위 봉사활동이라는 점에서 그 의미가 더 크다.

이종남 서울특별시 건강가정지원센터장은 "지역봉사라는 매개를 통해 가족이 함께 역동적이고 의미 있는 시간을 만드는 것이 가족봉사단의 가장 큰 의미"라며 " 이번 봄방학을 맞이하여 자치구 센터와 연합으로 가족봉사단 네트워크 구축을 하게 되었는데, 앞으로도 다양하게 봉사활동 프로그램을 준비하여 가족이 봉사활동을 통해 나눔을 실천하는 더 큰 가족이 되도록 지속적으로 실시하겠다."고 말했다. 서울특별시 건강가정지원센터는 21개 자치구센터, 서울특별시 자원봉사센터 등 지역사회 자원과도 연계하여 연합 가족자원봉사활동 프로그램 개발 및 가족봉사활동이 뿌리내리도록 노력해 갈 것이며, 하반기에는 가족봉사단 사업보고대회를 겸한 가족봉사단 페스티벌도 실시하여 가족봉사활동을 확산시켜 나갈 계획이다.

출처: 서울특별시 건강가정지원센터 보도자료, 2008. 2. 25

가족자원봉사에 대한 관심과 가족자원봉사 참여자가 증가하고 있어, 가족봉사단 관련 기관이나 단체는 가족자원봉사의 지속성과 전문화를 도모하고, 건강한 가족여가문화를 위해 가족자원봉사 프로그램 개발이 필요하다.

09 CHAPTER

# 가족자원봉사 프로그램 개발

가족자원봉사 프로그램 개발은 자원봉사 및 가족자원봉사 관련 기관과 가족자원봉사자가 주체가 되어 지역사회의 문제를 인식하고, 이를 변화시키기 위하여 가족자원봉사 프로그램을 기획 · 실행 · 평가하는 전 과정이다.

가족자원봉사자와 관련 기관에 가족자원봉사 프로그램 개발에 대한 교육이 필요한 이유는 무엇인가? 최근 가족자원봉사에 대한 관심과 가족자원봉사 참여자가 증가하는 추세이며 가족자원봉사 프로그램 개발은 이들의 가족자원봉사에 대한 관심과 직접적인 참여가 단순하고 일회적인 행사로 끝나기보다 가족자원봉사의 지속성과 전문화를 도모하고, 건강한 가족문화를 형성하는 기회를 제공하는 데 의의가 있다.

## 1. 가족자원봉사 프로그램의 이해

### 1) 가족자원봉사 프로그램

프로그램은 다차원적인 개념(multidimensional concept)을 포함하는 것으로 일반적으로 목록, 순서, 계획 등을 의미한다. 프로그램은 한 개 이상의 아이템(item)이나 사상(event)으로 구성되며, 특정의 목표 달성이라는 공통분모(共通分母)가 포함된다(김지화 · 정지웅, 2000). 일반적으로 프로그램이란 '특정한 목적을 달성하기 위하여 한 가지 또는 여러 가지 서비스를 사전 계획에 따라 체계적으로 전달하는 의도적이고 조직적인 활동' 이라 한다(성규탁, 1998; 정진모 · 정무성, 2001).

최근에는 가족자원봉사에 참여하는 자원봉사자와 관련 기관에 의해 가족자원봉사 프로그램이 무엇이며, 왜 필요한지, 어떠한 준비를 해야 하는지 등의 프로그램 개발에 대한 교육의 필요성이 증가하고 있다.

자원봉사 프로그램은 일정한 기관이나 자원봉사자가 합의한 하나의 목적을 달성하기 위하여 모든 과정을 마칠 때까지 요구되는 활동목표 및 내용, 지원체계, 기간, 비용 등에 관한 전체적인 계획을 작성하는 것이다. 즉 가족이 단위가 된 자원봉사자나 관련 기관이 개인 · 가족 · 사회에서 도움이 필요한 부분을 파악한 후 활동목표의 설정과 이를 달성하기 위한 활동들의 집합체를 가족자원봉사 프로그램이라 할 수 있다.

특히 가족자원봉사의 주체인 가족자원봉사자와 관련 기관의 의도적인 개입을 통해 개인, 가족, 집단, 지역사회에 자원을 동원하고 긍정적인 변화를 시도하는 것이다. 이들은 가족자원봉사 프로그램을 통해 사회는 구성원을 돕고자 하는 바람을 명확히 구체화하여 표현할 수 있으며, 실행을 통해 성취감과 만족감을 얻게 된다. 또한 교육 · 훈련 · 상담 · 치료 등의 직접 서비스 제공을 개발하거나 정보제공 및 지역 개발 등의 서비스를 통해 향상을 촉진시킬 수 있다. 결국 가족자원봉사 프로그램이란 특정 가족복지 관련 기관과 가족자원봉사자가 지역의 욕구를 기초로 목표를 설정하고 이를 달성하는 데 필요한 활동내용의 선정, 자원관리 및 실행, 평가 등에 관한 전체적인 계획이다.

▶ 천안시 건강가정지원센터 건강가정 가족봉사단 활동 자료

2006년 5월부터 12월까지 천안시 건강가정 가족봉사단은 '결혼이민자와 함께 하는 지역문화체험 프로그램'을 개발하여 실행하였다. [그림 9-1]은 8월 15일 가족봉사단과 이주가족이 국립공주박물관 문화 탐방을 실시한 내용이다.

## 2) 가족자원봉사 프로그램의 성격

자원봉사 및 가족자원봉사 관련 기관에서 지역주민에게 제공하는 가족자원봉사 프로그램은 다음과 같은 기본성격을 가지고 있다(김진화 · 정지웅, 2000; 중앙건강가정지원센터, 2006).

첫째, 가족자원봉사 프로그램에는 철학적 신념 및 이념, 가치 및 윤리의 기초가 포함되어야 한다. 2명 이상의 가족원이 기본단위인 가족자원봉사자는 개인의 가치와 신념, 그리고 가족의 가치와 이념이 명확할 때 가족자원봉사 프로그램에 대한 지속성과 체계성이 유지될 것이다.

둘째, 가족자원봉사 프로그램을 필요로 하는 잠재적 수요자의 욕구가 반영되어야 한다. 가족 및 지역사회 환경에 대한 조건과 상황, 자원 등을 분석한 후 프로그램에 반영시켜야 한다.

셋째, 가족자원봉사 프로그램은 교재나 이론 중심적인 내용보다는 실생활과 밀접한 관계를 가지고 있는 내용으로 구성한다. 프로그램 내용에는 단순한 지식 전달보다는 참여자의 문제해결 능력의 신장과 자원봉사활동 참여 및 적응에 중점을 두어야 한다.

넷째, 가족자원봉사 프로그램은 장기적 · 단기적 활동 계획을 포함한다. 프로그램은 클라이언트의 전체적인 욕구, 계획된 프로그램의 목적과 목표, 프로그램 기획과 실행에 활용되는 수행방법, 그리고 장기간 검토되어야 할 평가 전략이 반영되도록 한다.

다섯째, 가족자원봉사 프로그램은 위계적 순서(hierarchical order)로 구성되어 있다. 이는 일련의 연속적인 활동 계획을 포함한다. 프로그램의 전체적인 구조는 가장 기본적이고 낮은 수준의 광범위한 프로그램을 기초로 그 상위의 프로그램이 존재하며, 이들이 유기적으로 연결된다.

### 3) 가족자원봉사 프로그램의 조건

가족자원봉사 프로그램은 가족자원봉사자의 봉사활동 참여 동기를 고려하고, 수요자의 욕구 충족과 문제해결을 지원하며, 사회의 문제를 예방하고 해결하기 위한 목적이 있다. 일반 프로그램이 포함해야 할 조건들을 기초로 가족자원봉사 프로그램의 조건을 정리하면 다음과 같다(강기정, 2003; 성규탁, 1998; 최덕경 외, 2006).

#### (1) 접근성

가족자원봉사 프로그램은 필요로 하는 지역주민과 자원봉사자들이 쉽게 접근할 수 있어야 한다. 또한 잠재적 수요자들도 쉽게 이용할 수 있는 기관이나 장소에 위치하며, 그 내용에 있어서도 실제적이고 실용적인 성격을 갖추어 잠재적 자원봉사자들의 관심과 참여를 이끌어 낼 수 있어야 한다. 시간적으로도 자원봉사자들이 실질적으로 편리하게 접근할 수 있도록 다양한 시간대에 편성될 필요가 있다.

#### (2) 지속성

가족자원봉사 프로그램에 서비스가 분산되고 전달체계가 단편화되면 가족자원봉사에 참여하는 가족들 간의 갈등, 가족자원봉사 프로그램의 전달 단절, 수요자의 욕구 미충족 등의 문제가 발생된다. 이는 결국 가족자원봉사자의 자원봉사 참여 중단이나 가족자원봉사 서비스의 중단을 야기하게 된다.

가족자원봉사기관은 전달조직체를 갖추고 관련 조직들 간의 효율적인 커뮤니케이션을 통해서 상호 협력을 증진한다. 또한 자원봉사센터와 건강가정지원센터 및 관련 기관 그리고 가족자원봉사자 간의 협력관계를 개발하여 가족자원봉사활동이 활성화되고, 이를 통해 자원봉사 서비스가 지역사회에 지속적으로 전달되도록 해야 한다.

### (3) 적합성

가족자원봉사 프로그램은 가족자원봉사자의 욕구와 수요자의 욕구 충족과 문제해결에 적합하도록 제공되어야 한다. 예를 들어 '이주여성의 한국 사회 적응을 위한 프로그램' 의 경우 한국어 능력 향상은 부부관계 및 가족관계 증진, 자녀양육, 한국 문화 적응에 이르기까지 통합적인 지원이 이루어져야 한다. 프로그램을 실행하는 조직은 수요자인 이주여성이 적합한 서비스를 받았는지, 또는 필요한 차후의 서비스를 위해 의뢰되었는가를 확인해야 하고, 서비스의 단편화를 방지하기 위하여 모든 필요한 서비스를 밀접하게 상호 연결시켜 필요한 서비스 종류를 선택, 이용할 수 있도록 해야 한다.

### (4) 포괄성

가족자원봉사 프로그램의 대상은 개인, 가족, 학교, 지역사회, 자원환경까지 광범위하다. 또한 가족자원봉사 참여자도 다양한 가족의 상황과 참여동기가 있기 때문에 가족자원봉사 프로그램은 이 모든 것을 포괄하여야 한다. 특히 주민들의 욕구와 관심사 또는 문제들도 변하기 때문에 그들은 다양한 서비스 욕구를 가진다. 즉, 신체적 · 심리적 · 사회적 욕구와 문제를 가질 수 있고, 필요한 서비스도 교육, 주택, 의료, 취업, 재활, 생활개선 및 생활부조 등에 이르기까지 다양하다. 지역주민들의 이러한 다양한 욕구 충족과 문제해결을 위해서는 포괄적인 가족자원봉사 프로그램 개발과 제공이 필요하다.

### (5) 통합성

자원봉사 프로그램 수요자의 다수는 경제적 · 심리사회적 · 법률적으로 일상생활에서 많은 문제를 가지고 있다. 이들에게 통합적 체제를 갖추어 수요자가 전인적으로 다양한 욕구를 충족하도록 해야 한다.

통합적으로 가족자원봉사 프로그램을 제공하는 것은 프로그램의 효과성과 효율성을 높이며, 가족자원봉사자도 참여에 대한 만족도를 높일 수 있다. 가족자원봉사 프로그램의 통합을 이루기 위해서는 관련 기관 및 조직에서 상호 협력관계와 지원이 필요하다.

(6) 과학성

가족자원봉사 프로그램을 개발하기 위해서는 객관적이고 과학적인 조사가 필수이다. 욕구조사를 기초로 필요한 서비스를 기획하여 프로그램을 개발하고, 이를 통하여 가족자원봉사의 효과성과 효율성을 높여야 한다. 가족자원봉사 프로그램 개발을 위한 과학적인 연구와 개발된 가족자원봉사 프로그램을 능률적으로 실행하기 위한 실행방법과 관리체계 개발이 필요하다.

## 2. 가족자원봉사 프로그램 개발과정

### 1) 프로그램 개발 및 의사결정 과정

프로그램 개발 및 의사결정은 일련의 단계를 거치는 논리적 과정의 산물로 다양한 활동을 포함한다(김정진 외, 2005; 정진모 · 정무성, 2001). 프로그램은 일반적으로 문제 파악 및 욕구 확인, 프로그램 설계와 계획, 프로그램 실행, 프로그램 평가의 단계를 갖는다. 이 각각의 단계는 독립적으로 분리된 직선적인 관계가 아니라 상호 밀접하게 연관되어 상호작용하며 주기적으로 반복되는 순환적인 과정을 포함한다(성규탁, 1998).

프로그램 개발과 의사결정 과정에 관련하여 많은 학자들의 다양한 견해가 있지만 주요한 몇 가지 이론을 살펴보면 다음과 같다.

일반적으로 프로그램은 문제 및 욕구의 개념화, 지역 네트워크의 수립, 정책 분석 및 대안의 설정, 프로그램 설계 및 실행, 평가 및 환류 등의 단계로 설명한다. 미너갠(Meenaghan, 1982)은 문제 서술 및 윤곽, 정책 및 목표 형성, 자원분석 목표의 선택, 프로그램 대안 설정, 수행을 위한 프로그램 선택, 평가 등으로 나누고 있으며, 스키드모어(Skidmore, 1995)는 구체적 목표의 설정, 관련 정보 수집 및 가용자원 검토, 대안의 탐색, 최종 대안의 선택, 구체적인 실행계획 수립, 실행 평가라 하였다. 이를 종합하면 다음의 단계로 설명할 수 있다.

### (1) 제1단계: 문제의 정의 및 욕구 확인

1단계는 프로그램과 의사결정의 방향을 설정하는 단계이다. 문제를 명확히 정의하고 욕구를 확인하는 것은 한정된 자원(인적 및 물적)을 활용하여 바라는 활동을 규명하는 것을 말한다. 수요자의 욕구가 불만족에 기인한 것일 때 기대 목표와 현재 상태 사이에 나타난 차이가 무엇이며 어디에서, 언제, 얼마만큼의 차이가 있는지를 확인하여야 한다(Sung, 1992). 또한 기대 목표와 현재 상황의 차이를 설명할 수 있는 문제를 파악한 후 문제의 긴급성, 문제의 원인과 결과 간의 인과관계 등을 기준으로 조직과 구성원의 욕구를 확인하는 작업이 필요하다(강기정, 2003).

### (2) 제2단계: 관련 정보의 탐색 및 확보

2단계는 기관 또는 조직 내외의 관련된 정보를 획득하기 위한 조사활동이다. 이 단계에서는 현재 상태와 기대 목표에 대한 자료, 유사한 다른 조직에 관한 정보 및 기록의 활용을 통하여 정보를 수집한다. 또한 대안적 행동방침을 판단할 수 있는 선정기준을 마련하며, 그 기준은 조직 또는 특정 사업의 목표에 근거를 두고 수립되어야 한다.

### (3) 제3단계: 해결 대안의 개발 및 분석

3단계는 목표, 자원, 잠재적 · 현실적 제약사항 등을 고려하여 일련의 행동 대안을 개발하고, 비교 가능한 방식으로 대안을 분류하며 각 대안에 대한 과학적 분석을 실시한다. 이 단계에서는 설정한 기준을 활용하여 대안들의 장단점을 명확히 파악하고 각 대안의 성공가능성을 예측한다.

### (4) 제4단계: 최선의 대안 선택

4단계는 최선의 대안을 선택하는 단계이다. 최적의 대안을 선택하기 위해서는 대안 행동의 기준을 선정하고, 과학적 기준에 따라 대안의 장단점을 분석한다. 이 단계에서는 대안들의 성공가능성에 대한 합리적 예측을 근거로 실용 측면뿐만 아니라 윤리적 측면까지도 선택과정에서 고려하여야 한다.

### (5) 제5단계: 대안의 실행

5단계는 이전 단계의 상황을 기초로 대안을 실행하는 단계이다. 이 단계에서는 이용 가능한 자원의 배분, 자원의 조직화, 성공적 해결에 필요한 활동 등 다양한 요인들을 고려하여 대안이 실행되며, 이는 문제해결에 영향을 미치게 된다.

### (6) 제6단계: 피드백

6단계는 실행에 대한 평가 및 피드백 단계이다. 이 단계에서는 자원을 가장 효율적이고 효과적으로 사용하기 위해서 지속적으로 사정하며 실행한다. 또한 선택된 대안이 목표 달성에 어느 정도 적절하였는가를 평가한다. 이때 평가결과는 다음 프로그램 개발 및 프로그램 수정에 피드백된다.

## 2) 가족자원봉사 프로그램 개발과정

가족자원봉사의 목적이 설정되고 그것을 성취하기 위한 가족자원봉사 프로그램을 개발하는 과정은 마치 인수분해(factoring)의 과정과도 같다. 가족자원봉사 프로그램이 참여하는 가족봉사단과 관련 기관 그리고 수요자 모두에게 차지하는 의미와 활동들을 이해하기 위해서는 목적과 수단의 두 가지 측면이 고려되어야 한다(강기정, 2003; 김정진 외, 2005).

가족자원봉사 프로그램 개발과정은 문제 발견과 정의로부터 출발하여 포괄적인 목적과 구체적인 목표를 조작 · 설정하고, 이를 성취하기 위한 실행체계를 구성하여 실행 · 평가하는 것을 말한다. 이 과정에서 고려해야 할 주요한 이슈는 실행가능성(feasibility)과 실용성(practicality)이다. 즉, 프로그램이 실행 가능하게 계획되어야 하고, 그 결과는 현실적으로 긍정적인 결과를 산출할 수 있어야 한다. 일반적으로 자원봉사 프로그램은 구체적으로 문제 확인, 프로그램 조직, 교육 · 훈련, 자원봉사활동 실행, 평가의 5단계로 구분할 수 있다(류기형, 2005; 정진모 · 정무성, 2001). 본고에서는 가족자원봉사자를 위한 가족자원봉사 프로그램을 5단계로 구분하여 과정별 내용들을 살펴보고자 한다. 가족자원봉사 프로그램 개발과정을 살펴보면 [그림 9-1]과 같다.

| 단계 | 과정 | 내용 |
|---|---|---|
| 제1단계 | 프로그램 계획 | ① 프로그램 계획의 유형<br>② 계획 과정 |
| 제2단계 | 문제 확인 및 욕구분석 | ① 정보 수집, 욕구 분석 목적 및 방향,<br>② 욕구 분석방법 및 도구, 계획, 분석결과 논의<br>③ 참여자 및 기관 자원 파악 |
| 제3단계 | 프로그램 설계 | ① 프로그램의 전체 목적 및 세부 단계의 하위 목표 설정<br>② 프로그램 내용의 선정<br>③ 교육 실시<br>④ 프로그램 평가 설계<br>⑤ 프로그램 기획서 작성 |
| 제4단계 | 프로그램 실시 | ① 프로그램 실시의 관점<br>② 프로그램 실행 |
| 제5단계 | 프로그램 평가 | ① 프로그램 평가 관점<br>② 평가의 개념과 목적<br>③ 평가의 방법<br>④ 프로그램 평가 내용<br>⑤ 피드백 |

**그림 9-1 가족자원봉사 프로그램 개발과정**

### (1) 제1단계: 가족자원봉사 프로그램 계획

1단계인 가족자원봉사 프로그램 계획은 프로그램 계획의 유형과 계획의 과정으로 구분할 수 있다.

#### ① 프로그램 계획의 유형

프로그램 계획의 유형에는 클라이언트의 욕구중심 계획, 수요자와 지역사회의 문제해결중심 계획, 자원활용중심(인적 · 물적 자원) 계획, 가족자원봉사자의 참여중심 계획이 있다.

욕구중심 계획은 지역사회와 수요자의 욕구를 조사하여 무엇이 가장 우선순위의 욕구인지를 파악하여 계획하는 것이다. 예를 들면, 지역사회 욕구조사자료집을 참고하거나 직접 관련 기관과 수요자를 방문하여 욕구를 파악할 수 있다.

문제해결중심 계획은 지역사회에서 발생되는 여러 가지 사회문제 중에서 긴급성이 요구되는 대상의 문제를 해결하기 위한 프로그램 계획을 말한다. 예를 들면, 이주여성가족을 위한 가족자원봉사 프로그램이나 여성장애인을 위한 산후 보조원 지원 가족자원봉사 프로그램 등이 해당된다.

또한 자원활용중심 계획은 가족자원봉사자들이 가용할 수 있는 자원들을 활용하여 지역사회와 수요자가 가지고 있는 문제해결을 위해 접근해 가는 방법이라고 할 수 있다. 참여중심 계획은 참여한 가족자원봉사자들의 성장의 기회를 제공하고 당면한 이슈를 찾아 참여의 방향을 설정해 나가는 프로그램을 말한다.

#### ② 계획과정

계획과정은 가족자원봉사자들이 봉사활동을 하기에 앞서 계획하는 전 과정이다. 즉 가족봉사자는 문제를 파악하고, 스스로 주체가 되어 실현가능한 목표를 정하고, 봉사활동의 우선순위 활동을 선택하며, 예상되는 문제를 해결할 수 있는 대안을 모색하는 것을 말한다(우수명, 2004; Boyle, 1981; Kettner, Morone, Martin, 1990).

1단계에서 고려해야 할 가족자원봉사 프로그램 계획 시 필요한 준비상황을 살펴보면 〈표 9–1〉의 내용과 같다.

**표 9-1 가족자원봉사 프로그램 개발을 위한 준비**

■ 가족자원봉사 프로그램을 위한 준비
- 모든 자원봉사 대상자 및 그 가족들을 포함하여 가능하면 함께 프로그램이 이루어지는 것이 바람직하다.
- 경제적 · 사회적 · 심리적 · 가족적 · 문화적 제반 측면들을 고려한 통합 프로그램을 제공하도록 한다.
- 지속적이며 제도적인 안정성을 띠는 것이 좋다.
- 공공시설, 기업, 민간단체, 종교계, 사회복지기관 및 시설 등 다양한 인적 · 물적 자원을 연결하여 체계적인 서비스가 지원될 수 있는 시스템을 구축하여 가족자원봉사 프로그램을 제공한다.

■ 가족자원봉사 관리자를 위한 준비
- 가족자원봉사 정신을 이해하고 스스로 현장체험을 해본다. 관리자에게는 현장에서 발생하는 여러 상황들에 대한 분석, 대처능력이 요구된다.
- 자신감을 가지고 적극적으로 활동한다.
- 정보, 기술을 제공해 주고 프로그램 계획과 실행을 도와줄 우호적인 내부 자원과 지역사회 협력 자원을 발굴한다.

■ 가족자원봉사자를 위한 준비
- 가족자원봉사자의 자발성을 유도하는 내용의 프로그램이 준비되어야 한다. 이를 위해서는 자원봉사자들의 욕구와 필요가 반영되어야 할 것이다.
- 가족자원봉사자 간에 유대감이 강화될 수 있는 내용의 프로그램이 준비되어야 한다. 자원봉사활동을 통한 만족감은 특히 동료 간의 긍정적인 인간관계에 영향을 받게 되는데 이는 자원봉사활동의 가장 큰 보상 중 하나이다.

■ 서비스 수요자를 위한 준비
- 서비스 수요자의 욕구와 필요에 근거하여 마련되어야 하며, 수요자가 원하는 것으로 기쁘게 받아들일 수 있는 것이어야 한다.
- 지역사회 문제해결 및 실정에 초점을 맞추어 계획되고 실행되어야 한다.
- 가족자원봉사 프로그램이 기관의 사명 및 비전과 일치해야 한다.

### (2) 제2단계: 문제 확인 및 욕구 분석

2단계는 가족자원봉사자들이 기관의 자원봉사 관리자와 함께 지역사회의 자원봉사 관련 정보를 수집하고 그들이 갖고 있는 욕구를 분석하며 가족자원봉사의 목적 및 방향을 확립하고 여러 가지 욕구 분석방법 및 도구를 활용하여 가족자원봉사 프로그램을 계획하는 전 과정이다.

가족자원봉사 프로그램 계획과정에서 욕구의 분석은 프로그램 과정 전체에 많은 영향을 준다. 따라서 가족자원봉사자는 2단계에서 관련 기관의 특성과 내적 자원을 분석하여 이를 자원봉사 프로그램 기획에 반영하여야 한다(김동원, 2003).

### (3) 제3단계: 프로그램 설계

프로그램 설계에는 프로그램의 목적과 세부 목표를 설정하고, 실행 내용을 선정하며, 프로그램 실행방법과 평가를 계획하는 것이 포함된다.

#### ① 프로그램의 전체 목적 및 세부 단계의 하위 목표 설정

가족자원봉사자들이 자원봉사 프로그램을 설계하는 과정에 참여한다는 것은 무엇보다도 중요하다. 그들이 경험하고 실현할 수 있는 여러 가지 자원을 어떻게 활용할 것인지, 가족자원봉사자의 구성원이 참여할 수 있는 프로그램을 어떻게 구상해서 실현할 것인지, 참여하고 있는 구성원이 재미있게 자원봉사활동을 어떻게 추진해 나갈 것인지를 프로그램 설계과정에서 반영할 수 있어야 한다.

#### ② 프로그램 내용의 선정

가족자원봉사자들이 가족구성원과 함께 추진해야 할 프로그램 내용을 욕구중심의 내용을 할 것인지 문제해결중심에 초점을 맞추어 선정할 것인지 참여 구성원의 참여중심 프로그램으로 선정할 것인지를 참여하고 있는 가족구성원의 전 생애주기적 발달 수준에 따라 선정해 나갈 수 있다.

#### ③ 프로그램 실행방법 준비

가족자원봉사활동 프로그램에 참여하고 있는 가족구성원이 함께 즐겁게 참여할 수 있는 방법을 준비해 나가는 과정이다. 예를 들어 가족자원봉사자가 생명농장에서 부모와 함께 참여하고 있는 자녀들에게 우리 농장 푯말 만들기를 실시하여 가족 소개를 함께 하면 자원봉사 프로그램에 흥미를 갖고 참여할 수 있게 될 것이다.

④ 프로그램 평가 설계

프로그램 설계 단계에서부터 평가를 어떻게 할 것인지를 설계하는 것은 무엇보다도 중요하지만 자칫 간과할 수 있어 이를 놓치는 수가 많다. 프로그램 평가는 가족자원봉사를 진행해 나가면서 다른 가족구성원이 어떻게 자원봉사활동을 하고 있는지 참여에 어려움이 없는지 자원봉사활동을 하고 있으면서 활동일지를 잘 작성하고 있는지 등을 중간평가를 통해서 확인할 필요가 있다. 중간평가에서는 그동안 자원봉사활동 과정과 봉사활동 내용, 그리고 봉사활동 사례를 나누고 미진한 부분을 확인해 나가야 한다. 또한 앞으로의 자원봉사 프로그램을 안내하고 목표와 방향을 재확인한다. 최종평가에서는 그동안 가족자원봉사활동에 참여한 가족자원봉사자를 격려하고 지지하는 것도 중요하다. 이와 같은 가족자원봉사 프로그램 평가 설계 시 〈표 9-2〉의 기준을 고려할 수 있다.

**표 9-2 가족자원봉사활동 프로그램 설계 시 기준**

- 가치: 가족자원봉사자들이 받아들일 수 있는 가치가 반영되었는가?
- 실현가능성: 가족자원봉사 프로그램을 실시할 만한 정책적 근거와 자원(인적 · 물적)을 동원할 수 있는가?
- 준비성: 프로그램의 주관 기관이나 조직이 제안되는 프로그램을 진행할 만한 준비가 되어 있는가? 또한 가족자원봉사자들은 준비가 되어 있는가?
- 합리성: 가족자원봉사 프로그램이 객관적 사실에 근거하여 준비되고 있는가?
- 참여자의 욕구와 특성: 가족자원봉사자의 욕구와 특성이 반영되었는가?
- 선정 근거 및 개입의 수준: 프로그램 선정 기준이 명확하며 실행에 대한 준비와 수준이 적절한가?

한편 가족봉사자와 관련 기관의 프로그램 설계의 요구가 다양하거나 많은 문제들이 부각되는 경우 가족자원봉사 프로그램은 우선순위를 고려하여 결정해야 한다. 〈표 9-3〉은 우선순위 결정을 위한 준거이다.

〈표 9-4〉의 우선순위 차트의 평가준거에 따라 아이디어를 기록한다. 우선순위 차트는 우선순위 결정에 참여한 개인 수에 의해 우선순위를 결정할 때 매우 유용하게 사용된다. 각각의 아이디어에 대한 우선순위의 점수를 합산하여 그중

에서 가장 높은 점수대의 아이디어를 채택한다. 〈표 9-4〉를 실제 기관에서 가족자원봉사 프로그램을 결정하는데 적용한 사례를 살펴보면 〈표 9-5〉와 같다.

**표 9-3 가족자원봉사 프로그램 우선순위 결정을 위한 준거**

| 준거 | 준거의 의미 |
|---|---|
| 가족자원봉사 인력 | 제시된 프로그램 아이디어에 대해 지식이나 기술을 제공할 가족자원봉사는 적정한가? |
| 목표에 대한 기여도 | 제시된 프로그램 아이디어가 조직의 목표달성에 얼마나 기여하는가? |
| 긴급성 | 각 프로그램의 아이디어가 지역사회 내에서 어느 정도로 긴급하게 요구되는가? |
| 파급 효과 | 다른 프로그램의 아이디어에 미치는 긍정적 · 부정적 영향력은 어느 정도인가? |
| 자원의 지원 가능성 | 프로그램 수행을 위해 필요한 인적 · 물적 자원과 재정적 지원의 가능성은 어느 정도인가? |

**표 9-4 가족자원봉사 프로그램 아이디어의 우선순위 차트**

| 프로그램 아이디어 | 가족자원봉사 인력 | 목표에 대한 기여도 | 긴급성 | 자원의 지원 가능성 | 합 계* |
|---|---|---|---|---|---|
| 이주여성가족의 한국 문화 체험 | 4 | 4 | 4 | 4 | 16 |
| '해피 건강가족 페스티벌' 홍보 캠페인 | 4 | 2 | 3 | 3 | 12 |
| 생명농장 한마당 | 4 | 4 | 2 | 1 | 11 |
| 찾아가는 남성 양성평등교육 | 1 | 1 | 1 | 2 | 5 |

* 점수가 높을수록 우선순위가 높은 프로그램을 의미한다.

**표 9-5 가족자원봉사 프로그램 개발**

<table>
<tr><th rowspan="2">문화 탐방</th><th rowspan="2" colspan="2">결혼이민자가족과 함께 하는 문화 탐방</th><th>소요시간</th></tr>
<tr><th>8시간</th></tr>
<tr><td>목 표</td><td colspan="3">1. 가족자원봉사단의 다문화 사회에 대한 이해를 돕고, 결혼이민자가족과 친밀감을 형성한다.<br>2. 가족자원봉사단과 결혼이민자가족의 친밀한 유대를 위해 멘토-멘티 체계를 구축한다.<br>3. 가족자원봉사단은 결혼이민자가족과 함께 어울림을 통해 여유와 휴식을 되찾고, 가족 간의 정서적 · 심리적 유대감을 형성해 나간다.</td></tr>
<tr><td>일 시</td><td colspan="3">2006년 6월 6일 현충일</td></tr>
<tr><td>장 소</td><td colspan="3">대전동물원, 국립공주박물관</td></tr>
<tr><td>참석대상(74명)</td><td colspan="3">가족자원봉사단 9가족(32명), 결혼이민자가족 12가족(38명), 관리자 4명</td></tr>
<tr><td></td><td colspan="3">진 행 절 차</td></tr>
<tr><td rowspan="9">일정계획</td><td>시 간</td><td>진행 내용</td><td>비 고</td></tr>
<tr><td>09:00~10:00</td><td>인원 점검 및 오리엔테이션</td><td>센터 회의실</td></tr>
<tr><td>10:00~11:00</td><td>출발 및 대전동물원 도착</td><td></td></tr>
<tr><td>11:00~13:00</td><td>대전동물원 및 사파리 탐방</td><td>인원 파악</td></tr>
<tr><td>13:00~14:30</td><td>맛있게 냠냠</td><td></td></tr>
<tr><td>14:30~15:10</td><td>출발 및 공주박물관 도착</td><td></td></tr>
<tr><td>15:10~16:40</td><td>공주박물관 이모조모 둘러보고</td><td></td></tr>
<tr><td>16:40~18:00</td><td>출발 및 센터 도착</td><td>안전 점검</td></tr>
<tr><td>18:30~19:00</td><td>마무리 및 평가회</td><td>참가자, 스태프</td></tr>
<tr><td>준비활동</td><td colspan="3">• 오리엔테이션 자료: 센터 소개, 일정 안내, 참가자 명단<br>• 사전 교육: 가족 소개, 유의사항, 관찰 기록지, 평가지 작성<br>• 탐방 기관 소개 및 문화유물 설명<br>• 탐방 차량 확인, VIDEO, 카메라, 간식, 탐방지 시간 확인</td></tr>
<tr><td>실행활동</td><td colspan="3">• 가족 소개: 결혼이민자가족 및 가족자원봉사자<br>• 2가족 간 멘토-멘티로 조 편성<br>• 가족 간 유대 강화 분위기 조성<br>• 탐방기관: 대전동물원, 사파리 참관, 공주박물관 문화유적지</td></tr>
<tr><td>정리활동</td><td colspan="3">• 참가 가족 인사 나누기<br>• 참가 대표와 스태프 관찰 기록, 평가회</td></tr>
<tr><td>평가활동</td><td colspan="3">• 평가결과에 따른 내용: 일정, 시간배정, 준비물, 탐방활동, 참가자 만족도<br>• 평가결과 차후 유사 프로그램에 반영 및 보완</td></tr>
<tr><td>기대효과</td><td colspan="3">• 참가한 결혼이민자가족과 가족자원봉사단의 원활한 의사소통을 촉진한다.<br>• 참가 가족 간의 문화 탐방을 통해 친밀감을 형성하고 멘토-멘티의 체계를 구축한다.<br>• 지속적인 가족자원봉사 프로그램 참가 기회를 제공하여 가족자원봉사단의 성장의 기회로 삼는다.</td></tr>
</table>

출처: 천안시 건강가정지원센터 문화팀 '가족자원봉사단 프로그램 개발 매뉴얼' 내부 자료. 2006.

### (4) 제4단계: 프로그램 실시

프로그램 실시 단계에서는 가족자원봉사의 실제 활동에 들어가게 되는데, 이때 가족자원봉사자는 자원봉사 대상자의 실행을 위한 활동을 돕는 제반사항을 준비하고, 봉사활동 중에 발생하는 문제와 욕구들에 적절히 대처하며 맡은바 역할을 수행해야 한다.

가족자원봉사 실시는 〈표 9-5〉의 가족자원봉사 프로그램 개발을 기초로 실행한다.

### (5) 제5단계: 프로그램 평가

가족자원봉사 프로그램 평가는 가족자원봉사의 효과성과 적합성을 인식할 수 있는 중요한 단계이다. 이는 봉사자와 직원, 자원봉사 조정자의 사기함양을 위해서도 필요하며, 평가를 통해 자원봉사활동을 개선할 수 있고 미래에 발생하게 될지도 모르는 문제를 예방할 수 있다(우수명, 2004; Bennett & Weisinger, 1997).

가족자원봉사 프로그램 평가는 자원봉사 프로그램이 얼마나 효과적으로 서비스를 제공하고 있는지, 프로그램 실행과정에 가족자원봉사자에게 어려움이 있는지, 그리고 수요자의 입장에서 가족자원봉사자의 활동을 어떻게 인식하는지 등을 주기적으로 파악하는 작업이다.

프로그램은 1일, 1주, 1월, 1년 등의 단위로 관리자와 가족자원봉사자에 대한 피드백, 관찰, 회의, 봉사자 활동 보고서, 통계기록 등을 통하여 비정기적인 평가가 가능하며, 설문지를 사용하거나 개별 또는 그룹 대표자의 인터뷰를 통한 공식적 평가를 실시할 수 있다(김통원, 2003).

가족자원봉사 프로그램 평가 시 고려해야 할 항목은 〈표 9-6〉과 같다.

**표 9-6 가족자원봉사 프로그램 평가 리스트**

| 평가 리스트 | 비고 |
|---|---|
| • 프로그램의 목적과 목표가 달성되었는가?<br>– 문제해결의 정도<br>– 서비스를 받은 대상자의 수나 양<br>– 서비스에 대한 대상자의 만족도<br>• 몇 명의 가족자원봉사자가 참여했으며, 얼마나(기간, 총 소요시간) 활동했는가?<br>• 가족자원봉사자가 달성한 성과들이 활동 설명서에 명시된 내용과 일치하는가?<br>• 프로그램에 소요된 비용은 적절했는가?<br>– 비용과 목표달성의 정도 비교<br>• 프로그램의 계획과 사회봉사자의 업무분담은 적절했는가?<br>• 가족자원봉사자에게 필요한 교육 및 학습이 제공되었는가?<br>• 가족자원봉사자는 자신이 참여한 활동에 얼마나 만족하는가?<br>• 가족자원봉사 대상자들은 봉사 서비스에 대해 얼마나 만족하는가?<br>• 가족자원봉사자는 이후에도 계속 활동하고 싶어하는가?<br>• 기타 가족자원봉사 프로그램 운영상의 개선점은 무엇인가? | |

## 요 약

가족자원봉사 프로그램 개발은 자원봉사 및 가족자원봉사 관련 기관과 가족자원봉사자가 주체가 되어 지역사회의 문제를 인식하고 이를 변화시키기 위하여 가족자원봉사 프로그램을 계획, 실행, 평가하는 전 과정이다. 가족자원봉사에 대한 관심과 가족자원봉사 참여자가 증가하고 있는 상황에서 가족자원봉사 프로그램 개발은 가족자원봉사의 지속성과 전문화를 도모하고, 건강한 가족문화를 형성하는 기회를 제공할 수 있다.

가족자원봉사 프로그램은 다음의 기본성격이 있다. 첫째, 가족자원봉사 프로그램에는 철학적 신념 및 이념, 가치 및 윤리의 기초가 포함되어야 한다. 둘째, 가족자원봉사 프로그램을 필요로 하는 잠재적 수요자의 욕구가 반영되어야 한다. 셋째, 가족자원봉사 프로그램은 교재나 이론 중심적인 내용보다는 실생활과 밀접한 관계를 가지고 있는 내용으로 구성한다. 넷째, 가족자원봉사 프로그램은 장기적 · 단기적 활동계획을 포함한다. 다섯째, 가족자원봉사 프로그램은 위계적 순서(hierarchical order)로 구성되어 있다.

또한 가족자원봉사 프로그램이 갖추어야 할 조건은 접근성, 지속성, 적합성, 포괄성, 통합성, 과학성이 있다.

한편 가족자원봉사 프로그램 개발과정은 문제 발견과 정의로부터 출발하여 포괄적인 목적과 구체적인 목표를 조작 · 설정하고, 이를 성취하기 위한 실행체계를 구성하여 실행, 평가하는 것을 말한다. 이 과정에서 고려해야 할 주요한 이슈는 실행가능성(feasibility)과 실용성(practicality)이다. 즉, 프로그램이 실행 가능하게 계획되어야 하고 그 결과는 현실적으로 긍정적인 결과를 산출할 수 있어야 한다.

가족자원봉사 프로그램은 5단계로 구성되며 이는 가족자원봉사 프로그램 계획, 문제 확인 및 욕구 분석, 프로그램 설계, 프로그램 실시, 프로그램 평가이다.

## 생각해 보기 ▸▸▸▸▸▸▸▸

1. 여러분의 지역에서 가족자원봉사를 실행하는 기관과 어떠한 가족자원봉사 프로그램이 있는지 조사해 보자. 만약 없다면 가족자원봉사 프로그램이 없는 이유는 무엇인지 생각해 보도록 하자.

2. 가족자원봉사 프로그램이 일반 자원봉사 프로그램과 차별성을 둔다면 어디에 초점을 두어야 할지 생각해 보도록 하자.

3. 가족자원봉사 프로그램을 활성화할 수 있는 방법은 무엇인지 생각해 보도록 하자.

# 참 / 고 / 문 / 헌

강기정(2003). 기독교 사회봉사의 이해. 백석대학교 출판부.

김정진 · 강기정 · 양숙미 · 최일섭 · 김종철(2005). 프로그램 개발 및 평가. 충남 사회복지혁신사업단.

김진화 · 정지웅(2000). 사회교육 프로그램 개발의 이론과 실제. 교육과학사.

김통원(2003). 사회복지 프로그램 개발과 평가. 학지사.

류기형(2005). 자원봉사론. 양서원.

성규탁(1998). 사회복지 행정론. 법문사.

우수명(2004). TP 사회복지 program 개발과 평가. 인간과 복지.

정진모 · 정무성(2001). 사회복지 프로그램 개발과 평가. 양서원.

중앙건강가정지원센터(2006). 가족자원봉사 운영매뉴얼.

최덕경 · 강기정 · 이혜자 · 박경애 · 박창우 · 정은미 · 이명원 · 배은숙 · 정혜선(2006). 자원봉사론. 공동체.

천안시 건강가정지원센터(2005-2006). 가족자원봉사 자료집.

Bennett, E. C. & Weisinger, M. (1997). "Evaluation: Alternative Models" in N. Gilbert and Specht ed., Planning for Social Welfare: Issues, Models and Tasks. Englewood Cliffs, NJ: Prentice-Hall.

Boyle, P. G.(1981). Planning Better Program. New York: McGraw-Hill Book Co.

Kettner, P., Moroney, R. & Martin, L.(1990). Designing and Managing Programs. Newbury Park, CA: Sage.

Meenaghan, T., Washington, R., & Ryan, R.(1982). Macro Practice in the Human Services. NY: The Free Press.

Skidmore, R. A. (1995). Social Work Administration: Dynamic Management and Human Relationships. 3rd ed., Needham Height, MA: Allyn & Bacon.

Sung, K. T.(1992). "Identification and Prioritization of Needs of Families by Multiple Groups: Residents, Key Informants and Agency Directors", Social Indicators Research, Vol. 26. No. 2. 137-158.

CHAPTER 10

# 가족자원봉사활동의 과제와 전망

1. 가족자원봉사활동의 과제
2. 가족자원봉사활동의 전망

## 검은 재앙' 충남 태안에 대한 자원봉사 열기가 설 연휴의 칼바람도 녹였다

연휴 동안 태안 앞바다는 때에 따라 강한 바닷바람과 눈보라가 몰아쳐 체감온도가 영하 10도 이하로 내려갈 정도로 추웠다. 하지만 전국에서 찾아온 자원봉사의 손길은 연휴기간 내내 이어졌다.

고향을 찾은 가족들은 태안 앞바다의 청정한 옛 모습을 되찾아야 한다며 방제현장으로 달려갔다. 교회 신도들도 작은 정성을 보탰고, 지역 공무원도 가족과 함께 자원봉사하는 모습을 볼 수 있었다. 태안군은 당초 설 연휴 동안 공식적인 자원봉사활동을 중단키로 했다. 그러나 고향을 찾은 가족들과 그동안 일 때문에 봉사에 참여하지 못했던 사람들의 요구가 빗발쳐 피해가 비교적 심했던 소원면 모항항 한 곳에서 자원봉사 프로그램을 마련했다. 태안군 가창현 자치행정과장은 "설 연휴라 자원봉사자들이 없을 것으로 알았으나 의외였다."며 "태안을 원상회복하겠다는 국민들의 의지를 확인할 수 있었다."고 말했다. 연휴 첫날인 6일, 500여 명의 자원봉사자가 몰렸고, 이후 4일 동안에도 매일 150여 명이 자원봉사를 했다. 지난 5일 고향(태안읍 송암리)을 찾은 정영환(49, 자영업, 인천 만수2동) 씨는 귀향 다음날 곧바로 모항항으로 달려갔다. 부인 손윤영(44) 씨와 아들, 딸, 조카들도 흔쾌히 동참했다. 이들은 4일 동안 줄곧 방제에 참가했다.기름때에 찌든 갯바위를 바라보며 눈시울을 적신 정씨는 "뉴스로 들었던 것보다 훨씬 심각한 것 같다."며 "전국에서 고향마을을 위해 자원봉사자들이 몰리는 데도 정작 이곳 출신인 우리가 그동안 고향을 찾지 못해 미안했다."고 말했다.

출처: 국민일보, 2008. 2. 10

가족자원봉사활동은 가족이 한 단위로 함께 참여함으로써 개인, 집단, 지역사회에서 발생하는 제반 가족 및 사회문제를 예방하고 나아가 다른 가족과 함께 참여함으로써 이웃과 더불어 살 수 있는 지역공동체 의식 강화와 참여 확대를 기대할 수 있다.

10 CHAPTER

# 가족자원봉사활동의 과제와 전망

## 1. 가족자원봉사활동의 과제

우리 사회는 급속한 경제성장을 하면서 소득증대와 함께 풍요로운 삶을 유지할 수 있는 소비수준의 향상을 가져왔다. 이러한 사회 변화 속에서 우리는 가치규범의 상실, 사회, 지역공동체 해체 및 가족해체의 위기에 직면하게 되었다. 그러나 최근 이러한 사회문제 해결과 공동체 의식을 회복할 수 있는 하나의 제도로 자원봉사활동이 가족단위로 전개되고 있으며, 이는 공익증진에도 크게 기여하고 있다.

가족자원봉사활동은 가족이 한 단위로 함께 참여함으로써 개인, 집단, 지역사회에서 발생하는 제반 가족 및 사회문제를 예방하고 나아가 다른 가족과 함께 참여함으로써 이웃과 더불어 살 수 있는 지역공동체 의식 강화와 참여 확대를 기대할 수 있다.

최근 지방자치시대가 열리면서 지역주민들이 자원봉사활동에 대한 관심이 높아지고 가족단위로 참여해 보려는 가족들이 점차 늘고 있다. 미국의 경우 전 국민의 과반수가 자원봉사활동에 참여하고 있고, 일본의 경우 전 국민의 20% 이상, 한국의 경우 10% 이내에서 참여하고 있다. 그러나 참여하고 있는 자원봉사자들 중에는 사명감이나 책임감 부족으로 6개월 이내 40% 이상이 중도 포기나 중도 탈락하는 사례가 종종 발생하고 있다(김영은, 2003). 이처럼 중도 포기하는 이유로는 자원봉사를 처음 시작하는 사람의 경우 자원봉사를 하는데 필요한 준비가 미처 되어 있지 않기 때문에 어떤 자세로 수혜자를 대하는지, 함께 참여하는 다른 봉사원들 가족과 어떤 관계를 유지해야 하는지, 활동 현장에서는 어떤 규칙을 지켜야 하는지 잘 알지 못하는 상태에서 참여하기 때문이라고 볼 수 있다.

가족단위의 자원봉사활동은 우리 사회에서 그리 활발하게 진행되지 못하고 아직 초기 단계에 머물러 있다. 지금까지의 자원봉사활동은 가족단위로 하기보다는 나 홀로 봉사활동의 유형으로 그 활동 영역이 사회복지시설 및 기관을 대상으로 한 분야에만 한정되었고, 노력봉사가 주를 이루면서 자선활동에서 시작된 것이 대부분이다. 현재 우리나라 가족봉사활동의 가장 큰 문제점을 열거해 보면 다음과 같다.

첫째, 자원봉사활동에의 참여율이 낮을 뿐 아니라 중도 탈락자가 많다.

둘째, 가족단위로 참여하기보다는 학생이나 주부가 주류를 이루고 있다.

셋째, 가족자원봉사에 대한 교육이 제대로 이루어지고 있지 않다.

넷째, 가족자원봉사활동을 총괄 지원 · 조정할 수 있는 전담 기구가 없다.

다섯째, 자원봉사를 육성하고 추진 기관들의 통합적 조정 시스템이 구축되지 않아 상호 협력관계를 이루지 못하고 있다.

민주복지사회를 지향하고 있는 현시점에서 아직 시작 단계라 볼 수 있는 가족봉사활동의 활성화를 위해 위에서 제시한 문제점들은 보완되어야 할 사항이며, 지역주민 혹은 가족단위 자원봉사활동의 자발적 참여 없이는 성공적인 가족자원봉사를 이룰 수 없다. 이상에서 제시한 문제점을 토대로 앞으로 가족자원봉사활동의 활성화를 위해 해결해야 할 과제들을 제시하면 다음과 같다.

### 1) 가족자원봉사활동에 대한 가족의 의식 변화

가족들과 함께 자원봉사활동에 참여함으로써 이웃과 지역사회의 어려움을 이해할 수 있다. 또한 문제해결에 적극적으로 참여함으로써 내 이웃과 상호 협력할 수 있는 경험이 되며, 연대의식을 공유함으로써 나와 가족의 삶을 풍요롭게 할 뿐 아니라, 사회적 책임감을 준수할 수 있는 사회적 분위기를 조성할 수 있다. 이를 위해 가족구성원의 이해와 의식 변화가 있을 때 가족단위의 참여가 가능하다.

가족자원봉사활동은 처음부터 가족에게 부담을 주는 것이 아닌 작은 일부터 시작하여 가족구성원이 봉사활동을 체험함으로써 지역사회에 기여했다는 느낌과 경험을 갖도록 하는 의식 변화가 중요하다. 특히 가족 간 협동을 통해 완성할 수 있고, 다른 가족을 만나 가족구성원이 함께 일할 수 있는 기회를 제공할 뿐 아니라 지속적으로 활동할 수 있으며, 구체적 목표에 따라 활동할 수 있는 봉사활동은 가족들이 함께 참여할 수 있는 의식 변화의 분위기 조성에 도움이 된다.

## 2) 가족자원봉사활동에 대한 사회적 인식 및 인정

자원봉사활동은 무보수로 하기 때문에 경제적 대가보다는 자아계발이나 사회적 기여를 통한 정신적 보상을 받는다. 그러나 우리나라에서는 자원봉사활동에 대한 사회적 인식 및 인정도가 낮기 때문에 자원봉사자 자신도 봉사활동에 대한 평가를 낮게 내림으로써 참여에 대한 만족도도 낮을 뿐더러 가족단위로 참여하는 경우가 적다.

결국 자원봉사에 대한 사회적 인식이 긍정적으로 바뀌지 않는 한 가족자원봉사활동의 활성화는 기대하기 어렵다. 특히 우리 사회는 지역사회 개념과 공동체 의식이 희박한 상태에서 자원봉사를 나와 다른 못사는 사람들을 위한 이타적 행동이나 선행 또는 희생이나 헌신으로 이해하고 있다. 자원봉사를 희생이나 헌신으로 간주한다면 가족과 함께 참여하기에는 더욱 힘든 일일 수밖에 없다. 왜냐하면 남을 위해 희생하고 헌신하는 것은 아무나 하는 것이 아니고 특별한 사람만이 할 수 있다는 사회적 편견 때문이다.

가족단위의 참여율을 확대하고자 한다면 이러한 사회적 인식이 변화되어야만 가능하다. 내가 사는 지역사회의 문제해결은 정부 혼자만이 하는 것이 아니라 지역사회 모두의 책임이라고 본다면 누구든지 쉽게 접근하고 참여하게 된다. 아울러 가족자원봉사활동은 우리가 일하는 지역사회를 만들어 가는 운동과 함께 벌여야 한다는 사회적 인식이 확산된다면 가족단위로 자원봉사활동에 참여하려는 가족 수가 늘어날 것이다.

### 3) 가족단위의 자원봉사 모형 개발 및 다양한 프로그램 제공

가족자원봉사활동은 참여자와 수요자의 한 측면만의 일방적인 욕구에 의해서 성립되는 것이 아니라 누가, 언제, 어디서, 자원봉사를 할 것인가에 대한 공식적인 추진 체제가 확립되어야 할 것이다. 가족들이 할 수 있는 다양한 봉사 프로그램 개발, 가족단위의 봉사자 모집, 교육, 훈련, 정보 교환, 각 자원봉사기관과 연계할 수 있는 봉사 모형이 제도화되어야 한다. 특히, 가족단위의 봉사활동은 단순한 활동이 아니라 평생교육 차원에서 가족의 친밀감, 결속력 강화를 도모할 수 있는 실용성 있는 프로그램을 개발하면 더욱 가족자원봉사활동이 활성화될 것이며, 아동에서 노인에 이르기까지 지역사회를 기반으로 하여 주변에서 손쉽게 찾을 수 있는 봉사활동으로 구체적으로 세분화할 필요가 있다.

예컨대, 가족자원봉사활동은 가족구성원이 함께 휴일을 이용하여 집 주변을 청소하는 일부터 시작하여 이웃의 아동, 장애인, 노인을 대상으로 식사 보조, 세탁, 산책하기, 쇼핑하기 등 가족과 함께 등산이나 야외활동을 겸한 자연보호운동이나 쓰레기 줍는 일 등 손쉽게 할 수 있는 다양한 프로그램을 제공한다면 가족단위로 참여하려는 가족자원봉사활동이 더욱 활발해질 것이다.

### 4) 가족단위 자원봉사활동의 조직화 · 전문화 · 제도화

최근 우리나라에서는 자원봉사활동에 대한 시민적 관심이 커지면서 초 · 중등학생에서 노년층까지 다양한 연령층이 참여하고 있다. 그러나 그동안의 자원봉사활동은 단순 노동이나 노력봉사 위주로 해왔기 때문에 중도에 포기하는 경우가 종종 있었다. 가족봉사활동의 활성화를 위해 21세기 지식정보화 사회에 필요한 분야와 영역을 개발하고 조직화 · 제도화 한다면 새로운 분야에도 가족들이 적극적으로 배우면서 흥미를 느끼고 봉사활동을 지속할 수 있다.

특히 가족단위로 참여하려는 자원봉사자의 취미, 특기, 재능을 고려하여 각 단계별 · 영역별 전문화된 프로그램을 제공한다면 가족구성원에게는 전문교육의 기회를 확대하게 되고 봉사활동은 중도 포기가 줄고 더욱 활기를 띠게 될 것이다.

정부도 가족단위로 할 수 있는 자원봉사활동을 지원해 주고, 각 영역별로 특화해 나갈 수 있도록 법적, 재정적, 기타 많은 지원을 할 수 있도록 제도화해야 한다. 아울러 모든 국민들의 자발적이고, 조직적인 참여를 유도하기 위해 집중적인 홍보를 하는 것이 좋으며, 가족단위 가족봉사활동에 대한 사회적 인식 변화 및 동기부여 강화를 위해 평생교육 차원에서 체계적이고 전문적인 봉사 프로그램을 개발하도록 제도화해야 할 것이다. 그리고 참여하고 있는 가족자원봉사자에 대한 최소한의 노력을 변제한다는 의미에서 사회적 보상이 이루어지도록 경력 인정, 포상, 보험제도를 활용하여 가족자원봉사활동이 우리 사회에 정착될 수 있도록 해야 할 것이다.

### 5) 적절한 인정과 보상을 통한 가족단위의 자원봉사자 관리

자원봉사는 원래 어떤 인센티브를 목적으로 하는 활동은 아니다. 그러나 자원봉사 경력자에게 적절한 인센티브를 제공하면 가족봉사활동을 지속하는데 도움이 될 것이다. 즉 적절한 인정과 보상을 한다면 가족과 함께 참여하는 자원봉사자들은 활동을 통하여 만족과 보람을 느끼면서 계속 참여할 가능성이 높다. 특히 자원봉사자 개개인의 기대 및 욕구에는 매우 큰 차이가 있기 때문에 인정과 보상은 각 개인과 가족의 욕구에 따라 개별화하여 의미 있는 보상을 실시하는 것이 중요하다. 예컨대, 성취지향적인 가족에게는 더욱 책임 있고 중요한 의무가 부여될 수 있도록 하고, 사회적 인정을 추구하는 가족에게는 표창이나 적당한 직위를 부여해 주는 것이 좋다.

▶ 우수가족봉사상 수상
(서울시 자원봉사센터 주간 가족봉사단 페스티벌에서)

가족자원봉사활동은 사회를 간접 경험함으로써 자신의 진로를 결정하는데 도움이 될 뿐 아니라 자신의 환경을 뒤돌아 볼 수 있는 기회를 제공하기 때문에 가족단위의 계속적인 봉사활동 참여를 유도하기 위해서는 다양한 인센티브를 통한 관리를 하는 것이 바람직하다.

### 6) 지역사회와의 연계 및 풀뿌리 가족봉사단 조직

가족자원봉사활동의 활성화를 위해서는 지역사회를 중심으로 이루어질 필요가 있다. 학교, 민간사회단체, 자원봉사단체 등 기존의 지역사회 유관기관들 간의 긴밀한 연계 협력체제가 유지된다면 가족단위로 봉사활동을 손쉽게 할 수 있으며, 다양한 봉사활동을 체험할 수 있는 기회를 갖게 된다. 이에 따라 지역별 봉사활동 협력교를 지정, 운영하거나 봉사활동 수요처에 대한 지정, 등록제를 통해 가족들이 함께 봉사활동에 참여할 수 있도록 제도적 지원책이 마련된다면 지역사회를 위한 가족봉사 체계가 정착될 수 있을 것이다.

또한 지역사회 내 자원봉사센터나 건강가정지원센터를 중심으로 각종 활동정보를 데이터베이스화하여 봉사에 참여하는 가족들에게 제공하고, 봉사활동에 대한 신청, 기록관리 등을 통합적으로 수행할 수 있는 지역사회 중심의 가족자원봉사 정보망이 구축 · 운영될 수 있도록 국가적 차원에서 제도화해야 한다. 아울러 지역사회 내 기반을 둔 풀뿌리 가족봉사단 조직을 형성하고 강화하여 자원봉사활동을 활성화할 수 있는 여건을 조성해야 한다. 그리고 이미 참여하고 있는 복지관, 건강가정지원센터 등 풀뿌리 가족자원봉사 조직들의 특성을 살려 사회 · 공공 서비스 사업에 참여할 수 있는 기회를 제공한다면 봉사활동은 더욱 활발해질 것이다. 서울특별시 건강가정지원센터 · 서울여성가족재단 · 21개 자치구 건강가정지원센터의 공동 주최하에 기름유출사고로 어려움을 겪고 있는 충남 태안군 바닷가 기름제거봉사와 지역 어린이들에게 문화봉사를 연합하여 가족봉사단이 봉사한 것은 바람직한 연계활동이며 가족봉사자에게도 좋은 활동 경험의 기회를 제공해 준 것이라 볼 수 있다.

이상과 같이 가족자원봉사활동의 제도화, 전문화, 지역사회 기관과의 연계 협력체제화는 가족단위로 자원봉사활동에 참여하려는 가족을 위해서는 매우 중요한 과제이다. 가족자원봉사활동은 지역시민으로서의 의무일 뿐 아니라 가족의 결속력 강화와 성장하는 자녀의 교육 및 지역공동체 의식 함양에도 긍정적인 영향을 미치기 때문이다.

▶ 서울시 자치구 가족봉사단 실무자 워크숍

## 2. 가족자원봉사활동의 전망

지난 19, 20세기가 자유, 평등을 추구하는 시대였다면 21세기는 인간의 가치에 대한 탐색이 그 어느 때보다 활발해지면서 제4의 물결, 즉 자원봉사의 시대라 할 수 있다. 이러한 사회에는 가족과 자신의 자아실현과 타인과의 관계를 중요시하며 보람있게 지낼 수 있는 열린 마음, 열린 대화, 열린 공간을 필요로 한다. 특히 미래사회는 경제적 효용과 관계없이 자발적 서비스 활동이 인간 중심의 활동이 되는 탈경제화 사회가 이루어지면서 가족, 이웃과 더불어 사는 공동체 의식을 고취시킬 수 있는 가족 중심의 자원봉사활동 문화 정착을 기대하고 있다.

또한 지방자치시대가 열리면서 모든 지역주민들은 열린 체계를 중심으로 지역사회의 발전을 위해 가족을 단위로 하는 자원봉사활동에 참여하게 되고, 활동내용도 단순히 가족 자신이 가지고 있는 자원을 불우한 이웃을 위해 나누어 주는 것이 아니라 가족과 함께 봉사활동을 전개하면서 이웃과 서로 협력하고 더불어 사는 시민의식을 고취할 뿐만 아니라 함께 사는 이웃의 영향으로 긍정적인 인생관과 생활태도를 바꿀 수 있는 교육적 효과를 기대할 수 있다.

미국에서는 90년대 이후 자원봉사가 제3 섹터로 지역문제 해결을 위해 정부와 파트너십을 구축하게 되었다. 특히 가족봉사활동(Mc Clurey, 1999)은 1991년 가을 켈로그(Kellog)재단의 지원을 받아 촛불재단에서 처음 시작하게 되었으며, 이 프로그램은 선구적으로 가족을 적극적으로 봉사운동에 참여시켜 자원봉사를 통해 지역사회의 중요한 문제에 대응한다는 슬로건 아래 성공적으로 실시하였다.

최근 우리나라에서도 주 5일 근무제가 확산되면서 가족과 함께 보내는 시간이 증가하게 되었고, 부모와 자녀가 함께 가족단위로 자원봉사 프로그램에 참여하여 세대 간의 통합과 연대의식을 체험해 보려는 가족을 주변에서 볼 수 있다. 가족과 함께 자원봉사활동에 참여하면 부모의 자원봉사활동이 좋은 모델링이 되면서 자녀에게는 자원봉사에 대한 긍정적 가치를 갖게 하여 가정의 소중함을 일깨우며, 이웃과 더불어 사는 건강한 사회의 초석이 될 수 있는 학습 체험의 계기를 갖도록 해준다. 이외에도 가족봉사단의 활동은 참여하는 가족은 물론 자원봉사 수요처, 지역사회복지에도 많은 기대 효과를 가져 올 수 있다.

가족자원봉사활동에 참여하면 가족결속력 강화, 세대 간의 이해증진, 가족구성원의 역할기능 강화 등에 기여할 수 있는데 이를 구체적으로 살펴보면 다음과 같다(장덕희, 2001).

첫째, 가족이 함께 하는 가족 여가문화에 도움을 준다. 자녀들에게 다양한 일을 경험하게 하고 새로운 기술을 배울 수 있는 기회를 제공하고 놀이문화를 통하여 부모는 물론 자녀들의 잠재능력을 개발한다. 또한, 자녀와 함께 가족봉사 프로그램에 참여함으로써 부모의 좋은 역할 모델을 보여 주는 계기를 마련할 수 있다.

둘째, 가족에 대한 이해와 관계강화, 친밀감을 형성할 수 있다. 가족과 함께 지내는 시간이 많아짐으로써 가족 간 이해가 증진되고, 단결된 힘으로 가족원에게 부딪히는 어려운 문제를 해결함으로써 가족구성원 간 결속력 및 친밀감이 형성된다. 아울러 봉사를 함께 함으로써 기쁨과 보람을 느끼며 긍정적이고 온화한 마음으로 가족을 대할 수 있다.

셋째, 자녀에게 긍정적 교육 경험을 갖게 한다. 자녀들에게 일찍부터 자원봉사의 경험을 갖게 함으로써 민주시민으로 성장할 수 있는 교육의 장을 만들 수 있다. 자녀들이 지역사회문제에 동참함으로써 민주시민으로 성장할 수 있는 교육의 장을 만들 수 있으며, 또한 자녀들이 지역사회문제에 동참함으로써 긍정적인 경험을 일찍부터 갖게 하여 이웃과 더불어 사는 공동체 문화를 경험하도록 한다.

넷째, 가족자원봉사 의식 확산 및 봉사활동의 활성화에 기여할 수 있다. 어릴 때부터 자원봉사활동을 체험함으로써 봉사활동의 중요성에 대한 이해증진을 높일 수 있으며 다양한 형태의 가정, 계층, 성별, 연령에 따른 가족단위의 자원봉사자를 확보할 수 있다. 이로 인해 지역주민의 고통을 분담하게 되어 지역사회와의 연대의식 및 적극적 봉사활동 참여를 기대할 수 있다.

다섯째, 지역사회를 개선하는 힘은 가족이라는 인식하에 공동체 의식을 함양할 수 있다. 봉사활동을 통해 가족구성원은 이웃 간의 정을 나누고 화합을 도모하여 더불어 사는 공동체 문화를 이끌 수 있다. 이로 인해 청소년문제, 환경문제, 제반 사회문제 해결 및 예방효과를 기대할 수 있다.

이상의 기대효과가 확산된다면 가족단위로 참여하려는 다양한 형태의 가정이 증가할 것이고 오히려 중도 포기자나 탈락자도 줄어들 것으로 예측할 수 있다. 가족단위의 자원봉사활동의 중요성을 인지한다면 헌신과 희생을 공감함으로써 가족의 연대감 형성, 가족의 공동체 의식 강화, 열린 대화, 열린 마음으로 가족복지 및 지역사회 발전에 앞장설 것이다.

미래사회는 과거 그 어느 때보다 시민들의 적극적 사회참여를 필요로 하는 여러 가지 사회문제가 소수의 정치인에 의해 이루어지는 것이 아니라 전체 시민들의 의식 개혁과 참여에 의해서 해결 가능하다. 가족자원봉사활동은 국가라는 제도에 의해서는 제공할 수 없는 휴먼 서비스를 제공할 뿐만 아니라 가족자원봉사활동을 통하여 현대사회에서 잃어버린 지역사회 공동체 문화를 재건하고 민주사회를 이루기 위한 초석이 될 수 있다.

공동체 문화는 자신의 시간을 남에게 무조건 주는 것이 아니라 함께 사는 윤리관이기 때문에 가족자원봉사를 통해 서로 돕고 나누는 공동체를 유지하는데 도움이 되므로 가족자원봉사는 미래의 건강한 가정과 행복사회를 이루기 위해서 선택이 아니라 필수라는 인식이 우리 사회에 자리를 잡아갈 것이다.

## 요 약

가족자원봉사활동은 가족이 한 단위로 함께 참여함으로써 개인, 집단, 지역사회에서 발생하는 제반 가족 및 사회문제를 예방하고 나아가 다른 가족과 함께 참여함으로써 이웃과 더불어 살 수 있는 지역공동체 의식 강화와 참여 확대를 기대할 수 있다.

최근 지방자치시대가 열리면서 지역주민들이 자원봉사활동에 대한 관심이 높아지고 가족단위로 참여해 보려는 가족들이 점차 증가하고 있다. 가족자원봉사의 시작 단계인 현시점에서 가족자원봉사활동의 활성화를 위한 과제들이 있다. 첫째 가족자원봉사활동에 대한 가족들의 의식 변화가 필요하다. 둘째, 가족자원봉사활동에 대한 인식과 인정이 필요하다. 셋째, 가족단위의 자원봉사 모형 개발 및 다양한 프로그램이 제공되어야 한다. 넷째, 가족단위 자원봉사활동의 조직화, 전문화, 제도화가 정착되어야 한다. 다섯째, 적절한 인정과 보상을 통한 가족단위의 자원봉사자 관리가 필요하다. 여섯째 지역사회와의 연계 및 풀뿌리 가족봉사단 조직의 연대가 필요하다.

21세기를 자원봉사시대라 할 수 있으며, 특히 가족 중심의 자원봉사활동의 기대효과를 전망할 수 있다. 그리고 기대효과가 확산된다면 가족단위로 참여하려는 다양한 형태의 가정이 증가할 것이고 오히려 중도 포기자나 탈락자도 줄어들 것으로 예측할 수 있다. 또한 가족단위의 자원봉사활동의 중요성을 인지한다면 참여자들이 헌신과 희생을 공감함으로써 가족의 연대감 형성, 가족의 공동체 의식 강화, 열린 대화, 열린 마음으로 가족복지 및 지역사회의 복지에 앞장설 수 있을 것이다.

## 생각해 보기 ▸▸▸▸▸▸▸▸

1. 가족자원봉사에 참여하는 가족에게 어떠한 효과가 있는지 생각해 보도록 하자.

2. 가족자원봉사 활성화를 위해 필요한 것은 무엇인지 생각해 보도록 하자.

3. 21세기 가족자원봉사활동의 전망에 대해 생각해 보도록 하자.

# 참 / 고 / 문 / 헌

김성이 · 박영희(2005). 자원봉사총론. 양세원.

김영호 · 오정옥 · 전혜미(2003). 자원봉사의 이론과 실제. 창지사.

김의영(2006). 자원봉사론. 홍익출판사.

김익균 · 김영희 · 김치영 · 신재명 · 이현기 · 장동일(2005). 자원봉사론. 교문사.

이승미 · 정민자(2006). 가족자원봉사 운영매뉴얼. 중앙건강가정지원센터.

박태영 · 이경은 · 장덕희 · 채현탁(2004). 자원봉사론. 백산출판사.

이해주 · 관삼근 · 최윤진(2002). 자원봉사론. 한국방송통신대 출판부.

이성록(2005). 자원봉사 어드바이저. 미디어숲.

장덕희(2001). 가족자원봉사 프로그램 개발에 관한 연구. 한국가족복지학, 6(2), 95-114.

정민자 · 김명희(2000). 여성자원봉사활동의 현황과 활성화 방안에 관한 연구. 울산대 생활과학 논문집, 2(2), 63-83.

정민자 · 박을남 · 이승우 · 이순덕 · 김명희(2001). 자원봉사 길잡이. 양지.

주성수(2005). 자원봉사. 아르케.

〈신문자료〉

국민일보(2008. 2. 10)

Allen. K. K. & sarah H. (1983). Families volunteer: A workbook for involving Families. Washington DC The National center for citizen Invoven.

Cassell, J.(1994). Family volunteering stringer families, stringer communities Washington DC: Points of Lights Foundation.

Mc Clurey, S.(1999) Family-friendly volunteering Washington DC: The Points of Lights Foundation.

# 찾아보기

## 저 / 자 / 약 / 력

**이연숙**
미국 아이오와주립대학교 가정대학 철학 박사
고려대학교 사범대학 교수
성북구 건강가정지원센터장

**계선자**
미국 텍사스여자대학교 철학 박사
숙명여자대학교 가정아동복지학부 교수
용산구 건강가정지원센터장

**강기정**
숙명여자대학교 이학박사
백석대학교 기독교복지학과 교수
천안시 건강가정지원센터장

**김연화**
숙명여자대학교 이학박사
고려대학교 강사
서울특별시 건강가정지원센터 가족문화홍보팀장

**박경은**
미국 유타주립대학교 가족 · 소비자 · 인간발달 박사
경기도 가족여성개발원 연구위원

**이선형**
고려대학교 이학박사
강남대학교 사회복지학 박사
호서대학교 노인복지학과 교수

**이영호**
한양대학교 가정학 박사
성균관대학교 생활과학부 겸임교수
중랑구 건강가정지원센터장

저자와의
협의하에
인지생략

# 가족과 함께 하는 자원봉사

2008년 3월 5일 초판 1쇄 인쇄
2008년 3월 10일 초판 1쇄 발행
2008년 9월 10일 초판 2쇄 발행
2008년 9월 20일 초판 3쇄 발행

지 은 이 이연숙 · 계선자 · 강기정 · 김연화 · 박경은 · 이선형 · 이영호
펴 낸 이 최용구
펴 낸 곳 도서출판 신정

주 소 서울시 용산구 원효로 1가 48-1호(140-846)
전 화 3211-4782/0266(관리 · 영업부), 3211-4783(편집부)
이 메 일 shinjeong@hanafos.com
홈페이지 www.sj-book.com
등 록 2001년 5월 11일 제13-702호

기획마케팅 최용구 · 장만동 · 송대용
책임편집 박정선 · 고귀숙
편집디자인 이안기획
표지디자인 SDY
인 쇄 신화인쇄 제 본 성하제책

ISBN 978-89-5912-042-0 93590

정가 12,000원

이 책을 무단 전재 또는 복제 행위 시 저작권법 제97조의 5(권리의 침해죄)에
따라 위반자는 5년 이하의 징역 또는 5,000만 원 이하의 벌금에 처하게 됩니다.